AF837759

Rollo May

PSİKOTERAPİST VE MİTLERE YOLCULUK

okuyan us

okuyan us

Psikoloji/Psikiyatri - 80

Psikoterapist ve Mitlere Yolculuk
Rollo May

ISBN: 978-605-9318-02-0
Yayıncı Sertifika No. 49055

1. Baskı: İstanbul, Şubat 2016
5. Basım: İstanbul, Aralık 2023

Yayın Yönetmeni: Cem Mumcu
İngilizceden Çeviren: Kerem Işık
Editör: Meltem Türkeri

Kapak Tasarımı: Ebru Demetgül
Sayfa Tasarımı: Deniz Dalkıran

Baskı ve Cilt: My Matbaacılık San ve Tic Ltd. Şti. Maltepe Mah.
Yılanlı Ayazma Sok. No:8/F, Zeytinburnu/İstanbul, mymatbaa34@gmail.com
Sertifika No:47939

Orijinal adı: *The Cry for Myth*

Bu eserin yayın hakları Akçalı Telif Ajansı aracılığıyla satın alınmıştır. Yayın hakları Okuyan Us'a aittir. Her hakkı saklıdır. Tanıtım için yapılacak kısa alıntılar dışında yayıncının yazılı izni olmaksızın hiçbir yolla çoğaltılamaz.

©Okuyan Us Yayınevi Ticaret ve Sanayi A.Ş.

Kurucu: Cem Mumcu

Özgür ve Ebru, hep bizimlesiniz...

Adres: Gürsel Mah. İcabet Sokak, No:3 Daire:6
Kağıthane, İstanbul Tel.: (0212) 272 20 85 - 86

okuyanus@okuyanus.com.tr
www.okuyanus.com.tr

Rollo May

PSİKOTERAPİST VE MİTLERE YOLCULUK

İngilizceden Çeviren:
Kerem Işık

okuyan us

Yazar Hakkında

Dünyanın en ünlü psikiyatrlarından biri olan Rollo May (1909-1994), "Varoluşçu Felsefe"nin yanı sıra hümanist psikolojinin de önemli isimlerinden biri olarak tanınır. Psikoterapi çalışmalarına Viyana'da başlayıp psikoloji doktorasını ve psikanaliz eğitimini New York'ta tamamlamıştır. Amerikan Psikoloji Cemiyeti tarafından yazılarının "zarafetini, zekasını ve üslubunu" onurlandıran Altın Madalya Ödülü'ne layık görülmüştür. 1994 yılında hayatını kaybeden May'in, Özgürlük ve Kader, Aşk ve İrade, Yaratma Cesareti, Varoluşun Keşfi ve Kendini Arayan İnsan gibi eserleri bulunmaktadır. Eserlerinin en büyük özelliği, psikoloji/psikiyatri okurlarını aşıp genel okuyucuya ulaşabilmesidir. Örneğin, herkesçe bilinen ve sıkça kullanılan, "Sevginin karşıtı nefret değil, kayıtsızlıktır" sözü ona aittir. Rollo May'in yayımladığımız kitapları:

Aşk ve İrade (Okuyan Us Yayın, 2008)
Özgürlük ve Kader (Okuyan Us Yayın, 2011)
Varoluşun Keşfi (Okuyan Us Yayın, 2012)
Kendini Arayan İnsan (Okuyan Us Yayın, 2013)
Psikoterapist ve Mitlere Yolculuk (Okuyan Us Yayın, 2016)
Kafese Konan Adam (Okuyan Us Yayın, 2018)
Güç ve Masumiyet (Okuyan Us Yayın, 2019)

İçindekiler

ÖNSÖZ

Halihazırda çalışmalarını sürdüren bir psikanalist olarak, modern terapinin neredeyse tamamen bireyin mit arayışına dair sorunlarla ilgilendiğini görüyorum. Zaten psikanalizin ortaya çıkmasının başlıca nedeni, Batı toplumunun her şeye sahip olduğu halde mitlerini yitirmiş olması gerçeğiydi. Psikanalizin asıl dilinin mitler olduğu hem Freud hem de birbirinden farklı alanlarda çalışan terapistler tarafından açıkça belirtilmiştir.

Joseph Campbell'ın mitler üzerine televizyonda yaptığı konuşmalara karşı gösterilen aşırı ilgi de Batı ülkelerinde mitlere duyulan yoğun gereksinimin bariz bir göstergesiydi. Fakat Campbell'ın konuşmalarının neredeyse tamamı Hindistan, Asya, Çin ve Ön Asya mitleri üzerineyken, bu kitap Batı'da yaşayan modern çağ insanlarının bilinçleri ve bilinçaltlarında yatan mitlerle ilgilidir.

Bizim buradaki asıl konumuz, modern psikoterapide sürekli karşımıza çıkan hikayelerdir.

Mitlere karşı duyulan bir *İstençten* bahsediyorum, çünkü günümüzde mitlere karşı duyulan ihtiyaçta bir aciliyet olduğuna inanıyorum. Tarikatlar ve uyuşturucu bağımlılığı da dahil olmak üzere, toplumumuzda yaşanan sorunların çoğu, birey olarak bize layıkıyla yaşayabilmemiz için gereken içsel güveni sağlayacak mitlerin olmayışına kadar geriye götürülebilir. Genç insanların intihar oranlarındaki keskin artış ve her yaştan insanda görülen depresyon vakalarındaki şaşırtıcı çoğalma da, tıpkı bu kitapta göstermeye çalıştığım gibi, modern toplumlar için yeterli olacak mitlerin eksikliğine bağlanabilir. Bu kitabın mitlerle ilgili sorunları açığa çıkarıp, mitlerin kendimizi anlayabilmemiz için nasıl birer araç gibi kullanılabileceklerinin yeniden keşfedilmesi çabalarımızın bir parçası olarak, hem Amerika hem de benzeri diğer ülkelerdeki insanlara hitap edeceğini umuyorum.

Bunun, yeni bir yüzyılın eşiğinde hayatlarımıza –yaratıcılığımız, aşklarımız, karşılaştığımız güçlükler bağlamında– anlam vermeye çalışırken çok acil bir ihtiyaç olduğunu düşünüyorum. Tarihteki yaklaşan bu yeni dönem bizi geçmişimizi değerlendirmeye, hayatlarımıza kattığımız ve katmaya devam ettiğimiz anlamları sorgulamaya teşvik ediyor. İşte bu kitabı böylesi düşüncelerle siz okurlara sunuyorum.

Rollo May

Şimdi, günümüz çağındayız ...mitin yok edilmesi konusunda kararlı çağda. Bugün insanoğlu mitten soyunmuş, tüm geçmişinin içinde kurt gibi aç bir halde duruyor. Kökleri için çılgınca kazmak zorunda, en uzak geçmişteki eserlerine ulaşabilmek için.

Friedrich Nietzsche,
Müziğin Ruhundan Tragedyanın Doğuşu

Teorilerimiz size mitolojinin birer türü gibi görünebilir... Ama tüm bilimler sonunda bu tür bir mitolojiye ulaşmazlar mı? Bugün fizik için aynıları söylenemez mi?

Freud, Einstein ile yazışmalarından

Günümüz kampüslerinde mitlere olan özlemi duyarız, bazen sessiz bir çağrı. Bilim ve hümanizm bu çağrıya yanıt vermek için bir araya gelmeli.

Matthew Bronson, biyolog,
San Diego, California Üniversitesi'nde
bir öğrenci konferansından

BİRİNCİ KISIM

MİTLERİN İŞLEVİ

BİRİNCİ BÖLÜM

MİT NEDİR?

> Hayattayken incelendiğinde, mitler ...bilimsel bir ilgiyi bastırmak üzere yapılan bir açıklama değil de, derin dinsel ihtiyaçlarla ahlaki arzuları bastırmak için kadim bir gerçekliğin anlatı şeklinde yeniden canlandırılmasıdır.
>
> Bronislaw Malinowski, *Büyü, Bilim ve Din*

Mit, manasız bir dünyada mana bulmanın bir yoludur. Mitler, varoluşumuza önem katan anlatı biçimleridir. Varoluşun anlamı ister Sartre'ın görüşlerinde olduğu gibi hayata kendi bireysel cesaretimizle kattıklarımız olsun, ister Kierkegaard'ın deyişiyle bu anlam keşfetmemiz gereken bir şey olsun, sonuç aynıdır: Mitler, bu anlam ve öneme ulaşmanın bir yoludur. Mitler, evlerdeki kirişlere benzerler: Dışarıdan görünmeseler de içinde insanların yaşayabilmeleri için evi ayakta tutarlar.

Mit yaratmak ruhsal sağlığımızı kazanmak için çok önemlidir ve şefkatli terapistler bunu destekleyeceklerdir. Hatta modern çağda psikoterapinin doğuşu ve gelişmesi mitlerimizin parçalanmasıyla olagelmiştir.

Sağlıklı toplumlar, mitleri aracılığıyla mensuplarına nörotik suçluluk duygusu ve aşırı endişeye karşı rahatlama sağlar. Örneğin, eski Yunan'da, mitler canlı ve güçlüyken toplumdaki bireyler varoluşa dair sorunlarla boğucu endişe ya da suçluluk duygusuna kapılmadan baş edebiliyorlardı. Dolayısıyla, o dönemdeki filozofların insan hayatındaki değerleri tartışırken güzellik, gerçek, iyilik ve cesaretten bahsettiklerini görüyoruz. Her biri ayrı ayrı ışıldayan mücevherler gibi günümüze kadar ulaşan felsefelerini oluşturabilmeleri için Plato, Eshilos ve Sofokles'i özgür kılan şey mitlerdi.

Ancak klasik Yunan mitleri üçüncü ve ikinci yüzyıllarda alaşağı olduğunda, Lucretius "Her evde zihnin baş edemediği sancılarla acılar içinde kıvranan ve hoşnutsuz bir şekilde durmaksızın şikayet eden acı çeken yürekler" gördüğünü yazıyordu.[1]

Yirminci yüzyılda yaşayan bizler de benzer bir "acı çeken yürek" ve "şikayet edip durma" halindeyiz. Mitlerimiz artık varoluşu anlamlandırma işlevini yerine getirmiyorlar, günümüzün vatandaşları hayatta amaçsız ve kaybolmuş durumdalar ve insanlar endişeleriyle birlikte aşırı yoğunluktaki suçluluk duygularını kontrol etme konusunda acizler. Dolayısıyla, içten içe dağılıp parçalanmamak adına psikoterapistlere, onlara alternatif olabilecek başkalarına ya da tarikat ve uyuşturuculara sığınıyorlar. İşte psikolog Jerome Bruner bu nedenle şöyle yazabiliyor: "Egemen mitler insanoğlunun ahvaline ayak uydurmayı başaramadığında ortaya çıkan hüsran kendini öncelikle mitlerin parçalanması ve sonra da içsel kimliğe dair yalnız bir arayışın başlamasıyla gösterir."[2]

---

1 Lucretius, *Evrenin Yapısı.*

2 Henry A. Murray'nin editörlüğünü yaptığı *Mit ve Mit Yapımı (Myth and Mythmaking)* kitabından Jerome S. Bruner'in *'Mit ve Kimlik'* adlı makalesi.

Bu "içsel kimliğe dair yalnız arayış" ne kadar yapıcı ya da yıkıcı olursa olsun, toplumumuzda psikanalizle birlikte psikoterapinin çeşitli biçim ve vaatlerinin yanı sıra her-derde-devalar ve tarikatların ortaya çıkmasına neden olur.

"SANA GÜL BAHÇESİ VADETMEDİM"

Sana Gül Bahçesi Vadetmedim başlıklı bu otobiyografik roman, Deborah adlı şizofren bir genç kadının psikiyatrist gözlemindeki tedavi sürecini konu ediyor. Bu genç kadının tedavisi esnasındaki çarpıcı olaylar, dünya dışını anlatan modern bir filmden farksız. Tedavisi sırasında mitlerin sürekli olarak iç içe geçerek birbirlerini etkilemelerine tanık oluyoruz. Deborah (kitaptaki adıyla), tümü Yr Krallığı'nda yaşayan mitsel Idat, Yr, Anterrabae, Lactamaeon ve Collect ile birlikte yaşıyor. Bu dünyadaki başka kimseyle iletişim kuramadığından, bu mitsel figürlere karşı çaresiz bir ihtiyaç duyuyordu. Şöyle yazıyor: "Yr tanrıları onun eşlikçileriydi; yalnızlığını paylaşan gizli dostları."[3] Sözde gerçek dünyada dehşete kapıldığında ya da dayanılmaz bir yalnızlık hissettiğinde onlara sığınıyordu.

Sanatoryuma giderken, Deborah bize ebeveyniyle birlikte bir motelde yan yana odalarda kaldıklarını anlatır.

> Deborah duvarın diğer tarafında uyumak üzere gerindi. Yr krallığında, Dördüncü Seviye adı verilen nötr bir yer vardı. Oraya yalnızca kazara varılırdı, herhangi bir formül ya da irade gücüyle ulaşmak mümkün değildi. Dördüncü seviyede katlanılacak bir duygu, uğraşılacak bir geçmiş ya da gelecek yoktu.

---

3 Hannah Green, *Sana Gül Bahçesi Vadetmedim*

> Şimdi, yatağında Dördüncü Seviye'ye ulaşırken geleceğin onun için herhangi bir önemi yoktu. Yan odadaki insanlar onun ebeveynleri olmalıydı. Çok güzel. Fakat bu, artık yok olmaya başlayan gölgeli bir dünyanın parçasıydı ve şimdi en ufak bir endişesinin dahi olmadığı yeni bir dünyaya fırlatılıyordu. Eski dünyadan çıkarken, aynı zamanda Yr Krallığı'ndaki karışıklıklardan, Ötekiler Topluluğu'ndan ve Yri tanrılarından uzaklaşıyordu. Yana dönüp derin, rüyasız ve dinlendirici bir uykuya daldı.

Ertesi sabah mitlerin sağladığı muazzam güven ve rahatlama duygusunu hissettiğinden bahseder.

> ...araba otelden uzaklaşıp güneşli güne doğru ilerlerken, Deborah'ya yolculuk sonsuza dek sürebilir ve hissettiği bu harika özgürlük duygusu genellikle aşırı talepkar Yr tanrılarının ona sunduğu yeni bir hediye olabilirmiş gibi geldi.[4]

Deborah'nın tanrıları yalnızca hayal gücünün derinliği anlamında çarpıcı olmakla kalmıyor, aynı zamanda otuz yıl sonra *E.T., Jedi'nin Dönüşü, Üçüncü Türle Yakın İlişkiler* ve milyonlarca çocukla yetişkinin izlediği dünya dışı kurguya sahip filmlerle de önemli benzerlik gösteriyor. Deborah şizofrendi. Ancak şizofreniyle muazzam yaratıcılığa sahip bir hayal gücü arasındaki ince çizginin nereye çekildiği tam bir muamma. Hannah Green'den (mahlası) bir başka alıntı:

---

4 Bu tanım, daha sonra Dokuzuncu Bölüm'de anlatacağımız Dante'nin cehennemiyle tuhaf bir benzerlik taşıyor.

> Düşmeye, Anterrabe ile birlikte alevlerin çevrelediği karanlığın arasından Yr'ye doğru ilerlemeye başladı. Bu kez düşüş uzun sürdü. Etraf epeyce zifiri karanlıktı ve sonra yalnızca gözlerde birer şerit gibi görünen grilikler belirdi; burası Çukur'du. Burada, tanrılar ve Topluluk inleyip bağırıyordu, fakat onlar dahi anlaşılır sesler çıkarmıyorlardı. İnsan sesleri de geliyordu ama hepsi anlamsızdı. Dünya araya girdi, fakat paramparça ve tanınmaz haldeydi.

Chestnut, Lodge'da Deborah'nın terapistliğini yapan Frieda Fromm-Reichmann, akıllıca davranarak daha en baştan Deborah'ya kendi isteği olmadığı müddetçe bu tanrıları ondan uzaklaştırmayacağını söyledi. Kitaptaki adıyla Dr. Frieda, onları da tedavi sürecine dahil ederek Deborah'ya zaman zaman tanrılarına söylemesi gereken bazı şeyler aktarırken, zaman zaman da tanrılarının ona ne söylediklerini soruyordu. Daha da önemlisi, Dr. Fromm-Reichmann, Deborah'nın bu mitsel figürlere olan ihtiyacına saygı gösteriyor ve bu tanrıların yaratılmasında kendisinin, yani Deborah'nın üstlendiği rolü görmesini sağlamaya çalışıyordu. Seanslardan birinde,

> "Süremiz doldu" dedi doktor usulca. "Bana gizli dünyanı anlatmakla iyi yaptın. Şimdi geri dönüp Topluluk ve Sansürcü tanrılarına benim kendilerinden korkmayacağımı ve onların güçleri nedeniyle hiçbirimizin çalışmaya son vermeyeceğini söylemeni istiyorum."

Fakat Dr. Frieda yaz için Avrupa'ya gittiğinde, Deborah ile geçici bir süreliğine yeni rasyonalizmle içli dışlı olan genç bir psikiyatr ilgilenmeye başladı. Bu psikiyatr, Deborah'nın mitlerine olan ihtiyacını hiçe sayarak bu 'sanrıları' ortadan kaldırmak için kolları sıvadı. Sonuçta hem Deborah, hem tüm tanrılarını içeren sistemi hem de onların varolduğu dünya dışı krallık darmadağın olarak önemli bir gerileme yaşandı. Deborah tamamen dışarıya kapalı bir dünyaya çekildi. Sanatoryumu ateşe verdi, kendini yakıp sakatladı ve insanlıktan çıkmış biri gibi davranmaya başladı. Çünkü aslen olan buydu. Ruhu –bilincinin en kişisel ve temel parçası– elinden alınmıştı ve tutunacak dalı kalmamıştı.

Dr. Frieda Avrupa'dan döndüğünde, Deborah bu durumu kendisine anlattı. Hıçkırıklar içinde ağlarken, diğer psikiyatrın "yalnızca kendisinin ne kadar haklı ve akıllı olduğunu ispatlamak istediğini" söyledi. Konuşmasına devam ederek, "Bana neredeyse, 'Kendine gel ve aptallığı bırak' diyecekti... Tanrı beni lanetlesin!" dedi gözyaşları arasında. "Tanrı beni lanetlesin! Çünkü benim doğrularım karşısında dünya yalnızca yalanlar sunuyor!"

Soruna akılcı bir şekilde yaklaşan psikiyatrın davranışını modern dünyamızın bir alegorisi olarak görebiliriz. Bizler yirminci yüzyılda teknik anlamdaki akıl yürütmelerimizin doğruluğunu kanıtlamaya kendimizi öyle kaptırmış durumdayız ki, mitleri 'aptallık' olarak görüp tek bir kalemde silip atarken, aynı zamanda toplumumuzu da benzer bir çöküşe sürükleyebileceğimizi fark etmeden ruhlarımızın içini boşaltıyoruz.

Deborah'nın mitleri *Sana Gül Bahçesi Vadetmedim*'in son sayfalarına kadar devam eder. Ancak o noktada mitlerin aynı zamanda kendi zengin yaratıcı gücünün bir ürünü olduğunu anlamıştır. Dr. Frieda, mitlerin –başlangıçta şizofrenik olan– aldıkları biçimi değiştirmenin kendi elinde olduğunu anlamasına yardımcı olmuştur.

Her ne kadar mitlerin yaratılmasında Deborah'nın payı olsa da, onlara karşı duyduğu *ihtiyacı* kendisi yaratmamıştır. Bu ihtiyaç insan olarak kaderimizin, dilimizin ve birbirimizi anlama yöntemlerimizin bir parçasıdır. Tedavinin sonunda, Deborah'nın yaratıcılığı hem kendine hem de yaşadığı topluma fayda sağlayabilecek bir şekilde dışa vurulur; Chestnut, Lodge'daki tedavisinin ardından birkaç mükemmel roman yazıp yayımlamıştır ve bu romanların en az ikisi ciddi anlamda engelli insanlarla ilgilidir.

Halihazırda elinizde tuttuğunuz kitap, genel anlamda şizofreni hastalarıyla değil de insan olarak mitlere duyduğumuz ihtiyaçla ilgilidir. Bu mitlerin biçimleri değişiklik gösterecektir. Ancak mitlere duyulan *ihtiyaç,* hatta mitlere *çağrı,* kendilerine insan diyen tüm bireylerin yaşadığı yerlerde ortaya çıkacaktır. Bu bağlamda, hepimiz Deborah'ya benzeriz: Her ne kadar farklı kolektif ve kişisel yöntemlerle kendi mitlerimizi oluştursak da, bu mitler biyolojik ve kişisel benliklerimiz arasındaki uçurumu aşmak için gereklidir.

Mitler, dış dünyayla ilişkisi bağlamında içimizde taşıdığımız benliğimize dair kişisel yorumlarımızdır. İçinde yaşadığımız toplumu bütünleştiren anlatılardır.[5] Mitler ruhlarımızı canlı tutma süreci için hayati önem taşırlar ve hem zorlu hem de çoğu zaman anlamsız bir dünyaya yeni anlamlar katmamıza yardımcı olurlar. Sonsuzluğun güzel-

---

5 Çin, Hindistan, Tibet, Japonya ve daha başka Doğu ülkelerindeki mitler bizimkine kıyasla daha farklı bir kültürden doğmuşlardır ve dolayısıyla bunları ancak kısmen anlayabiliriz. Fakat aynı zamanda bize en azından bahçe kapısından izleyebileceğimiz bir çiçek bahçesi sunarlar. Joseph Campbell, farklı ülkelerdeki mitlere dair mükemmel bir araştırma sunmuştur. Bense bu kitabımda, günümüz dünyasında, psikoterapide ve aynı zamanda toplumsal ve dinsel deneyimlerde ortaya çıktıkları haliyle *kendi Amerika'mızın* mitleriyle ilgilenmeyi hedefliyorum.

lik, sevgi, müthiş fikirler gibi özellikleri mitlerin dilinde aniden ya da yavaş yavaş belirebilir.

Dolayısıyla, mitlerin yaratılması psikoterapi için önemlidir. Mitler ister rüyalarda, ister serbest çağrışımla ya da hayal dünyasında ortaya çıksın; terapistin hastasına kendi mitlerini ciddiye alma konusunda izin vermesi büyük önem taşır. Kendi hislerine, duygularına ve düşüncelerine içsel ve dışsal olarak katılan akışları düzene sokup, onları anlamlandırma ihtiyacı duyan her birey, kendisi için önceki çağlarda aile, töreler, kilise ve devlet tarafından gerçekleştirilenleri yapmaya zorlanır. Terapi seanslarında mitler bir tür iletişim kurma talebi, hayata dair yeni yapıları deneme yöntemi ya da darmadağın olmuş hayatı yeniden inşa etme konusunda atılan çaresiz bir adım olabilir. Mitler, tıpkı Hannah Green'in söylediği gibi, "Yalnızlığımızı bizimle paylaşırlar."

TARİKATLAR VE MİTLER

Geçtiğimiz birkaç on yıl içinde, intihar eden genç insanlara dair korkutucu istatistikler oluşmuş durumda. 1970'li yıllarda, genç beyaz erkekler arasında intihar oranlarında bir artış yaşandı. Bu genç insanların intihar etmelerini önlemek için ciddi anlamda depresyon geçiren kişilerin telefonla aranmaları gibi yöntemler izlenebilir. Fakat nihai amacın para kazanmak olduğu, ne evlerimizde ne de hükümetlerimizde ahlaki anlamda örnek olacak davranışlar sergilenmediği, bu genç insanlar hayata dair bir felsefe geliştirmeye teşvik edilmedikleri ve televizyon sevmeyi öğretenlerin yerine şiddet ve cinsellikle dolup taştığı müddetçe genç insanların depresyon ve intihar oranları korkutucu düzeylerde seyretmeye devam edecektir.

Yakın zamanda Stanford Üniversitesi'ndeki bir mezuniyet töreninde konuşma yapan bir öğrenci, kendi sınıfının "geçmişle ya da gelecekle nasıl bir bağlantı içinde olduğunu" bilmediğinden bahsedip, "şimdiki zamana dair çok az bir düşünceye sahip olduklarını, hayatlarını devam ettirmelerini sağlayacak laik veya dinsel herhangi bir inançları olmadığını" belirterek, bunun sonucunda "herhangi bir amaç ya da bir aksiyon planına" sahip olmadıklarını söyledi. Dünyamız ve toplumumuzda inançlarla birlikte ahlaki hedefleri de ifade eden mitler olmadığı sürece depresyon ve ilerleyen sayfalarda göreceğimiz gibi intihar olacaktır. Bu ahlaki boşluğun nedenlerinden bazılarına daha sonraki bir bölümde değineceğiz; burada yalnızca mitlerin olmamasının, bu tür konuları konuşmamızı sağlayacak bir dilimiz dahi bulunmadığı anlamına geldiğini ifade edeceğiz.

Yirminci yüzyılın sonlarına yaklaşırken, kendimizi içinde bulduğumuz bu amaçsız durum düşünüldüğünde, ümidini yitiren insanların yeni tarikatlara sığınıp ya da eskilerini yeniden canlandırarak kapıldıkları suçluluk duygusu veya depresyondan kurtulup hayatlarındaki boşluğu dolduracak bir şey arayışına girdiklerini görmek şaşırtıcı değildir. Aynı zamanda astrologlardan da kendilerine yön göstermelerini isterler.[6] Ya da her ne kadar

6 Yapılan bir Gallup anketine göre, "Bu ülkede 32 milyon insan astrolojiye inanıyor." Uluslararası Astrolojik Araştırmalar Topluluğu başkanının ifadesiyle bu, "Hayatın anlamına dair bir arayış." "Yıldızlarınızın nerede olduklarını bilmek, tıpkı hayatınızdaki sorunlara dair bir hava durumu raporu almaya benzer." Özellikle de hayatlarının stresli dönemlerinde "Bir çıkış yolu ve yanıt ararlar." (*New York Times*, 19 Ekim 1975).

Carl Sagan belgesellerinde astrolojinin bilimsel olmadığını ifade ederek, bu konuda çok çaba harcadı. Bir astronomi profesörü olarak konuşurken, astrolojinin bambaşka bir temele oturduğunu ıskalıyor

cadılık çağını anımsatsa da, ilkel geçmişte kalmış batıl inançlara sarılırlar.[7]

Yirminci yüzyılımız başlangıçta akılcılıkla taçlanacak, aydın eğitimin geniş kitlelere yayılacağı ve dinin en sonunda tüm batıl inançlardan arınarak kendi içinde bir aydınlanma yaşayacağı bir çağ olarak müjdelenmişti. Aydınlanma'nın neredeyse tüm abartılı amaçları kısmen de olsa gerçekleştirildi: *Bazı* insanlar için muazzam bir zenginliğimiz var; Batı'daki çoğu insan için tiranlıktan uzak yaşamak ve bilimin sonsuza dek yaygınlaşması birer amaç. Peki ama neler oldu? İnsan olarak kafalarımız artık daha karışık, ahlaki ideallerden yoksunuz, gelecekten korkuyoruz, işleri değiştirmek ya da içsel hayatımızı kurtarmak için ne yapmamız gerektiğine emin değiliz. "Dünyaya gelmiş geçmiş en bilgili insanlarız" diye yazar Archibald MacLeish:

> Bilgi yağmuruna tutulmuş durumdayız fakat insan olarak bunları hissetme yetimizi kaybettik ya da kaybediyoruz... Artık beynimizle biliyoruz, gerçeklerle, soyut bilgiyle. Kör olan Gloucester'a Kral Lear'ı şöyle bağırtan Shakespeare gibi değil... "Bu dünya böyle işte" ve Gloucester yanıt verir: "Hislerimle görüyorum."[8]

---

gibiydi. Astroloji bir mittir ve mitlerin diline gereksinim duyar. Mitlerin tüm yetersizliklerine ve olumlu etkilerine sahiptir.

7 Rajnesh, Trunghpa, Da Freejohn, Radachristian, Muktananda, Moonies vb. liderleri olan düzinelerce tarikat vardır. Her yıl yenileri ortaya çıkar. Burada bu tür grupların değerleri ya da değersizlikleri hakkında birtakım yargılara varmak istemiyorum; bunları yalnızca insanların hayatlarını idare edebilmek, endişelerini bastırıp hayatlarına anlam ve amaç katabilmek için medet umdukları gruplar olarak belirtiyorum.

8 Archibald MacLeish, *Şiir ve Gazetecilik (Poetry and Journalism), Devam Eden Bir Yolculuk (A Continuing Journey).*

Dil, mitleri yalnızca insan sıcaklığı, rengi, içsel anlamı ve değerleri pahasına terk eder; tüm bunlar hayata kişisel bir anlam katar. Çünkü birbirimizi anlamak için diğer insanların kullandığı dillerin öznel anlamıyla ilişki kurar, önemli kelimelerin *onların* dünyalarında ne anlam ifade ettiğini deneyimleriz. *Mitler olmadan kelimelerin ötesine geçip konuşan kişiyi gerçekten duymayı beceremeyen zihinsel bir kusura sahip insanlardan farksız.* Modern kültürümüzün yoksunluğunu ortaya koymak için mitleri tanımlamada sıklıkla –ancak son derece hatalı bir şekilde– gerçek dışılık ifadesinin kullanılmasından daha iyi bir kanıt olamaz.

Mitlere susamışlık ve yeterli mite sahip olmamanın sonucu olan heves kaybı, uyuşturucu maddelerin kullanımında kendini gösterir. Hayatlarımızı anlamlandıramıyorsak, en azından kokain, eroin gibi bizi geçici olarak bu dünyadan uzaklaştırabilecek uyuşturuculara sığınıp, sıkıcı rutinimizin dışında 'beden dışı' deneyimler yaşayabiliriz. Bu duruma aynı zamanda psikoterapide de sıklıkla rastlanır: Kişi içinde bulunduğu durumu çıkışsız görüyorsa, en azından aşırı doz kullanma ya da kendini vurma gibi bir davranışla kaderine müdahale etmeyi seçebilir. Zaten yok olacaksak, bari bunu layığıyla yapalım.

Günümüzde, yaşlı insanların yanı sıra özellikle gençler tarafından tarikatlara gösterilen bu ilgi aynı zamanda mitlere duyulan ihtiyacın da bir göstergesidir. Kişisel saadet, sevgi ve inandığımız tanrıya uzanan kestirme bir yol herkesin ilgisini çekecektir. İnsanlar yeni tarikatların bayrakları altında toplanmaya devam etmektedirler. Jones otoriter bir şekilde emrettiği ve dokuz yüz seksen müridinin intihar ettiği Guyana trajedisi ve Jim Jones unutmamamız gereken bir uyarı.

Tarikatlar toplumsal sınırı, freni ya da sorumluluğu olmayan mitlerin gücüne sahiptir. Mitlere yapılan çağrıya kulak verilmelidir, çünkü özgün mitler yaratamadığımız müddetçe toplum bu boşluğu sahte mitler ve büyüye inançla dolduracaktır. Sosyologlar, 1960 ve 1970'li yıllarda yapılan ve tanrıya inancın azalarak şeytana inancın arttığı birtakım anketlerin sonuçlarına dikkatimizi çekmektedirler.[9] Bu durum, toplumumuzun çözülmeye başladığını hissederek, buna makul açıklama arayan insanların tutkularının bir yansımasıdır.

> Rastgele ve mantıksız bir davranış olarak görmek yerine şeytana inanç güçsüzlerin dünyayı anlamlandırma, düzensizlik onları tehdit ettiğinde nedensellik ilkesine sığınma ve kendilerine karşı tepkisiz kalan bir toplumsal düzene olan bağlılıklarının yarattığı uyumsuzluğu azaltma çabasıdır.[10]

MİTLERİN İNKARI

Kültürümüzde mitleri yalan diye etiketlemeye bunca alışmışken, mitlere ihtiyaç duyduğumuzu öne sürmek gerçekten de biraz kafa karıştıracaktır. Yüksek zekalı kişiler bile "Sadece bir mit" gibi küçültücü ifadeler kullanırlar; örneğin, İncil'de anlatılan yaradılış hikayesi "*Sadece* bir mittir."[11] 'Sadece' kelimesinin bu şekilde mitleri küçümsemek için kullanımı milattan sonra üçüncü yüzyılda, Hıristiyan

9 Clyde Z. Nunn, *Amerika'da Şeytanın Yükselen İtibarı* (bkz. On Beşinci Bölüm).

10 *Ses Kaydı: Journal of Religion and Culture.*

11 Isaac Asimov, *Yaradılışçılık Tehdidi,* New York Times.

rahiplerin halkın Yunan ve Roma mitlerine olan inançlarına karşı sürdürdükleri mücadelede ortaya çıkmıştır. Fakat eğer kilise rahipleri Hıristiyanlığın dayandığı zengin mitoloji kaynağına –doğudaki yıldızı takip ederek Hıristiyanlığı kutlayan Bilge Adamlar'dan anlatılamayacak kadar etkileyici bir hediye verme ya da baharın gelişini, bitki ve çiçeklerin yeniden doğarken buğdayın da hasat verişini kutlamak gibi– biraz daha fazla güvenmiş olsalardı, Yunan ve Roma'nın klasikleşmiş mitlerine bu denli saldırma ihtiyacı duymazlardı.

Ancak günümüzde mitleri uydurmaca diye hatalı bir şekilde etiketlemenin bir başka nedeni daha var. Çoğumuza yalnızca akılcı terimlerle düşünmek öğretildi. Tıpkı Hannah Green'in yedek psikiyatristinde gördüğümüz gibi, ifadelerimiz ne denli akılcıysa o kadar doğru olduklarına dair bir önyargının kurbanı olduğumuz aşikâr. Beynin sol bölümündeki bu tekelcilik durumu gerçek bilimin değil de yalancı bilimin bir ifadesi. Gregory Bateson, bize haklı bir şekilde şöyle bir hatırlatmada bulunuyor: "Sanat, din, rüyalar ve benzeri şeylerle desteklenmeyen, salt amaca yönelik akılcılık patojeniktir ve yaşamı olumsuz etkiler."[12] Daha önce de belirttiğimiz gibi, mitler yeterli gelmediğinde ilk tepkimiz mitoklazm (mit düşmanlığı) olur; dolayısıyla mit kavramına karşı saldırıya geçeriz. İlerleyen sayfalarda göreceğimiz gibi, mitlerin inkarı *hem kendi hem de içinde yaşadığımız toplumun gerçekliğiyle yüzleşmeyi reddetmenin* bir parçasıdır.

Max Muller, "Emin olun ki, günümüzde de tıpkı Homeros'un yaşadığı dönemde olduğu gibi mitoloji var ancak biz gölgesinde yaşadığımızdan ve gerçeğin büyük öğ-

---

12 John Brockman, *Bateson Hakkında (About Bateson).*

lesinden kaçmaya çalıştığımızdan bunu algılayamıyoruz" diye yazmıştı.[13]

Hakkıyla tanımlanan bilimle hakkıyla anlaşılan mit arasında bir çatışma yoktur. Heisenberg, Einstein, Niels Bohr ve modern çağda yaşamış sayısız büyük bilim insanı bunu açık bir şekilde ifade etmiştir. Büyük bilimsel keşiflerin kaçının birer mit olarak filizlendiğini görmek ilginçtir. Freud'un mitleri savunduğu mektubunda Einstein'a yönelttiği "Neden çatışalım ki?" sorusuna aldığı yanıtın ne olduğunu bilmiyoruz, fakat olumlu bir yanıt olduğuna dair kuşkuya düşmemizi gerektiren bir sebep yok. Bilimle mit arasındaki ilişki, W.B. Yeats tarafından kısa ve öz bir şekilde ifade edilmiştir: "Bilim, mitlerin eleştirisidir."[14]

Bizim sorunumuz yalnızca bir tanım sorunu değil. Aynı zamanda içsel bir bağlılık, psikoloji ve "doğruluğun büyük öğlesine" bakma cesareti toplamamızı sağlayacak ruhsal bir çaba sarf etme sorunudur.

SONSUZLUĞA ATILAN BİR BAKIŞ OLARAK MİTLER

> İnsanoğlu ancak mitler sayesinde sıradanlığın pençesinden kurtulur, geleceğe dair güçlü bir tasavvur oluşturur ve bunları gerçekleştirir.
>
> Peter Berger, *Adak Piramitleri (Pyramids of Sacrifice)*

---

13 Max Muller, *Mitolojinin Felsefesi (The Philosophy of Mythology), Dinin Bilimi (Science of Religion).*

14 Henry Murray, *Mit ve Mit Yapımı (Myth and Mythmaking).*

İnsanoğlu uzun ve değişken tarihi boyunca en geniş anlamda iki farklı yöntemle iletişim kurmuştur. Bunlardan biri akılcı dildir. Bu son derece açıktır, tecrübeye dayanır ve bizi mantığa ulaştırır. Bu tür bir iletişimde *kelimeleri dillendiren kişiler söylediklerinin doğruluk ya da yanlışlığı bağlamında önem taşımazlar.*

Diğer yöntemse mitlerdir. Mitler, tarihi bir olay olarak başlayıp, insanları gerçekliğe alıştıracak özel bir kimliğe bürünen durumlardır. Mit ya da hikaye toplumun değerlerini içinde barındırır: İkinci Bölüm'de göreceğimiz gibi, bireyler kendi kimlik anlayışlarını mitler aracılığıyla bulurlar. Anlatı her daim özgüllükten bütünselliğe yönelir; bu, sağ beynin bir işlevidir. Karşımızdaki kişinin mitlerini biliyorsak, onu tanıdığımızı da söyleyebiliriz. Mitler hayatın zıtlıklarını birleştirir: Bilinç ve bilinçdışı, tarih ve şimdiki zaman, birey ve toplum. Bunlar nesilden nesle aktarılan bir tür anlatıya dönüştürülür. Tecrübeye dayanan dil nesnel gerçeklere dayanırken, *mitler insan deneyiminin özüne, insan hayatının anlamı ve önemine* dayanır. Bizimle konuşan insanın tamamıdır, yalnızca beyni değil.[15]

Mitsel filmlerde kişi yüzyıllar öncesine gidip kendini antik Roma'da ya da Sokrates'le birlikte antik Yunan sokaklarında yürürken bulabilir. Ya da geleceğe gidip uzay gemilerine binebilir. İşte filmler, yani 'sinema' bu yüzden yirminci yüzyılın özel sanat dallarından biridir. Ruh halleri de film sanatçısının istediği şekilde anında değişebilir. *Müfreze* gibi mitik filmler, korkunç ve inanılmaz olaylara hayat verebilir. Sağır edici gürültü, sonu gelmeyen cangıl, uyuşturucular, yılanlar, tecavüz, kan ve üniversiteden

15 Bu konuda daha fazla bilgi edinmek isteyenler Ernst Cassirer'in *İnsanoğlu Üzerine Bir Deneme (An Essay on Man)*'sini okuyabilirler.

yeni mezun olmuş genç insanların kötücüllüğüyle birlikte birbirlerine destek olan ya da birbirlerini vuran askerlerin insani özellikleri... İşte asıl mit buydu. Bu ve bunun gibi filmler mitin özünü oluşturan büyük resmi aktarır. Sonuç, *Müfreze* filminin sonlarına doğru karakterlerden birinin dediği gibi,"düşmanla değil de kendimizle savaştığımız" çarpıcı bir anlatıdır. Bu filmle birlikte pek çok savaş gazisi derin bir iç geçirip, "İşte Vietnam buydu!" diye mırıldandılar. *Müfreze* filmi, Jung'un "gölge" dediği, benimse *Aşk ve İrade*'de "şeytani" diye ifade ettiğim durumu ortaya koyuyor.

1987 yılında, köktendinci kanadın iki önemli lideri James Bakker ve Jimmy Swaggart'ın çöküşünü tanımlamak için milyonlarca kelime kullanıldı fakat yalnızca 'Elmer Gantry' ismi geçtiğinde insanlar hemen anlıyorlardı. Elmer Gantry 1926 yılında, yani Bakker ve Swaggeat'tan yarım yüzyıl önce, Sinclair Lewis tarafından yasak ilişki ve zimmete para geçirme olaylarına karışan aynı adlı romanın başkahramanı olan rahibin adıydı.

Dolayısıyla mitler, Thomas Mann'ın ifadesiyle, tecrübeye dayalı gerçekliğe kıyasla kadim bir gerçekliktir. İlki, laboratuvarlarımızda yürütülen çalışmaların sonuçlarına göre her sabah değişebilir. Fakat mitler zaman ötesidir. Adem adında bir adamla Havva adında bir kadının gerçekten varolup olmadıklarının önemi yoktur; Yaradılış'ta onlara dair anlatılan mit, her yaştan ve dinden insan için geçerli bir doğum ve bilincin gelişim sürecini ortaya koyuyor.

> Her ne kadar sanat dallarında kullanılsa da, mit bir sanat dalı değildir; çok daha fazlasını vaat eder, yöntem ve işlevleri farklıdır. Mitler, düşünce ve duygu sürecini ortaya koyan bir ifade

> biçimidir; insanın evrene, türdeşlerine ve kendi benliğine dair farkındalığı ve tepkisidir. Başka türlü keşfedilip ifade edilemeyecek korku ve tutkuların somut ve dramatik bir şekilde ortaya konulmasıdır.[16]

Oedipus, Homeros'un anlatımıyla mitsel bir boyuta ulaşan ve Sofokles'in kalemiyle kendi gerçekliğini arayan bir kahramanın mitsel hikayesine dönüşen arkaik bir Yunan anlatısıdır; bu arayış günümüzde kimlik arayışı olarak sürmektedir. Tıpkı Oedipus gibi, "Kim olduğumu bulmalıyım!" diye bağıran ve ardından kendi gerçekliğine karşı isyan eden adam yalnızca Yunan tanrılarını değil, aynı zamanda kendi benliğini bulma çabasında olan hepimizi temsil etmektedir. Freud'un, geliştirdiği çağdaş psikolojide Oedipus karakterini merkeze oturtmasının sebebi de işte budur. Çoğu eski Yahudi ve Yunan mitlerinde olduğu gibi, aile içindeki üçlü mücadeleyi konu alan bu anlatı da farklı kültürlerden insanlar için gerçek olmaktadır, zira herkesin bir babası ve annesi vardır ve herkes onlara karşı bir şekilde isyan etmelidir; bu da klasik bir Oedipus tanımıdır.

Psikanalist Bruno Bettelheim da masallara dair yazdığı *Büyünün Kullanımları (The Uses of Enchantment)* başlıklı o harika kitabında akılcılığa aşırı önem verme sorunuyla karşı karşıya kaldı. Kendisine destek olmaları için kadim filozoflardan Plato ve Aristotle'a başvurdu:

> Plato –insanın zihnini neyin oluşturduğunu, çocuklarının yalnızca 'gerçek' insanlar ve gündelik olaylarla yüzleşmelerini isteyen çağdaş-

16 Lillian Feder, *Modern Şiirde Antik Mit (Ancient Myth in Modern Poetry).*

larımızdan çok daha iyi anlamıştır– entelektüel deneyimlerin asıl insanlık için anlamını biliyordu. İdeal devletinin gelecekteki vatandaşlarının edebiyat eğitimlerine salt gerçekler ya da diğer bir deyişle akılcı öğretiler yerine, mitlerin anlatımıyla başlamalarını önerdi. Arı aklın ustası Aristo bile şöyle demiştir: *"Bilgeliğin dostu aynı zamanda mitlerin de dostudur."*[17]

Dolayısıyla gençliğe erdem ve cesaret öğreten yetkililer –Yunanlılar onlara *arete* diyordu– mitlerin tüm değer yargıları ve ahlakın temelini oluşturduğunu fark etmişti.

Her birey, bilincine içeriden ya da dışarıdan akan duyuları, duyguları ve fikirleri anlamlı bir düzene sokmak ister; en azından aklını yitirmemesi için bunu *istemelidir*. Hepimizin geçmiş çağlarda aile, töreler, kilise ve devletin yaptığı şeyi, yani deneyimleri anlamlandırmamızı sağlayacak mitleri oluşturması gereklidir.

---

17 Bruno Bettelheim, *Büyünün Kullanımları (The Uses of Enchantment)*. (İtalikler yazara aittir.)

İKİNCİ BÖLÜM

MİTLERDEKİ KİŞİSEL KRİZLERİMİZ

> Mitler ...inancı ortaya koyar, geliştirir ve kodlar; ahlakı korur ve güçlendirir; ayinlerin etkinliğine destek olur ve insanı yönlendirecek pratik kurallar içerir. Dolayısıyla, insan medeniyetinin can alıcı içeriklerinden biridir; uyuşuk bir hikaye değil, çalışkan ve faal bir güçtür.
>
> Bronislaw Malinowski, *Büyü, Bilim ve Din*

Mitlerin hayatlarımıza yaptığı katkılar dört ana başlık altında toplanabilir. İlk olarak, "Ben kimim?" sorusunu yanıtlayarak bize *kişisel kimlik anlayışı* sağlar. Oedipus, "Kim olduğumu ve nereden geldiğimi bulmalıyım!" diye haykırırken ve Alex Haley *Köklerini* ararken aslında mitlerin bu işlevini ortaya koymaktadırlar.

İkincisi, mitler *toplumsallık bilinci* verir. Mitsel bir şekilde düşündüğümüz gerçeği, kentimize ve ulusumuza ve hatta Truvalılar ya da 49ers gibi mitsel fenomenler ortaya koyan üniversitemize karşı bağlılığımızda kendini göstermektedir. Milliyetçilik ve kişinin içinde yaşadığı toplumla ulusa karşı beslediği, kökleri derinlerde yatan tüm benzer tavırları ortaya koymasalar tüm bunlar mantıksız olurdu.

Üçüncü olarak, *mitler ahlaki değerlerimizi desteklerler*. Bu, özellikle ahlakın çökmeye başladığı ve hatta bazı yerlerde toptan ortadan kalktığı günümüz insanı için çok önemlidir.

Dördüncü olarak ise, mitoloji *yaradılışın gizemiyle* başa çıkabilmek için geliştirdiğimiz bir yöntemdir. Bu yalnızca evrenimizin yaradılışını değil, aynı zamanda bilimdeki yaratımın yanı sıra sanat, şiir ve zihnimizde beliren yeni fikirlerin gizemli 'ortaya çıkışlarını' da kapsamaktadır. Thomas Mann, kadim mitlere dair kaleme aldığı *Yusuf ve Kardeşleri* adlı müthiş yapıtında, "Mitler gizemin örtüsüdür" diye yazar.

ŞEYTAN VE CHARLES

Yoğun bir yazamama halinden mustarip bir sanat eleştirmeni, kişisel kimlik mitine bir örnek teşkil eder. Charles adını verebileceğimiz bu kişi birkaç yıldır şiddetli ümitsizlik krizlerine kapılıyordu. Her ne kadar dindar olmasa da, İkinci Dünya Savaşı esnasında kendine çekidüzen verebilme umuduyla kısa bir süre için Katolik olmuştu. Klasik psikanaliz de dahil olmak üzere farklı yöntemler denemişse de, yaşadığı deneyimler hep 'konuşma' seviyesinde kalmış ve içindeki derinliğe inememişti. Kendi başına birkaç ay mücadele ettikten sonra, çaresizliğe kapılıp yeni bir psikanaliz seansı için bana geldi.

Birkaç ay süren analizin ardından devam ettirdiğimiz serbest çağrışım seanslarından birinde, "Ben yazmayan yazarım... Ben faturalarını ödemeyen adamım, düşkün olanım. Sokakta kendimi bu şekilde görüyorum. 'Ah, işte

Charles' değil de, 'Ah, işte şu düşkün adam!' diyorum." Bunları duyduğumda salt birtakım kelimelerden daha fazlası olduğunu hissettim; gerçekten de kendini düşkün adam olarak görmesi onun kimliğini oluşturuyordu.

İlerleyen saatlerde şöyle dedi: "Bu sinirsel hastalık ruhumu koruyor... Sahip olduğum en değerli şey o... İyileşmek benim için bir yenilgi olur." Terapilerde sıklıkla dillendirilen, kişiyi daha üretken, mutlu ve uyumlu hale getirmek gibi amaçlardan tüm kalbiyle nefret ediyordu ve her ne kadar böyle amaçlarımız olmadığını bilse de, kültürümüzde bu vardı ve modern dünyevi kültürümüzden de tüm kalbiyle nefret ediyordu.

Analizdeki kritik nokta, serbest çağrışımlarından birinde "Tanrı için şeytan bir isyankârdı" ifadesiyle birlikte geldi. Keyif içinde şu ifadeleri tekrarladı: "Kurtarıcı şeytan! İsyankâr şeytan!"

Bunun üzerine terapisinde kendini ilişkilendirdiği şeytan mitine odaklandık. Şeytanın Lucifer biçiminde cennetten kovulduğunun ve varlığını isyan ettiği şeye borçlu olduğunun altını çizdi. Dolayısıyla, kendisinin de bir isyankâr olma miti sayesinde varolduğunu ifade ediyordu. Sinir hastalığının ruhunu korumasında şaşılacak bir şey yoktu; ne de olsa ruhu oydu! Şeytana olan inancının bir tür Manişeizm[18] olmadığını söylüyordu, çünkü şeytan aslında tanrıya gerçekten inanıyordu. Terapisine şeytan mitini dahil ettiğimizde, önceki tanımlanması güç karakter yapısındaki bazı noktaların yerlerine oturduğunu gördük: İsyankârlığı, olumsuz düşünce yapısı ve tüm

---

18 Üçüncü yüzyılda İranlı Mani tarafından kurulan ve Zerdüştlük ile Hıristiyanlığı birleştirerek dünyayı iyi ve kötü diye ikiye ayıran düalist bir felsefe. (ç.n.)

bunların yanı sıra bir yazar olarak sahip olduğu kayda değer yaratıcılık.

Görünüşe bakılırsa, Charles'ın önceki terapisinin başarısızlığının nedeni aşırı akılcı oluşuydu. Terapi, çoğunlukla bilinçli bir şekilde yürütülen konuşmalardan ibaretti –Charles bunu sonsuza dek devam ettirebilirdi– ve duygularının derinliklerine inememişti. 'tanrı için isyankâr' olma miti nörotik suçluluk duygusundan kurtulmasını ve her insanın normal suçluluk duygusunu kabullenmesini sağladı ki bu da terapi için bir tetikleyici oldu. Artık bir yandan yapıcı bir isyankâr olurken, diğer yandan kendine saygı duyabiliyordu; bu süreçte kendini yok etme ihtiyacı duyması gerekmiyordu. Toplumumuzda öyle çok dalavere ve yalan var ki, terapilerde tıpkı şeytanda olduğu gibi olumsuzlamanın ortaya çıkması şaşırtıcı değil. Şeytan miti kendi isyankârlık ve olumsuzluğunun temeline inmenin kısa yoluydu ve başarılı bir terapi sonucu elde etmemizde kilit rol oynadı.

Nasıl ki Charles kendi hayatını düzenlerken bilinçaltında şeytan mitine[19] tutunmuşsa, hepimizin kendi hayatlarımızı etrafında kurduğumuz bu tür mitleri vardır. Bu mit benliğimizin tek parça halinde kalmasını sağlarken, aynı zamanda şimdiki zamanın tek bir saniyesini dahi ihmal etmeden bize hem geçmişte hem de gelecekte yaşama becerisi sağlar. Mit bilinçle bilinçdışı arasındaki köprüdür: Böylelikle benliklerimize dair muazzam farklılıklar arasındaki birlikten bahsedilebilir. Bu mitin alabileceği biçim sayısı elbette ki sonsuzdur. Nasıl ki her insan bir diğerinden farklıysa, aynı şekilde her birimizin terapiye gelirken

---

19 Şeytan mitinin kökenleriyle ilgili daha detaylı bilgi için, bkz. On Dördüncü Bölüm.

yanında getirdiği mitler de farklıdır. Fakat bireysel mitler genellikle bu örnekteki şeytanda olduğu gibi, hayatlarımızdaki varoluşsal krizlere işaret eden klasik bazı mitsel temaların farklılaşmış halleridir.

Erik Erikson'ın önemle üzerinde durduğu gibi, kimlik problemi hastalarımızda da, bizde de mevcuttur ve hastanın konu edebileceği farklı mitleri dikkatle dinleyerek bu soruna bir çözüm getirilebilir. Çünkü hepimiz kendimizi ahlaki ya da akılcı bir bağlamda değil de, hayatın dramında başrol oyuncusu olarak görürüz. Hepimiz bu dramda bir kadın veya erkek kahraman, bir suçlu, hırsız, izleyici ya da herhangi bir karakterizdir ve deneyimlediğimiz duygular da söz konusu karakterle uyumludur.

Gerçekten de bilincimiz şeytan gibi sözde yıkıcı mitleri içselleştirdiğinde çok daha derin bir hal alır. Paul Tillich'in *Olmak Cesareti* kitabını adıma imzalarken iç sayfasına yazdığı gibi: "Varlığın özolumlaması, içinde barındırabildiği hiçlik kadar güçlüdür."[20] Elbette ki, günümüzde şeytan kötü bir üne sahiptir ve "Olumluyu öne çıkar" düsturuyla çalışan terapistlerin de bu tür olumsuzlukları örtbas etme eğilimleri vardır. Ancak bunu yaptığımızda, bilinçli her mitin bilinçdışımızdaki tam zıddıyla birbirini dengelediği gerçeğini unutuyoruz. Şeytanı görmezden gelmek, aynı zamanda en olumlu endişelerimizi de görmezden gelmekle eşdeğerdir.

Şeytanın son derece güçlü bir mit olduğu ortaya çıkmıştır ve 'Lucifer' ya da 'Mefisto' gibi şeytani güçle özdeşleşmiş pek çok mahlası vardır. Eyüp Kitabı ve benzer şekilde Goethe'nin *Faust*'unun önsözünde şeytanın tanrıyla arası açık değildi. Bu eserde Faust, Mefisto'ya kim olduğunu sorduğunda şeytan şöyle yanıt verir:

---

20 Tillich, *Olmak Cesareti.*

Ben kötülük yapmak isteyen

Ama her seferinde iyilik yapan meleğim[21]

Şeytan miti olmasa, Milton'ın *Kayıp Cennet*'i de asıl gücünü yitirirdi; Şeytan ve Kaptan Ahab dahil edilmese, *Moby Dick* özünden olurdu. Modern psikiyatristlerden Harry Stack Sullivan'ın şeytandan övgüyle bahsederken haklı bir nedeni var, zira şeytan tam da psikoterapide yapmaya çalıştığımız şeyi ön plana çıkarıyor. Harvard'da görev yapmış merhum psikolog Henry Murray, şeytan hakkında epey çalışma yapmış ve bu varlığın nasıl olup da Lucifer'den "sabah yıldızı" ile "parlak olan, meleklerin ilki ve en yücesi"ne ve oradan da hatalı bir şekilde hor gördüğümüz şeytana dönüştüğünü anlatmıştır.[22]

Charles daha sonra şeytan mitiyle karşılaştığında kendi kendini anlamlandırma yolunda önemli ilerleme kaydetmeye başladı. Eğer herhangi bir psikoterapi seansı derin ve kalıcı bir başarı sağlamayı amaçlıyorsa, hastaların bu tür kötülüklerle özdeşleşmelerine ve insanların kendi cehennemlerinin içinden geçtikleri o tehlikeli yolculuğu deneyimlemelerine yardımcı olmalıdır. Kitabın, 'Terapist ve

---

21 *Faust*.

22 Murray, 'Şeytanın Kişiliği ve Kariyeri', *Psikolojide Girişimler* (Endeavors *in Psychology)*. Murray, çarpıcı tanımına şöyle devam ediyor: "Aslen Şeytan 'hem bilgelik hem de müthiş bir güzelliğe sahipti.' Aziz Thomas Acquinas, Şeytan'ın muhtemelen Tanrı'nın 'her şeyden üstün' saf meleklerinden biri olduğunu düşünüyordu. Fakat Lucifer büyük erkek kardeşi İsa'yı kıskanıyordu ve kardeşler arasındaki bu rekabet onu kötülüğe itti. Dolayısıyla bu kızgınlık, 'Tanrı'nın mutlak güç ve hakimiyete sahip konumuna dair bir kıskançlık şeklinde ortaya çıktı.' Şeytan şöyle dedi: 'Kendimi Yüceler Yücesi'yle eşit kılacağım.' Böylelikle kıskançlık ya da kibir ilk günah olarak ortaya çıktı."

Cehenneme Yolculuk' başlıklı dokuzuncu bölümünde işte bu acı verici yolu daha detaylı bir şekilde inceleyeceğiz.

BİR HASTANIN ATHENA RÜYASI

Mitlerin kendi kendini ortaya çıkarma yöntemi olarak kullanımına verilebilecek bir diğer örnek de, Hollywood'da çalışıp birkaç filmde rol alan kırklı yaşlarının başlarındaki Ursula'nın yaşadığı deneyimdir. Daha önce iki kez uzun süreli terapi almış, fakat her ne kadar terapistleriyle iyi bir ilişki yakalamış olsa da, psikolojik rahatsızlıkları tüm şiddetiyle devam etmişti. Evinden tek başına dışarı çıkamıyordu (seanslar için ofisime onu bir şoför bırakıyordu) ve danslara, partilere ya da Broadway sahnelerinde kocasının başrolü üstlendiği müzikallerin gala gösterimlerine gidememek onu derinden yaralıyordu. Aynı zamanda lezbiyen olduğuna dair bir düşünce altında eziliyordu (sonuçta öyle olmadığı ortaya çıktı), hayatı boyunca erkeklerle tatmin edici tek bir cinsel deneyim dahi yaşamamıştı.

Terapinin ilk ayında, her seansın sonunda bana şu soruyu yöneltirdi: "Sizce sorunlarımın üstesinden gelebilir miyim?" Ben de her seferinde kendimi şuna benzer bir yanıt verirken buluyordum: "Eğer gerçekten istersen gelebilirsin." Bu yanıt onda her seferinde anlık öfke patlamalarına yol açıyordu. Bu sorunları aşmayı gerçekten istiyor olmasa ofisime gelmek için bunca güçlüğe katlanmayacağını göremiyor muydum?

Psikoterapinin ilk ayının sonlarına yaklaşırken şöyle bir rüya görmüştü:

> Alnım kesilmişti. Bir yara bandı bulmak için etrafı aradım. Tek bulabildiğim Kotex oldu. Yara-

nın üzerine bunu koydum. Senin için fark etmiyorsa sorun yoktur.

Rüyayla ilgili çağrışımları, yaranın beni görmeye gelmesini temsil ettiğiydi; biz başında 'kesikler' açarak içeride neler olup bittiğini görmeye çalışıyorduk. Bu kesik alında olduğuna göre durumları mantık çerçevesinde değerlendirme eğiliminde olduğunu da anlayabilirdik ki bunu biliyorduk, fakat bu durum kendi çalışmalarımızı yürütmemize engel olmuyordu. Her ne kadar rahatsızlık verecek düzeyde olmasa da, Kotex kısmen bana karşı cinsel kışkırtıcılığını işaret ediyordu. Kotex ile ilintili diğer bağdaştırmaysa birleşmeyle ilgiliydi: Kotex regl dönemlerinde kullanıldığından, çocuk doğurabilirdi (her ne kadar tedavide henüz bunu dile getirmesi için erken olduğunu düşünsem de, bu durum terapiden olumlu bir sonuç beklediğinin işareti olabilirdi). "İtirazınız yoksa" ifadesiyse 'iyi' yetiştirilmiş bir orta sınıf mensubuna özgü bir kullanımdı.

Peki ama hepsi bu mu?

Kesinlikle hayır. Bu rüyada, kanımca o ana dek söylediği her şeyden çok daha fazla önem taşıyan eski bir mit saklıdır. Bu da Zeus'un alnındaki bir çizikten tepeden tırnağa silahlı bir şekilde fırlayan Athena'nın doğumuna dair anlatıdır. Çift cinsiyetli Athena'nın meşhur doğum hikayesi... Annesi yoktu ve bu durumun ona Eshilos'un son oyunu ve insan medeniyetinin başlangıcını imleyen büyük üçlemesi *Oresteia*'daki tarafsız yargıç olma becerisini verdiğine inanılıyordu.

İlk bakışta rüyadaki bu mitin beni, yani terapisti bir tür Zeus'a dönüştürerek en azından o an için yücelttiği düşünülebilir. Ama durun: Çizik benim değil, *onun* alnında. Yani tanrıların kralı ve mucize yaratan *o* olacak! Tedavi odamda doğmak üzere olan bir Zeus olduğuna göre, rekabete hazır olmalıyım.

Bu rüyadaki mit bana terapi için önemli iki şey daha anlattı. Öncelikle, bebek sahibi olma göndermesinde bir güç ve açıklık hissi vardı ki, tüm bunlar bana hastalığın seyrinin iyi yönde gittiğini gösteriyordu: Muhtemelen sinirsel rahatsızlığını kontrol altına alabilecekti (ki bunu yaptı). İkinci olarak, hastalığının seyriyle ilgili her sorunun ardından 'eğer gerçekten istiyorsan' kalıbını eklemenin faydalı olduğunu gösteriyor ve tanrıların kralını oynamak isteyip, benden önceki diğer iki terapistine yaptığı gibi beni de alt etmeyi hedefliyorsa, verdiğim her benzer tepkiden sonra gelen anlık öfke patlamaları anlaşılır bir hal alıyordu. Varsayımlarıma göre, ilk iki terapistin hatası terapideki başarısından sorumlu olduklarını düşünmeleriydi ki böylelikle onun kendi 'cehenneminden' geçmesi gerekmemişti.

Burada okuyucu haklı olarak şöyle düşünebilir: Hastaların bu kadar bilgili olmadıklarını ve Yunan ya da diğer klasikleri okumadıklarını varsayalım. Bu kadının ilgi çekiciliğini ve onunla çalışmanın bir keyif olduğunu kabul ediyorum, fakat tüm bunlar bu miti bilinçli bir şekilde bildiği anlamına gelmiyor. Tahmin ettiğim kadarıyla bu miti okumamıştı ve bilinçli olarak farkında değildi. Bu durum da mitlerin kişiler tarafından okunmuş olmasının gerekmediğini gösteriyor. Tıpkı Joseph Campbell ve daha başka pek çok kişinin belirttiği gibi, *mitler insan bilincinde varolan arketipsel biçimlerdir*. Hepimiz bir anneden doğar ve ölürüz: Hepimiz cinsellik ya da cinselliğin eksikliğiyle yüzleşiriz; çalışır veya çalışmaktan kaçınırız... Hamlet gibi büyük dramlar, herkesin hayatındaki varoluşsal krizleri ortaya koyabildikleri ölçüde mitseldir. Mit ve özbilinçliliğin bir yere kadar eşanlamlı oldukları varsayımına inanmaktan kaçamayız. Bilincin olduğu yerde mit de olacaktır. Üç kişilik bir ailede (baba, anne, çocuk) yaşayan kişi bu klasikleşmiş dramları okumuş olsun ya da olmasın, Oedipus mitiyle ilgili rüyalar görecektir.

Jung şöyle yazar: "Amerika'nın Güney eyaletlerinde yaşayan bir zenci, Yunan mitolojisinin motifleriyle rüya görür ve İsveçli bir manavın çırağı yaşadığı psikozda Mısırlı bir Agnostiğin bakış açısını yansıtır." Jung'a göre, mitler bilinç öncesi tinin özgün ifşasıdır. Bilinçdışındaki psişik olaylarla ilgili gönülsüz ifadelerdir. "Tıpkı ruhunu kaybetmiş bir adam gibi, mitolojik mirasını yitirdiğinde paramparça olan ilkel bir kabilenin ruhani hayatıdırlar." İsveçli psikolog da tıpkı diğer otoriteler gibi, hayatımızın ortak durumunun sembollerin endişe verici şekilde azalması olduğu konusuna katılıyor.[23]

Jung, şairlerin akılcı zihinlerin algılayabileceğinden öte bir gerçeklikle temas halinde olduklarına inanır; onlar "cinler, şeytanlar ve tanrıları" keşfettiklerinin farkındadırlar. "Bilincin en derinleri yalnızca mit ve ayinlerle keşfedilebilir" diye yazar Jung. Mitleri, insan ruhuyla doğadaki insan arasında gerekli olan bağlantılar olarak görür. Bu teorinin sonucunda da arketiplere, yani kolektif bilinçaltının ifadesine ulaşılır.

Her birimiz kendi mitlerimizin motifleriyle bu arketiplere katkıda bulunuruz; bunlar, varlığımızın yapısını oluşturur. Mitlerden etkilenmek için akademisyen olmaya gerek yoktur; kişinin varoluşsal olarak insan hayatına katılması yeterlidir. "Mitlerin insanlar tarafından fark edilmeden düşünüldüğünü yazmıştım" der Levi-Strauss. "Benim için [mitler] yaşanmış deneyimleri anlatırlar."[24]

---

23 *Dört Arketip.*

24 Claude Levi-Strauss, *Mit ve Anlam.*

Rüyalar, hepimizin katkıda bulunduğu *umumi* mitlere bireyin yaptığı *özel* bir katkıdır.

Bu varoluşsal krizlerin ilki elbette ki *doğumdur*. Hepimiz farkında olmadan bir tantana halinde ya da bu durumun tam tersi bir ortamda dünyaya geliriz ve her birimiz ilerleyen yıllarda kendi doğumumuza salt bir gerçeklik olmasının çok ötesinde anlamlar yükleriz. Otto Rank'in *Kahramanın Doğuş Miti (Myth of the Birth of the Hero)* çalışmasında ortaya koyduğu gibi, kahramanların çoğunlukla özel ve farklı şekillerde dünyaya geldikleri görülür. Musa, Firavun'un kızı tarafından Nil'in sert akıntılarına kapılmış bir beşikte bulunmuştu; İsa, doğuda bir yıldız yükselirken bakire bir kadın tarafından dünyaya getirilmişti; Oedipus, doğar doğmaz yabana sürgün edilmişti. Hepimiz geriye dönüp baktığımızda doğumumuza değer verir, ondan nefret eder, onun karşısında şaşkınlığa kapılır ya da yalnızca mitlerle ifade edilebilecek milyonlarca farklı tepki gösteririz.

Bir başka kriz de beş ya da altı yaşlarında, karşı cinse mensup ebeveyne karşı hissedilen Oedipal arzuya kapıldığımızda yaşanır; buna uygun mitse *Kral Oedipus*'tur. On iki yaşlarında başlayan ergenlik dönemindeyse, mitler oğlan çocuk erkek ve kız çocuk kadın olurken gerçekleştirilen ritüellerle ortaya konulurlar. Mitler, Hıristiyan kilisesine *kabul* ayinlerinde, Yahudi sinagoglarındaki *bar mitzvah* törenlerinde ya da Amerika Kızılderililerinin kabile ayinlerinde, oğlan çocuk cesurların arasına katılırken kız çocuğun kendi çocuklarını doğurabilecek yetişkin bir kadın olması ayinlerinde ortaya konulur.

Büyürken yaşanan bir diğer varoluşsal kriz de, büyük Yunan klasiği *Oresteia*'da anlatılan ergenin bağımsızlığını ilan etmesidir. İster eski çağlarda Aiskhülos tarafından yorumlanmış, ister Sartre ya da Jeffers tarafından modern çağa uyarlanmış olsun, Orestes miti ergenlerin hayatında önemli bir yer teşkil eden kriz için büyük ehemmiyet taşır. Bu, kahramanın kendini annesi ve babasıyla arasındaki biyolojik bağdan kurtarma çabası olarak bilinir.

Ardından Afrodit, Eros, Psyche gibi sonu gelmez mitlerle ortaya bu kez aşk ve evlilik krizi çıkar. Bir başka varoluşsal kriz olan *iş* ile ilgili Sisifos mitini daha detaylı bir şekilde *Muhteşem Gatsby* bölümünde ele alacağız. Son olarak da, ölümü beklerken bu varoluşsal krizle ilgili mitlerin sayıca ne kadar çok olduğuna şaşırırız ki bunlardan biri de Dante'nin Cehennem'inde ölü yakınları ve dostlarıyla bir araya gelişini anlatan çarpıcı hikayedir (bkz. Dokuzuncu Bölüm). Sevdiğimiz –ya da nefret ettiğimiz– insanlardan vazgeçmemiz pek mümkün görünmediğinden, düşmanlarımız için sonu gelmeyen eziyetlerle, sevdiklerimiz içinse salt mutlulukla dolu gelecek yaşamlar tahayyül ederiz.

Columbia Üniversitesi'nde klasikler profesörü olan Gilbert Highet'in etkili bir biçimde kaleme aldığı gibi:

> Asıl yanıt mitlerin kalıcı olduğudur. En büyük sorunlarla ilgilidir ve erkeklerle kadınlar değişmediğinden bu sorunlar da değişmez. Aşkla, savaşla, günahla, zorbalıkla, cesaretle, kaderle ilgilidir ve hepsi de bir şekilde zaman zaman acımasız, zaman zamansa adil olan tanrısal güçlerle insanın arasındaki ilişkiyi sorgular.[25]

Eski mitlerin öldüğü ya da yok olup gittiği doğru değildir. Bilinç sahibi her varlığın er ya da geç bu krizlerle başa

25 Highet, *Klasik Gelenek: Batı Edebiyatında Yunan ve Roma Etkileri (The Classical Tradition: Grek and Roman Influences on Western Literature).*

çıkmak zorunda oluşu, mitlerin de katkıda bulunduğu sonsuzluk unsurunun bir boyutudur. Mitler her nesil tarafından kültürün yeni veçheleri ve ihtiyaçlarına göre tekrar yorumlanır. Kadim *Oresteia* miti, Homeros öncesi Yunan şiirinin müphem köklerine dayanır; sonrasında Aiskhülos tarafından gençlerin bir erkek olma ve babalarıyla özdeşleşme çabaları şeklinde yeniden yorumlanmıştır. Orestes'in annesini öldürdüğü için kapıldığı muazzam suçluluk duygusu, Erinyeler tarafından kovalanarak geçici bir psikoza kapılmasını ve insani adaletin kutsal güçle desteklendiği Atina'daki o meşhur davada en nihayetinde bağışlanması... Tüm bunlar yerli yerine oturur.

Medeniyetin tamamı *Oresteia*'daki bu davanın sonucuna bağlıdır. Çünkü davanın sembolik bir şekilde sahnelenmesinde jüri tanrılar *değil,* insanlardır; artık kadın ve erkekler kendi medeniyetlerinin sorumluluğunu üstlenmelidir. Bu mit bize 'sera gazı etkisi' ve dünyadaki yaşantımıza dair diğer tehditlerden *bizim* sorumlu olduğumuzu anlatır.

SARTRE VE *SİNEKLER*

Şimdi, insanın ortaya koyduğu en muazzam tarihsel hazinelerden biri olan Orestes dramını Sartre'ın nasıl kullandığına bakalım. Ergenlik psikolojisinin sonu gelmez bir şekilde araştırılıp tartışıldığı post-Freudyen çağımızda, Orestes dramının yalnızca bir klasiğin yinelenmesi olarak ilgi çekebileceği düşünülebilir. Fakat bu yanlış bir düşünce olur. Jean-Paul Sartre, İkinci Dünya Savaşı'nda Paris Almanlar tarafından ele geçirildiğinde, Fransız halkının yaşadığı çaresizliği ortaya koyacak modern bir drama ihtiyaç duyduğunda, bu eski Orestes dramını seçti.

O dönemde Paris kelimenin tam manasıyla Naziler tarafından ayaklar altına alınmıştı; Alman subayları tiyatro binasının önünde nöbet tutuyorlardı. Sartre, Aiskhülos'un bu eski dramını *Sinekler* adıyla yeniden yazdı. Dram, her yıl olduğu gibi yine hastalıklı bir suçluluk duygusuna kapılan Argos halkına tepeden bakan bronz bir Zeus heykeliyle açılır. Sartre'ın Orestes'i olan on yedi yaşındaki genç, arkadaşı Pylos'la birlikte sahneye çıkar; şimdilik her şey Aiskhülos'un dramının aynısıdır.

Fakat bu noktadan itibaren Sartre bu kadim mite kendi yorumunu katar. Orestes'i o ana kadar sahnenin arkasında öylece duran bronz bir heykelden ibaret Zeus'la konuşturur. Zeus kaidesinden iner ve genci, Argos[26] halkını suçluluk duygusu illetinden kurtaracak plandan, yani annesini öldürme fikrinden vazgeçirmeye çalışır. Zeus Nazilerin gücünü, hatta belki de tam o esnada tiyatronun önünden geçen generalleri temsil eder. 1944 yılında Naziler tarafından ele geçirilmiş bir halk olarak otoriter bir rejime karşı nasıl ayakta durabilirsiniz?

Zeus, ilerleyen sahnelerde Orestes'i ve diğer tüm insanları kendisinin yarattığını ve dolayısıyla Orestes'in emirlerine itaat etmesi gerektiğini haykırır. Orestes'in Zeus'a verdiği, sahnede yankılanan yanıtsa Fransız seyirciyi canlandırmış olsa gerek: "Ama sen hata yaptın, beni özgür kıldın!"

Öfkelenen Zeus yıldızlarla gezegenlerin gökte hızla dönmelerini sağlayarak, evreni yaratırken başvurduğu o muazzam gücünü sergiler. Ardından gence meydan okur: "Bu yolda devam edersen ne tür acılar çekeceğinin farkında mısın?"

26 Bu sebeple Argos ve Miken eşanlamlıdır.

1944 Paris'indeki gücünü yitirmiş olsa da, Orestes'in yanıtı bize hala ilham vermeye devam etmektedir: *"İnsan hayatı acıların ötesinde başlar!"*

Sartre'a göre evren adil ya da ussal olmayabilir, fakat kadın ve erkekler tiranların karşısında insanoğlunun özgürlüğünü olumlayabilir. Hazel Barnes'ın deyişiyle, "Orestes, halkının bir kısmının ölümüyle sonuçlanacak eylemler yapması gerekse bile özgürlük uğruna amansızca mücadele etmeye devam edecek bir direniş kahramanıdır."[27]

MİTLERİ DIŞA VURAN DRAMALAR

Hamlet ve *Macbeth* gibi önemli dramalar hepimizin kalbine nüfuz ederler. Benzer şekilde, hafızamızda birer mit olarak yer alıp, insanlığımıza dair giderek artan bir kavrayış sağlarlar. Beckett'ın *Godot'yu Beklerken*'i de böyle bir dramadır. Bizi, ortaya koyduğu çelişkinin derinliğiyle kavrayan hassas ve yoğun bir mittir, Nietzsche'nin "Tanrı öldü" meseliyle benzer bir keskinliğe sahiptir. Karakterler bir miti beklemektedirler ki bu da dramanın asıl merak uyandıran karakterinin aslında orada olmadığını ortaya koyar.

İnsanın tanrıyı sonsuza dek beklediği çağımızda hayatın anlamına dair bu arayış, insan olmanın getirisi olan ortak şaşkınlığımız karşısında duyulan şefkatle doludur. Estragon, Vladimir'e "Nereye gidelim?" diye sorduğunda Vladimir, "Evet, gidelim" diye yanıtlar ancak sahne talimatlarında şöyle yazar: "Hareket etmezler." Bu çarpıcı mit, insan olmanın getirisi olan belirsizliğimizin derinliklerini ortaya koyar; uyurgezer gibi yaşarız. Norman Mailer bu drama üzerine yazarken şüphenin, "Hıristiyanlığın, İsa'yla

---

27 Barnes, *Anahtar Muhbir (The Key Reporter).*

birlikte yok olan ahlaki temeliyle" ilgili olduğunu belirtir. Ve Londra *Times* dergisi bu drama hakkında şöyle yazar: "İnsanın şaşkınlığı karşısında ışıl ışıl parlayan bir şefkatle dolu... İnsanın kalbine saplanan güzellik ve acıyla da."[28]

Her ne kadar Orestes ve Oedipus mitleri eski Yunan'daki o muazzam medeniyet patlaması yaşanırken yazılmışsa da, İbrani geleneği de benzer güçte mitlere sahiptir; Adem ve Havva'nın bilinçlerinin açılması, melekle çarpışan Yakup gibi... Bu iki kadim mit kaynağı, yani Yunanca ve İbranice, Batı medeniyetinin 'annesi' ve 'babası'dır ve sonsuza dek onlara minnettar olacağız.

Arthur Miller, *Satıcının Ölümü*'nde bize bir kez daha mitsel dramayla birlikte oyun yazarının iyi ve kötü kavramlarına dair endişelerini gösterir. Miller, Broadway'deki modern tiyatronun büyük bir bölümünün dramayı *önemsizleştirdiğini* öne sürer: Yunan dramlarıyla, İncil'deki hikayelerden fışkıran ölüm ve yaşama dair meselelerle yüzleşmeden salt eğlence sunulmaktadır. Benim varoluşsal krizler şeklinde nitelediğim olguya, Miller ruhsal durumlar adını verir:

> İncil'den bize yalnızca birtakım karakterler –İbrahim ve İshak, Batşeba ve Davut– kalıyormuş gibi görünebilir, ancak aslında bunlar ruhsal durumlardır. Bu tip hikaye anlatıcılığı bana her daim etkileyici gelmiştir. Ve aynı şey Yunanlılar'da da vardır. Oedipus'a bakın; onun hakkında, içinde bulunduğu durum dışında fazla bilgimiz yoktur ama hikayesi, en derin paradoksları en kısa yolla anlatır.[29]

---

28 Beckett, *Godot'yu Beklerken.*

29 *New York Times*, 8 Mayıs 1984.

Arthur Miller'ın *Satıcının Ölümü* eseri de milyonlarca Amerikalı için güçlü bir mit ortaya koyar, bu nedenle hem televizyonda hem de sahnede defalarca kez izleyiciyle buluşmaya devam etmektedir. Dramanın sonunda, Willy'nin intiharının ardından, küçük bir grup mezarının başında toplanmıştır. Dul karısı cansız Willy'ye evin son ödemesinin o gün yapılması gerektiğini hatırlatır ve şöyle ağlar: "Willy, bunu neden yaptın?"

Ama büyük oğlu üzgün bir şekilde Willy'nin "kim olduğunu asla bilemediğini" söyler. Komşuları olan Charley onları teselli etmeye çalışır:

> Kimse bu adamı suçlamasın... Willy bir satıcıydı. Ve bir satıcı için hayatın dibi olmaz. Ağır iş yapmaz, size kanunları anlatmaz ya da ilaç vermez. Orada, çok uzakta bir yerde gülümsemesi ve cilalı ayakkabılarıyla iş yapar. Ve sonra onlar satıcıya gülümsemeye başladıklarında, bu bir deprem etkisi yapar... Kimse bu adamı suçlamasın. Satıcı hayal kurmalıdır... İşin doğası bu.
>
> BIFF: Charley, adam kim olduğunu bilmiyordu.
>
> HAPPY (sinirlenerek): Böyle söyleme! Sana ve diğer herkese Willy Loman'ın boşu boşuna ölmediğini göstereceğim. Onun iyi bir hayali vardı. Sahip olabileceğiniz tek hayal, bir numara olmak. Burada onun mücadelesini verdi ve işte ben de onun yerine kazanacağım.
>
> BIFF (Happy'ye umutsuz bir ifadeyle bakarak annesine doğru eğilir): Hadi gidelim anne.

Oradan ayrıldıklarında Linda bir süre geride kalır:

> LINDA: Hemen geliyorum. Sen git Charley (Charley duraksar). Bunu yapmak istiyorum, bir dakikalığına. Vedalaşma fırsatım olmadı. Beni affet canım. Ağlayamıyorum. Bunun nedenini bilmiyorum fakat ağlayamıyorum. Bunu anlamıyorum. Neden böyle bir şey yaptın? Evin son taksidini bugün yatırdım. Bugün canım. Ve o evde kimse olmayacak (boğazı düğümlenir). Özgür ve temiziz (daha fazla hıçkırarak). Özgürüz.

Burada, hepimizi bir yere kadar içine alan modern bir Amerikan miti güçlü bir şekilde ortaya konulmaktadır. Çünkü Miller bize seyyar satıcı da olsak, üniversitede bilgimizi veya yeni icatlar ya da çürük tahviller de satsak "kim olduğumuzu bilmediğimizi" söyler. "Güzel bir rüyamız" olduğunda ve "sonunda bir numara olacağımıza" inanmaktan hoşlanırız. Kronolojik olarak Horatio Alger mitiyle yatırım ve çürük tahvil satıcısı mitinin arasındaki bir döneme denk gelen bu drama, öyle ya da böyle "kim olduğumuzu" bulmaya çalışan milyonlarcamızın mitini sahneye taşır. Yönelttiğimiz mitsel sorunun yanıtı da mitsel olmalıdır, böylelikle bize "bir numara olmanın güzel bir rüya" olduğu hissine kapılma fırsatı verir.

Kimliğimize dair miti bulma çabası, tıpkı Willy gibi kendimizi –çalışmamızı, fikirlerimizi, çabalarımızı– satmamızda vücut bulur ki biz de tıpkı Willy gibi iki dirhem bir çekirdek giyinip yüzlerimize birer gülücük kondururuz. Ve mitlerimiz bizi yüzüstü bıraktığında bir şekilde "kim olduğumuzu asla bilmediğimizi" anlarız. Fakat bizim dramamız da Orestes'inkinden, Willy'ninkinden ya da bir başkasınınkinden farksızdır; hepimiz Godot'yu beklerken iyisiyle kötüsüyle yıllarımızı geçirdiğimizi fark ederiz. Bizler kendi kişisel mitlerini arayan satıcılarızdır. Arthur Miller'ın miti hepimizi içine alır ve bizim gibilerin oluşturduğu kalabalık gündelik dünyanın mitlerinden biridir.

ÜÇÜNCÜ BÖLÜM

KÖKLERİMİZİN PEŞİNDE

O büyük tarihi açlığımız, sayısız başka kültüre sıkı sıkıya tutunmamız, bilgiye karşı duyduğumuz o sonu gelmeyen açlık mitlerin, mitsel bir evin, mitsel rahmin kaybından başka ne anlam ifade eder?

Friedrich Nietzsche,
Müziğin Ruhundan Tragedyanın Doğuşu

Nietzsche kesinlikle haklı: Mitlere karşı duyduğumuz o güçlü açlık, aynı zamanda toplu halde olmaya duyulan bir açlık. Miti olmayan bir insan, evi olmayan bir insandan farksızdır ve sahiden de "*mitsel bir rahimde*" kendine yer bulabilmek için başka kültürlere sıkı sıkıya tutunmaya çalışır. Kendi topluluğunun parçası olmak, onun mitlerini paylaşmak Plymouth Rock'a ayak basan göçmenleri ya da Daniel Boone[30] ve Kit Carson'ın[31] Batı'ya doğru atlarını

30 Amerika'ya ayak basılmasının ardından Batı'ya doğru keşfe çıkarak ilk Amerikan kasabalarından biri olan Booneshorough, Kentucky'yi kuran Amerikan halk kahramanı. (ç.n.)

31 Kaliforniya'ya kadar uzanan batı bölgesini keşfeden dağcı, maceracı, kaşif. (ç.n.)

sürdüklerini anımsadığımızda göğsümüzün benzer şekilde kabarması anlamına gelir. Dışarıdaki, yabancı, eloğlu ise mitlerimizi paylaşmayan, yolunu başka yıldızlara göre bulup, başka tanrılara inanan kişidir.

World Series[32] maçlarında altmış bin kişi "çevremizde patlayan bombalar"[33] ve "hür yaşayanların ve kahramanların yurdu memleketim üzerinde" sallanan "sancağımız hala dalgalanıyordu" diye marş söyler. Tüm bunlar Amerika'yı bir topluluk yapan mitlerin parçasıdır. San Francisco 49ers takımı Super Bowl[34] maçını kazandığında kentte iki gün iki gece boyunca öyle çılgın bir coşku yaşanmıştı ki, Mars'tan gelen bir ziyaretçi orada olsaydı kent halkının toplu bir psikoza girdiğini düşünebilirdi. Ve o ziyaretçi haklı olurdu; bu "normal bir psikozdur." 49ers takımı oyuncuları San Franciscolu değildir; hepsi de ülkenin farklı kentlerinden 'alınmışlardır' ve işleri dışında hiçbir şeye sadakatleri yoktur. Fakat yedi yüz elli bin kişinin yaşadığı ve mitsel bir bağlılık gösterilen güçlü San Francisco mitinin bir parçasıdırlar. Tüm bu davranışlar bizi birbirimize bağlayan mitlere birer örnektir. Tarihçi James Oliver Robertson, *Amerikan Miti/Amerikan Gerçekliği (American Myth/American Reality)* kitabında miti, "bizi bir arada tutan şey"[35] olarak tanımlar.

Hannah Green'in anlatısında (bkz. Birinci Bölüm), Deborah'nın, yaşadığı toplumun mitlerine katılamadığından Collect, Idat, Anterrabae, Lactamaeon gibi kişilerden olu-

---

32 Kuzey Amerika merkezli yıllık beysbol şampiyonluk serisidir. (ç.n.)

33 Amerika milli marşından dizeler. (ç.n.)

34 Super Bowl, ABD'de her yıl düzenlenen Amerikan futbolu liginin şampiyonluk maçıdır. (ç.n.)

35 New York: Hill and Wang, 1980.

şan Yr Krallığı'nı yaratmak zorunda kaldığını gördük. Ve Deborah'nın mitsel topluluğunun ne denli etkili olduğunu da fark ettik, çünkü her ne kadar Deborah yaşadığı toplumdan uzak olsa da, yalnızlığını hafifleten bu mitsel yaratıklar tarafından korunuyordu.

Antik Yunan'da, Peloponez Savaşı'nda ölen askerlerin eşleri ve çocuklarına seslenen Perikles şöyle diyordu: "Bu askerler Atina için ölmekle gurur duyuyorlardı." Aynı şey Atina kadar azametli olmayan diğer kent ve ülkeler için de geçerli. Büyüdüğümüz şehir anılarımızda hala yer etmektedir, çünkü iyisiyle kötüsüyle orada doğmuş, gençliğimizi orada geçirmiş, orada aşık olmuş ve gündelik hayata orada atılmışızdır... Bu mit, duvarlarının ardında huzur ve güven bulduğumuz Miken ya da Truva gibi şehirlerde yaşadığımız döneme kadar geri gitmektedir. Orta Çağ ve Antik Çağ'daki duvarlarla çevrili kentlerde insanın mitleri ancak onu çevreleyen duvarlara kadar açılabiliyordu.

Gerçekten de itibarlı psikanaliz okullarından biri olan William Alanson White Enstitüsü'nde görev yapan Harry Stack Sullivan, Erich Fromm ve Frieda Fromm-Reichmann gibi ünlü psikanalistler, psikolojik sorunların kaynağının insanların kendi kültürlerinde önemli yer tutan kişilerle aralarındaki ilişkiye dayandığı görüşünü savunmuşlardır. Dolayısıyla, terapi esnasında ortaya çıkan mitler yurt ve kültürle birebir ilintilidir.

EVİMİZİ BULMA TUTKUSU

Genel anlamda mitsiz olan yüzyılımıza mensup Alex Haley adında biri, kendi mitini bulmak üzere yola koyulup bu arayışını *Kökler* kitabında bizlere aktarmıştır. Bilinçli bir şekilde mi yoksa bilinçsizce mi kestirmek güç, fakat Haley

Nietzsche'nin şu tavsiyesine harfiyen uymuştur: "Mitlerinden sıyrılan insan ...isterse en uzak antik çağlarda olsun, çaresizce köklerini bulmaya çabalamalıdır." Tahayyül etmesi dahi güç, küçük düşürücü adaletsizliklerinden ikisi zoraki üreme ve sahiplerinin adını alma olan ruhani bir girdaptan farksız kölelik yıllarında, kölelerin psikolojik kimlikleri sürekli olarak yerle yeksan ediliyordu. Eski Ahit'te Yahweh'in insanlara karşı kullanabildiği en acımasız ceza "isimlerini yaşayanlar kitabından silmekti." Tıpkı belli başlı kişileri sanki hiç yaşamamış gibi göstermek üzere tarihin yeni baştan yazılarak varolmamış insan olgusunun ortaya çıkmasına neden olan komünist ülkelerde olduğu gibi. Her ne kadar en acımasız koşullar altında dahi söyledikleri halk şarkılarında insanlıkları ısrarlı bir şekilde yaşamaya devam etse de, insanın elinden kimliğini bu şekilde almak, onun mitlerini bu şekilde yok etmek kölelerin insani özelliklerini tehdit eden ruhsal bir cezaydı.

Köklerini bulmak için yanıp tutuşan Alex Haley şöyle yazar: "Kim olduğumu bulmam gerekliydi... *Hayatımdaki anlamı bulmalıydım.*"[36] Haley'nin tek bildiği, o dönemde genç bir delikanlı olan Afrika'daki atası Kunta Kinte'nin davul yapmak üzere nehir kıyısına indiğiydi. Genç adam orada pusuya düşürüldü, bayıltıldı ve kendine geldiğinde köle tüccarları tarafından diğer siyahlarla birlikte Amerika'nın güneyinde satılmak üzere sığır sürüsü gibi bir gemiye bindirildi. Kökleri olmayan kişi insan olduğuna nasıl

36 İtalikler bana ait. Bu temanın devamı *Kökler* kitabının sonlarına doğru yeniden ortaya çıkar: "Büyükannem zaman zaman bu konuya dönerdi ...ve annem hemen çıkışıverirdi: 'Ah anne, *keşke* şu eski kölelik zırvalarını anlatıp durmasan.' ...Büyükannem de altta kalmazdı: 'Eh, *sen* kim olduğunu ve nereden geldiğini önemsemiyor olabilirsin ama *ben* önemsiyorum!'"

inanabilir? Haley geçmişe dönerken, aynı düşünce zihninde yinelenip duruyordu: Kim-olduğumu-bulmam-gerek!

Bu kelimelerin, yaklaşık iki bin üç yüz yıl önce yazılmış olan *Oedipus Rex*'te Oedipus'un sözlerinin neredeyse harfiyen tekrarı olduğunu görmek şaşırtıcı: "*Kim olduğumu ve nereden geldiğimi bulmalıyım.*" Hem Haley hem de Oedipus için şimdiki zamanda bir kimliğe ve hatta bir geleceğe sahip olmak için geçmişlerine dair bir mitlerinin olması büyük önem taşıyordu.

Tarih boyunca en fazla izlenen program olan *Kökler* dramasını gitgide daha fazla Amerikalının izlemesi nasıl açıklanabilir? Bunun sebebi *Amerika'da çoğumuzun köksüz olması* değil mi? Mesela çoğumuzun atası buraya on dokuzuncu yüzyılda İrlanda'daki patates kıtlığından, İsveç'te ipoteklerin paraya çevrilmesinden ya da Doğu Avrupa'daki pogromlardan kaçmak için gelmiştir. Büyük bir cesaret ortaya koyarak kendi mitlerini geride bırakmayı seçtiler. Özgür ve köksüz oldukları için kendilerini kutlasalar da, bu Amerikalılar yine de endemik bir yalnızlık, de Tocqueville'in zaman zaman dile getirdiği gibi ruhlarımızı boyunduruk altına alan yoğun seyahat tutkusunun peşi sıra kent kent gezmemize neden olan kışkırtıcı bir huzursuzlukla mücadele etmek zorunda kalmıştır. Tarikatlara tutunmamız ve para kazanmaya dair narkotik tutkumuz kısmen mitsizliğin getirisi olan endişeden kaçmanın bir yoludur.

Alex Haley, atalarının neler yapmaya zorlandıklarını mümkün olduğunca yakından deneyimlemek için gecelerini geminin ambarında geçirdi. Sonra bu tür yaratıcı fikirlerde alışılageldiği üzere, tüm hikâye zihninde aniden 'açılıverdi' ve kitabı nasıl yazması gerektiğini anladı. Mit hayat bulmuştu. Daha sonra, köle Kunta Kinte'nin bir sahipten diğerine satılıp durduğunu gösteren belgeyi elinde tutarken ona bakıp bakıp "Tanrım!" diye iç geçirmekten başka bir şey yapamadı.

Bu kitap ve sonrasında çekilen televizyon dizisi, yani kişinin mitlerini bulmak üzere çıktığı yolculuğunun bu örneği her ne kadar kısa sürse de, Amerika'daki her türden insanın kendi köklerini bulmak üzere çaba sarf ettikleri bir hareketin ateşleyicisi oldu. Hollanda, Polonya ve Avrupa'nın çeşitli ülkelerinden gelen göçmenlerin çocukları bir zamanlar atalarının yaşadığı ülkelere gidip, ölüm sertifikalarını inceleyerek, uzak ülkelerdeki mezarların başında –çoğu yıpranmış, eskimiş ve okunmaz halde olan– mezar taşlarını okumaya çalıştılar. Tüm bu çabalar kimi zaman olumlu, kimi zamansa olumsuz sonuçlansa da Nietzsche'nin deyişiyle, "ne kadar uzak geçmişte olursa olsun" köklerini bulma umuduyla yapılıyordu. Haley'nin durumundaysa, Kunta Kinte gibi bir atanın dokunaklılığı, ne denli acı verici de olsa bu keşif sürecinin özünde sevilip el üstünde tutulacak bir hal almasını sağlıyordu. Mitler söz konusu olduğunda, acı verici gerçeklerin güzel gerçeklerle bir araya gelip, ortaya el üstünde tutarak bizim diyebileceğimiz bir sonuç çıkarması çok sık rastlanan bir durumdur. Psikanalizi kişinin kendi mitini arayışı şeklinde tanımlayabiliriz. Onu bulup onunla yaşayabilen kişi için mitler nasıl da sağaltıcıdır!

Geçmişimize dair bu mit, bu kaynak, önünde saygıyla eğilebileceğimiz bir referans noktasıdır. Asla bir limana yanaşamayan mitsel gemi Uçan Hollandalı'nın aksine, biz geçmişimizi bulduk ve bu da olası bir gelecekte kendimize bir liman bulabileceğimizin garantisidir.

KUTLAMA OLARAK MİTLER

Thomas Mann, "Mitlerde yaşam bir kutlamadır" diye yazmıştır. Toplumların mitleri genellikle bizi canlandıran mutlu, neşeli mitlerdir; tatil günleriyle kutsal günleri imlerler. Birbirimizi "*Mutlu* Noeller" ya da "*İyi* yıllar" diye selamlarız. New Orleans'taki Mardi Gras ve Akdeniz'le Güney Amerika ülkelerinde bundan önce gelen Lent bayramı gibi kutsal günler renk cümbüşü ve mitsel gizem zamanlarıdır. Bu günlerde herkesi sevmek ve kendini duyuların kendiliğindenliğine bırakmak hoş görülebilir. Kutsal Cuma ve Paskalya İsa'nın çarmıha gerilişiyle yeniden dirilişini anlatan inanılmaz mitin kutlamasıdır; Son Yemek için Passover kutlaması yapılır ve tüm bunlar yeni doğanın güzelliğini açan leylaklarda, büyüyen çimen ve bitkilerde ve bahar aylarında dünyanın sert toprağından başını uzatabilen diğer tüm güzelliklerde birleşir.

Bu kutsal günler çağlar boyunca etraflarında sonsuzluğun mitsel özelliklerini toplarlar. Onlar sayesinde kadim geçmiş ve uzak gelecekle aramızda bir bağ kurulduğunu hissederiz. Noel –İsa için gerçekleştirilen ayin demektir[37]– Kuzey Avrupa'daki Germanik ve Nordik kabilelerin mitleriyle karışmış ve ortaya tüm o ışıltısı ve etrafına yerleştirilen hediyeleriyle Noel ağacı gibi semboller çıkmıştır. Yerel mitlerin yavaş yavaş dini geçmişimizden gelen mitlerle çoğalması ve onlarla bütünleşip kaynaşması sürecinin sonunda bu kutsal gün etrafında böylesi bir sonsuzluk halesi oluşagelmiştir. Otto Rank'in ifadesiyle, Noel miti kahramanın doğuşuna dair bir prototiptir ve doğu yıldızını takip edip hediyeler getiren Bilge Adamlar'la aynı ahırdaki

37 Burada, Noel kellmesinin İngilizce karşılığı olan *Christmas* ifadesinin karşılığından bahsediliyor.

beşiğinde yaşayan İsa'yı tanımlar. Bu mit bize başkalarına karşı verici olma ruhuna katılırsak bizim de bilge olacağımızı imler.

Ayinler de tıpkı dini tatiller ve adaklarda olduğu gibi mitlerin fiziksel dışavurumlarıdır. Mit anlatıdır, ayinse –hediye verme ya da vaftiz edilme– miti bedensel bir eylemle ortaya koyar. Ayinlerle mitler şaşırtıcı değişim ve hayal kırıklıklarından ibaret dünyamızdaki[38] kerteriz noktalarıdır. Kutsal Komünyon[39] kutlamalarında olduğu gibi, mit ayinden önce gelebilir ya da 49ers takımının Super Bowl galibiyeti örneğinde gördüğümüz gibi ayin daha önce gelebilir. Her iki durumda da biri diğerini doğurur. Bahsi geçen toplum ister somut bir gerçeklik ister Deborah'nın Yr Krallığı olsun, hiçbir benlik mitleri olan bir toplumdan ayrı bir şekilde varolamaz.[40]

Avrupa'da toplumların mitleri kasaba ve kentlerdeki kiliseler tarafından sembolik bir şekilde göklere çıkarılır. Korunma amacıyla birbirlerine yakın inşa edilen evlere yukarıdan bakan ve dışarıya karşı yüksek payandalarla korunurken içerideyse mitsel İncil hikayeleri anlatan bir Chartre

---

38 Clyde Kluckhohn, *Mitler ve Ayinler: Genel Bir Kuram (Myths and Rituals: A General Theory)*'da şöyle devam eder: "Mitler de benzer şekilde insana 'tutunacak bir dal' sunarlar. Hıristiyanlar, 'Kalpleriniz coşkuyla dolsun' gibi neşeli sözler duyduklarında planlardaki beklenmedik değişikliklerle daha rahat başa çıkabilirler."

39 Kutsal Efkaristiya ya da Rab'bin Sofrası olarak da bilinmektedir. (ç.n.)

40 İlkel kabilelerde 'kara büyülü ölüm'ün anlamı için bkz. *Endişenin Anlamı (The Meaning of Anxiety)*. Tüm topluluk kara büyü kurbanının öleceğine inanırsa, kişi olduğu yere yatar ve iki ya da üç saat içinde ölür. William James'in deyişiyle, İçinde yaşadığı topluluk tarafından 'bağı kesilerek öldürülmüştür' ve üzerine uygulanan bu güç sonucunda kendisinin öleceğine inanır. Bu durum, toplulukların inandığı mitlerin kurbanın hem zihnini hem de kaderini ele geçirme işlevine bir örnektir.

Katedrali ya da Köln Kulesi vardır. Kökleri İncil'e dayalı bu mitler, onlara bakan kişinin En Yüce Tanrı ya da kasabadaki herkesin ezbere bildiği diğer Hıristiyan mitlerine çılgınca tapmasına neden oldu. Toplumun kalbiyle ruhunun koruyucusu, tüm mitlerin etrafında döndüğü merkezi sembol olan kilise herkesin görebileceği bir yerdeydi. New England kasabalarında da benzer şekilde tepeden bakan bir topluluk miti sembolü vardır. Arabayla Vermont ya da New Hampshire'dan geçerken, kasabanın merkezine gelindiğinde 'ortak alan'a, yani bir ucunda Püriten beyazı basit güzelliğiyle kasabaya sonsuz bir kutsama bahşediyormuşçasına bir kilisenin yükseldiği geniş, çimenlik bir alana varılır.

Dolayısıyla, kent devletindeki vatandaşlar için Antik ve Orta Çağ'da sürgün çok ciddi bir tehditti. Kendini mitlerin ve dolayısıyla toplumun atar damarlarını oluşturan dil ve etiğin içinde bulduğu kentten sürülen kişi, mitsel merkezini de ardında bırakmak zorundaydı. Sürgün çoğu zaman sürülen kişinin psikolojik hayatını yerle bir ediyordu; ülkesiz kalarak resmen yıkılıyordu. Fakat sürgün, ender görülen bazı durumlarda sürülen kişide bir yaratıcılık patlamasına neden olabiliyor, Dante ve Makyavelli'deki gibi bir yücelmeyle sonuçlanabiliyordu. Floransa'dan sürgün edilen Dante mitlerini tek başına yeniden deneyimlemek zorunda kalmış, bunun sonucunda da muazzam şiiri *İlahi Komedya*'yı yazmıştı. Ve Makyavelli sürgün edilmiş olmasa *Prens* asla yazılamayabilirdi.

Yapıcı mitlerin varlığı, vatandaşlarda özellikle yabancılara karşı şefkat duygusunun yeşermesinin bir sonucudur. İsrail halkının tarihinde, Levililer kitabına şu yasanın eklenmiş olması muazzam bir adımdı: "Yabancıları da [farklı mitlere sahip insanlar olarak da okunabilir] İsrail'in çocuklarını yargıladığınız kanunlarla yargılayın."

Kişiye kulak verilen, kendisini 'evinde' hissettiği bir yurdun varlığı sağlıklı mitler için hayati önem taşır. Terapiye gelen hastalarımızın çoğu nörotik sorunlarının altında kendilerine kulak verilen, söylediklerinin dinlendiği bir evde hiç yaşamamış olmalarının yattığını anlamıştır. Ronald Laing, hiç konuşmayan beş yaşındaki bir kızla yaptığı seanstan bahseder. Dr. Laing'in anlattıklarına göre, ofisine ebeveynleri tarafından getirilen kız iç kısımdaki görüşme odasına geçip tıpkı "minyatür bir Buda" gibi yere oturuvermiş. O da aynı şekilde karşısına yerleşmiş. Kız elini sağa sola oynattıkça, Dr. Laing de ellerini ona uyacak şekilde hareket ettirmeye başlamış. Bir saat boyunca hiç konuşmadan kabile danslarını andıran bu hareketleri tekrarlamışlar. Bir saatin sonunda ayağa kalkmışlar ve kız odadan çıkmış. Ama sonra ebeveynleriyle konuşmaya başlamış. Daha sonra ebeveynlerin ona görüşme odasında neler olduğunu sorduklarında, "Sizi ilgilendirmez" diye yanıtladığını öğrenmiş.[41]

Konuşmayan çocuklar, tıpkı yukarıdaki örnekte olduğu gibi, içine doğdukları çağın düşmanca, soğuk ve yaşanılmaz bir yer olduğunu göstermeye çalışıyor olabilirler. Buna verilecek yanıtlardan biri de konuşmayarak bu çağın bir parçası olmayı reddetmektir. Bazıları uzun bir dönem boyunca başparmaklarını emebilir ya da kendilerini yakın hissettikleri bir şey olduğunu farklı biçimlerde ortaya koyabilirler; bu bir ev olmasa bile, en azından pelüş bir oyuncak ya da mitsel bir anlam taşıyan bir bebek olabilir.

Bir topluluğun parçası haline gelme ya da ait olunan bir yuvaya ve korunup az da olsa yakınlık hissedilebilecek bir aileye sahip olma zorunluluğu işte buradan kaynak-

41 Dr. Laing'le yapılan kişisel bir konuşmadan.

lanmaktadır. Çocukları toplumun bir parçası kılan mitler olmadan, çocuk gerçek anlamda bir insan gibi gelişemez. Bundan birkaç on yıl önce, Dr. Rene Spitz'in ortaya koyduğu gibi, anne şefkati görmeyen yetimler beşiğin sessiz köşelerine çekilme eğiliminde olup içlerinden bazıları kelimenin tam anlamıyla sevgisizlikten ölmektedir.

Hayali ya da gerçek dostlarınızın ve benim diyebileceğiniz bir ailenizin olması yalnızca bir ihtiyaç değildir; psikolojik ve ruhani ayakta kalışın yanı sıra, fiziksel hayatı sürdürebilmek için de gereklidir. Hepimiz, kaotik evrenin içinde bize sabit bir nokta kazandıracak toplu bir mit arayışındayızdır.

KAHRAMANLARIMIZ NEREYE GİTTİ?

Anayurt miti, toplumun en yüce hedeflerinin atfedildiği kahramanla sembolize edilir. Kahraman olmadan toplum önemli bir boyutunu yitirmiş olur, zira kahraman içinde bulunduğu toplumun ruhudur. Toplum içindeki vatandaşların kendi ideallerini, cesaretlerini ve bilgeliklerini bulabilmeleri için kahramanlar gereklidir. "Toplum, bir şekilde vatandaşlarına kahraman gibi hissettirmenin yollarını bulmalı" demiştir Ernest Becker. "Yirminci yüzyılın en önemli güçlüklerinden biri budur."[42] Rol model olarak, standartlarımızın faaliyete geçmiş bir hali olarak ve ahlaki değerlerimizin tıpkı bizim gibi ete kemiğe bürünmüş durumu olarak kahramanlara ihtiyaç duyarız. *Kahramanlar harekete geçmiş mitlerdir.*

---

42 Kişisel iletişim. Ernest Becker birkaç mükemmel kitap yazdıktan sonra kanser nedeniyle erken öldü. Kendisi de pek çok okur için bir kahramandı.

Tıpkı Hawthorne'un kısa hikayesi 'Büyük Taş Yüz'de ortaya koyduğu gibi, biz de giderek kahramanımıza benzemeye başlarız. Bu hikayenin baş karakteri, zirvesindeki kayalara kahramanlarınkini andıran muazzam bir yüzün oyulduğu dağın tam karşısında yaşamaktadır. Günün birinde, yüzü bu büyük taş yüze benzeyen saygıdeğer bir adamın geleceğine dair bir kehanette bulunulmuştur. Hawthorne'un kahramanı hayatını köy halkına iyilikler yaparak geçirirken, bir yandan da başını kaldırıp bu büyük taş yüze bakarak ona benzeyen kişinin geleceği günü bekler. Yaşlı bir adam olduğunda aniden *kendi* yüzünün dağdaki yüze benzediğini fark eder.

Kahramanlar bizim hedeflerimizi, ideallerimizi ve inançlarımızı içlerinde barındırırlar. Kelimenin en derin anlamıyla kahramanlar bizim tarafımızdan yaratılırlar; kendi mitimizin kolektif bir parçası olarak doğarlar. Kahramanlığı bunca önemli kılan şey işte budur: Kimlik duygumuzu yansıtır ve bu sayede kendi kahramanlığımız şekillenir. *Paulus: Bir Arkadaşlıktan Anılar (Paulus: Reminiscences of a Friendship)* kitabım yayımlandığında, bir eleştirmen Paul Tillich'ten bir kahraman yaratmaya çalıştığımı öne sürerek kitaba karşı saldırıya geçti. "Yirminci yüzyılda bu tehlikelidir" diye devam ediyordu eleştirmen, "Çünkü bu durum, tıpkı kahramanlığı kendi kötücül amaçları için kullanan Adolf Hitler'in destekçileri gibi kahramanlara tapılmasına ön ayak olur." Bu savı anlamak mümkündür, ne de olsa Hitler tarafından kullanılan kahramanlık gerçekten de dünya tarihimizdeki en büyük yıkımlardan biriyle sonuçlanmıştır. Fakat kurunun yanında yaş da yanmamalıdır. 1990'lı yıllarda, kahramanlar olmadan toplumdaki müşterek hedef ve ideallerimiz doğrultusunda yaşamamız mümkün olmaz.

Charles Lindbergh'in hem Amerika hem de dünyanın okuma yazma bilen geri kalanı için bir kahraman olduğu yıllara dönelim. 1927 yılında basit, fakat o günlerde Atlantik Okyanusu'nu tek başına derme çatma uçağıyla geçmeye kalkışmak için muazzam bir cesaret gerekiyordu. Lindbergh, Paris havaalanında kendisini bekleyip adına tezahüratlar yapan on binlerce Parisli tarafından karşılandı. Bu olay, Caz Çağı Amerika'sının saksafonun yanı sıra bir ruhu da olduğunu ortaya koyuyordu. Lindbergh'i New York'ta eşi benzeri görülmemiş bir kalabalık konfeti yağmuruyla karşıladı. Amerika'nın sessiz cesaretini temsil eden bir Orta Batılı olarak tüm bunlara memleketine özgü o utangaç gülümsemesiyle karşılık verdi. Uçağının adı –halen Washington'daki Havacılık ve Uzay Müzesi'nde sergilenmektedir– *Spirit of St. Louis*[43] idi, fakat ister Missouri'den ister başka bir eyaletten olalım, hepimizin ruhunu yansıtıyordu. Kahramana özendik ve tıpkı ona benzeyen daha başka çok sayıda utangaç kadın ve erkek kendilerini Lindbergh'le eşleştirerek özgüvenlerinin arttığını hissettiler. Amelia Earhart da önderlik ruhu ve risk almaktan çekinmemesiyle kadınlar için benzer bir fenomen olmuştur. Lindbergh ve Earhart, hepimizin kalplerimizde aradığımız, kendi kendini ortaya koyarak ve cesaret göstererek hedeflerine ulaşan kahraman Amerikalılar olma mitini sırtlanmıştır. Hepimiz içten içe Lindbergh, Eleanor Roosevelt ve daha başka birkaç kişinin sahip olduğu cesareti gösterebilmeyi istemişizdir.[44]

---

43 St. Louis Ruhu. (ç.n.)

44 Bu kahramanca davranışın üzücü olan sonuysa Lindbergh'in bebeğinin kaçırılması ve Lindbergh'in İkinci Dünya Savaşı'nda Nazilerin tarafında görünmesiydi. Bu da kahramanlığın tek bir kişinin fiziksel benliğinde değil de, kendisine atfettiğimiz manevi değerde aranması gerektiğini göstermektedir.

Sorunlardan biri ünlü kişileri kahramanlarla karıştırmış olmamızdır. Şu tanım hala geçerli, "Ünlü kişi tanındığı için tanınan biridir." Nielsen derecelendirmelerinden cemiyet haberlerine ve yabancıdan on milyon dolar almamız için yalvaran ışıl ışıl e-posta reklamlarına varıncaya değin düzmece tekliflerde bulunan 'ünlüler' vardır. Oysa gerçek bir kahramana nadiren rastlanır.

Amerika'da çoğu zaman yuppi hareketine atıfla kahramanlığı en fazla para kazanmakla özdeşleştiririz. Wall Street simsarı ve 1980'li yıllarda pek çok yuppinin rol modeli olan milyoner Ivan Boesky, Kaliforniya Üniversitesi'nde yaptığı bir konuşmada şöyle demişti: "Hırsın kötü bir yanı yoktur." Dinleyicilerin coşkulu alkışları salonda yankılandı; bunun ne kadarının meraktan, ne kadarının kahramana tapınmaktan kaynaklandığını kestirmek imkansız. Ancak bu kitap yazılırken Ivan Boesky borsada yasadışı simsarlık yapmak ve Wall Street'te suç faaliyetlerinde bulunmaktan dolayı hapis yatmakta. Üstelik yalnızca kendisi hapse girmekle kalmayıp, çok sayıda meslektaşını da beraberinde sürükledi. İnsan, Boesky'nin hapishane penceresinden dışarı bakıp da hırsla ilgili bir zamanlar sarf ettiği şu sözler aklına geldiğinde neler düşündüğünü merak ediyor: "Başarılı bir işlemin ardından kendinizi iyi hissedebilirsiniz!"

Kahramanlığın adını kötüye çıkaran kişiler işte bu sahte kahramanlardır. Oliver North da, Başkan Reagan ve diğer bazı yurttaşları tarafından kahraman olarak görülüyordu. North yasaları çiğnemişti ve bunu hangi boyutta yaptığı bile henüz bilinmiyor. Günümüzde bu kadar az sayıda kahramanımız olmasına şaşmalı mıyız?

Öğrenciler üzerinde yapılan çalışmalar da kahramanlığın çöküşünü ortaya koyuyor. Arthur Levine *Rüyalar ve*

Kahramanlar Öldüğünde (When Dreams and Heroes Died) çalışmasında bu konuya eğilmiş ve çarpıcı bazı çıkarımlarda bulunmuştur:

> [Bu] bilgiler diğer pek çok şeyin yanı sıra günümüz öğrencilerinin son derece maddiyatçı, toplum ve toplumun kurumları (buna yükseköğrenim de dahil) konusunda alaycı ve notlar söz konusu olduğunda kopya çekmeyi hoş görecek kadar rekabetçi olduklarını ortaya koyuyor. Bunun da ötesinde, istekleri toplumsal ya da insani olmanın aksine, son on yılda ulusun her kesimine yayılmış olan 'önce ben' felsefesini yansıtacak şekilde içe dönük, kişisel ve bireysel.[45]

Modern mitleri ortaya çıkarma çabamızın bir parçası olarak görevimiz kahramanlığın temellerini yeniden keşfetmektir. "Öğrencilerin kahramanlara ihtiyaç duyduğunu düşünüyorum, nokta. Öğrencilerle her bir araya geldiğimizde kahramanlarının kim olduğunu soruyorum ve bu soru çok tuhaflarına gidiyor."[46]

Friedrich Nietzsche bu durumu güçlü bir şekilde şöyle ifade etmiştir:

> Üst insanın belirip tekrar tekrar aranızda yaşamaya başlaması... Dünyadaki tüm çabalarınızın anlamı *işte* bu. Sizi *kendi* zirvenize çıkaracak insanların aranızda olması: İstediğiniz ödül bu. Çünkü ancak böyle insanların ara sıra açığa

---

45 San Francisco: Jossey-Bass, 1980. Bu, yayımcı özetinden yapılan bir alıntıdır.

46 James O. Freedman, *The New York Times*'dan alıntı, 23 Ağustos 1987.

> çıkmasıyla kendi varlığınız temize çıkarılabilir... Ve eğer siz önemli bir istisna değilseniz, en azından ufak adam olun ki böylelikle dehanın yeryüzünde ortaya çıkmasını sağlayacak ateşi beslemiş olursunuz.[47]

Birleşik Devletler'de beşeri bilimlerin düşüşe geçmiş olması derin bir endişe duymama neden oluyor, zira Batı edebiyatının en iyi örnekleriyle temas ancak beşeri bilimler aracılığıyla sağlanabilir. Batı'daki bir üniversitede çalışan İngiliz edebiyatı profesörü, yüksek lisans sınıfındaki öğrenci sayısının beş, tam karşısındaki bilgisayar bilimleri sınıfındaysa öğrenci sayısının beş yüz olduğunu belirtiyor. Max Frisch'in şu sözlerini unutmuşa benziyoruz: "Teknoloji, dünyayı deneyimlemek için yeniden düzenlememizi sağlayan bir beceridir." Açlık duyduğumuz *nasıl* sorusuna değil de, insan varlığının *ne* sorusuna yanıtıdır. İşte tüm bunlar, okumadığımız klasikler ve tarihimizin zenginliği ve yüzyılların birikimi olan ancak elimizi sürmediğimiz edebiyat eserlerinden bizi çağırmaktadır. Fakat mitlerin incelenmesine dair bu çağrı hala pek çok kampüste cılız bir ses olarak duyulmaktadır. Yirminci yüzyıldaki özgün az sayıdaki kahramandan biri olan Martin Luther King, hayal kurma cesaretini gösterdi ve bu hayalini gerçekleştirebilmek için hayatını ortaya koydu.

Ölümsüz bir eser olmasa da, üniversitedeyken kampüste yürüdüğüm pek çok gece bana ilham vermiş bir şiiri anımsıyorum:

---

47 Friedrich Nietzsche, *Werke*.

Rüyalarına sımsıkı sarıl!

Kalbinde onlar için

Özel bir yer aç

Büyüyüp gelişecekleri

Şüphe ve

Korkunun giremediği.

Sıkı sarıl,

Rüyalarına sımsıkı sarıl!

Kişinin umutlarının başarıya ulaşıp ulaşmaması kahramanın endişe etmesi gereken bir şey değildir. Bizler kahramanlara öykünürüz ve kadınıyla erkeğiyle, genciyle yaşlısıyla, mütevazısıyla ve utangacıyla, örneğin Martin Luther King gibi bir kahramanla kendini özdeşleştiren herkes bu sayede kalplerinin daha hızlı çarpmaya başladığını ve özgüvenlerinin arttığını hisseder. Nasıl ki Mahatma Gandhi yarım yüzyıl önce kahramanımız idiyse, Albert Schweitzer ve Rahibe Teresa'nın da bizler için birer kahraman olduğunu düşünüyorum. Her ne kadar Rahibe Teresa Kalküta'nın çektiği acıların önemli bir kısmını hafifletmeyi ve Schweitzer Afrika'daki veba salgınlarını azaltmayı başaramamış olsa da, bu kahramanlar hala mitsel gökyüzümüzde birer yıldız gibi parlamayı sürdürüyorlar. Çünkü onlar bize verilebilecek en güzel hediyeyi, yani yaşadığımız evrende kişilikleriyle özdeşleşmek isteyebileceğimiz insanlar olduğuna dair güvenceyi verdiler.

Kahramanlarımız bizim hedeflerimizi, ideallerimizi, umutlarımızı ve inançlarımızı taşırlar çünkü mitlerimizden mürekkeptirler. En temel ifadeyle kahraman, bizler yaptıklarıyla kendimizi özdeşleştirdikçe yaratılırlar. Dolayısıyla kahraman, kendi mitimiz olarak kolektif bir şekilde doğar. Kahramanlığı önemli kılan da işte budur: Kendi kimlik anlayışımızı, ortak duygularımızı ve mitlerimizi yansıtır.

Kahramanlığın yeniden keşfi, mitlerimizi tekrar kazanmamız ve kokaini, eroini, depresyonları ve intiharları aşmamızı sağlayarak bizi salt tekdüze bir varoluş halinin ötesine taşıyacak yeni mitlerin ortaya çıkmasını sağlama açısından büyük önem taşır. On dokuzuncu yüzyılda George Eliot kahramanlara, o "görünmez koro"ya dair kelimeleriyle bir resim çizerek gelecek nesillere ilham vermiştir:

Ah, katılabilir miyim şu görünmez koroya
Varlıklarıyla güzelleştirdikleri zihinlere
Yeniden doğan şu ebedi ölülere
Cömertlik için atan kalplere
Cesaretle doğruya koşan bedenlere
Bencillikle biten her sefaleti küçümsemelere
Geceyi delen yıldızlar gibi yüce düşüncelere
Ve bütün naiflikleriyle kulağınıza fısıldayan
Sizi engin denizlere çağıran
Şu görünmez koroya
Katılabilir miyim bir gün ben de?
Böyle yaşamaktır Cennet:
Dünya üzerinde ölümsüz bir beste...[48]

---

48 Eliot, 'Görünmez Koro'.

MİTLER VE AHLAK: CENTRAL PARK'TA CİNAYET

Kültürümüzün ahlaki değerler bakımından çoraklığı aslında mitlere dair çoraklığımıza dayanıyor, bu da hiçbirimizin hayatını sürdürecek bir inancı olmadığı anlamına geliyor. Mitler genel olarak aileden geldiğinden ve toplumumuza ilişkin mitlerle ilk orada karşılaştığımızdan, 1986 yazında Central Park'ta on sekiz yaşındaki Jennifer Dawn Levin'in on dokuz yaşındaki Robert Chambers Jr. tarafından boğularak öldürülmesi üzerinde dikkatlice durmamız gerekir.[49]

Bu iki genç de varlıklı ailelerden geliyordu, her ikisi de üstün hazırlık okullarına gitmiş ve New York'un muazzam kültürüne erişim sağlamıştı. İkisi de boşanma sonucu dağılan ailelere mensuplardı ve ikisine de gerçekten ihtiyaç duyulan şey dışında her şey verilmişti: Güvenilir bir aile hayatı. Ne Jennifer'ın ne de Robert'ın güçlü aile bağları vardı. Dinin sosyalleştirici etkisinden de, insani kararlılığa mitsel gücünü veren ahlaki bağlardan da yoksunlardı. Cinayetin işlendiği gece bardan çıkmışlardı. Cinsel anlamda özgürlerdi ve anlaşılabildiği kadarıyla bıkkınlardı; Central Park'a sevişmek için girmişlerdi. Oğlan, kızın penisini ısırmaya çalıştığını iddia ederek onu kendi sütyeniyle boğdu.

Kendi kızı da Robert ve Jennifer'ın gittiği okuldan mezun olan ve Manhattan'da özel dedektif olarak görev yapan Joan Farrell bu cinayetle ilgili olarak şunları söyledi:

---

49 Bu cinayete ilişkin alıntılar 11 Eylül 1986 tarihli *New York Times*'dan alınmıştır.

> Bu çocukların tavırları için bar sahiplerinden çok ailelerini suçluyorum... Bu çocukların çoğuna saygı duymayı öğretmeden çok şey veriliyor... Ellerine yirmi dolar tutuşturup iyi hafta sonları demek çok kolaydır. Sanırım kızımın da mensup olduğu neslin en büyük sorunu bu.

Chicagolu psikiyatr Dr. Roy Grinker da cinayetle ilintili olarak şunları söyledi: "Para tüm kötülüklerin anası değildir ama ailelerin fiziksel ya da psikolojik olarak çocuklarının yanında olmamalarının altında yatar." Bu tuhaf cinayetle ilgili Manhattan'daki Bank Lisesi'nde psikolog olarak görev yapan Dr. Bernice Berg de şunları söylemiştir:

> Ebeveynler zamanlarının yüzde doksanını harcayabileceklerinden çok para kazanmaya ayırıp, ailelerine yalnızca yüzde beşini ayırdıklarında bu değer yargıları doğrudan çocuklarına da geçer. Onlara ailelerin önemli olmadığı mesajını verir. Önemli olan para kazanmak, paralı olmak ve para harcamaktır.

İki gencin sık sık gittiği ve cinayetin işlendiği gece de bulundukları barın sahibi bu gençlerin birbirlerine sarılmaya, dokunmaya ve yalnızca kendileriyle ilgilendiklerini gösteren kişilerin yanında bulunmaya ne kadar ihtiyaç duyduklarından bahsetmişti.

Aslında mitsel bir bağlamda bu iki genç evsizdi. Malinowski'nin ifadesiyle, "Mitler ahlaki değerleri korur ve zorunlu kılar" ve eğer mit yoksa ahlaki değer de olmaz. Robert ve Jennifer'ın isyan edebileceği bir mit ya da ahlaki değeri yoktu. Elbette ki fiziksel ya da maddi değil, psikolojik ve ruhsal anlamda evsizlerdi. *Mitsel bir vakumda ve dolayısıyla ahlaki bağlamda köksüz bir şekilde büyüdüklerini söylemek yanlış olmaz.* Robert Chambers, cinayet anını yeniden canlandırdığında sürekli olarak "Eve gitmek istiyordum, eve gitmek istiyordum" demesinde acıma duygusu uyandıran bir durum vardı. Aslında mitsel anlamda bir evi yoktu. Bu cinayete dair yapılan 'açıklamalar'da toplumumuzdaki mitsizlik ve ruhsal çoraklık, yani *evsizliğe* karşı atılan tiz bir çığlık duyulabilir.[50]

Aşk ve İrade'de, iradenin ardında isteğin yattığını işaret ettim. Elbette ki bu, kişi her ne istiyorsa o şeyin aynı zamanda amacı haline dönüşeceği anlamına gelmiyor, fakat insan motivasyonunun derinlerine inildikçe adına ister özlem, ister arzu ya da tutkulu isteme veya başka bir şey deyin, belli bir istek duygusunun olması gerekir. Yoksa isteme yalnızca dışarıdan gelir ve asla eyleme geçirilmez. İsteyerek yapılan bir eylemin etkili olabilmesi için öncelikle buna inanmak gerekir. İstemek, insan bilincinde umut etmek, özlem duymak, hayal etmek ve inanmanın da bulunduğu bölgenin bir parçasıdır ve tüm bunlar motivasyonu tetikleyen içsel duygu boyutlarıyla ilişkilidir. Bu durum Adsız Alkolikler grubuna katılmak isteyen herkeste aranan sağlam bir inançtır; bu alışkanlığı kırmayı tüm varlıklarıyla *istemeleri* gerekir.

İstemek, arzulamak, özlem duymak, mit yapmak... İnsan bilincine dair tüm bu eylemler hiç olmadıkları kadar merkezi bir önem taşımaktadır ve bu eylemleri içermeyen tüm öğretici ya da yol gösterici ifadeler başarısız olmaya mahkumdur. *İstemek ve umut etmek doğrudan hayal*

50 Horatio Alger mitiyle ilgili olarak, Yedinci Bölüm'de de günümüzde mitlerle ahlak arasındaki ilişkiye değinilecek.

kurma ve mit yapma eylemlerinden gelmektedir. Şair Delmore Schwartz'ın haklı bir ifadeyle bize hatırlattığı gibi, "Sorumluluk rüyalarda başlar"[51] ve çok daha ikna edici, fakat daha az şiirsel bir ifadeyle ahlak ve istekler mitlerde başlar diyebiliriz. "Mitlerini ben yaptığım sürece toplumun kurallarını kimin koyduğu umurumda değil" diyen bilge biriymiş.

---

51 Delmore Schwartz, *Sorumluluk Rüyalarda Başlar ve Diğer Hikayeler (In Dreams Begin Responsibilities and Other Stories).*

DÖRDÜNCÜ BÖLÜM

MİT VE HAFIZA

> Müsveddeyi yenice bitirmiştim ki bir mitle ve mitsiz yaşamanın ne anlama geldiğini kavradım... Mitsiz ya da mitlerin dışında yaşayabileceğini düşünen kişinin, tıpkı köklerinden uzaklaştırılan biri gibi geçmişiyle veya onunla yaşamaya devam eden atalarının hayatıyla, içinde bulunduğu toplumla gerçek anlamda bir bağlantısı yoktur. Mantığının bu oyuncağı asla onu tam olarak ele geçirmez.
>
> C.G. Jung

Yirmili yaşlarının sonlarına yaklaşan Adrienne adında bir kadın, terapinin erken safhalarındayken intihar fikrine tutunduğunu birkaç kez ifade etti. Sürekli olarak nehre ya da bir kamyonun önüne atlamayı düşünüyordu. Kendisine, eğer gerçekten bunlardan birini yapmak istiyorsa yapabileceğini hatırlattığımda bundan vazgeçti. Ama yine de seanslara her şeyden bıkkın bir şekilde gelerek hemen her seferinde, "Şimdiye kadar girdiğim en büyük krizdeyim!" demeye devam etti.

"Yapamam" ifadesi her seansta onlarca kez tekrarlanıyordu; ne zaman bir yorum getirmeye kalksam öfkeli bir ifadeyle "Hayır" diyerek kestirip atıyordu. Sanki öfkesinden besleniyor gibiydi. Bunca zamandır bu davranışlarının yanına kar kalmasını içten içe çok çekici bir kadın oluşuna bağlıyordum. Nörotik yapısının parçalanmaya başladığı açıktı. Peki ama ona erişebilmek için nasıl bir dayanak noktası bulacaktık?

İlk seanslardan birine "Bu bir saatin terapi anlamında işe yarayıp yaramayacağına emin değilim. Şok içindeyim" diyerek başladı. Bir süre ağladıktan sonra neredeyse mızmızlanarak erkek arkadaşının satın aldığı apartman dairesinde kendisi için yeterli yer olmadığından bahsetti. Adam onu reddetmişti ve kadın yıkıma uğramıştı. Sonra ekledi: "Bir şey söylemelisin... Birileri bombayı patlatmalı."

Kabul ettim. Kendisine tüm bunları nasıl bir ses tonuyla anlattığının farkında olup olmadığını sordum. "Hayır." Peki ya bir önceki seansta bahsettiği bu adamdan bıktığını ve onu kapının önüne koymayı düşündüğünü söylediğini hatırlayıp hatırlamadığını sordum. "Hayır." Aynı zamanda her seansta aynı hikayeyi farklı karakterlerle yinelediğini belirttim. Terapiye neden geldiğini merak ediyordum; yoksa kendine sadece bir ağlama duvarı mı arıyordu?

Bu sözlerim havayı biraz yumuşattıysa da, tedavi anlamında bir yol kat edemedik. Sonra bana hatırlayabildiği en eski çocukluk anılarını anlatmasını istedim. İki tane anlattı. İlki hasta ve ölmek üzere olan büyükbabasıyla ilgiliydi; sarı bir şeyler kusuyordu. "Tüm bu olup bitenlerle ilgili elimden hiçbir şey gelemeyeceğinin farkındaydım."

İkincisi bahsettiğimiz konuyla yakından alakalıydı:

> Annemle evcilik oynuyorduk. Ben ağlayan bir bebek rolü yapardım ve o da beni rahatlatır, altımı değiştirirdi falan. Ne zaman bir şey yapsa, "Hayır, bu işe yaramıyor" demem de oyunun bir parçasıydı; bu oyundan hoşlanıyordum.

Bu oyunu oynamaktan hoşlandığı açıktı, çünkü hayatı boyunca oynamaya devam etmiş ve şimdi de aynı oyunu benimle oynamaya başlamıştı. Anlattığı ilk 'anı' da yardımcı bir rol üstleniyordu: Büyükbabası için hiçbir şey yapamaması hayatını etrafındaki insanların yaşamlarına herhangi bir etki edemeden çaresizlik içinde sürdürmesi şeklinde yorumlanabilirdi.

Fakat ikinci anısı daha alakalıydı: "Ben ağlayan bebeğim ve *kimsenin bana yardım edemeyeceğini göstermem gerek.*" Bu kalıp hayatı boyunca davranışlarına yön veren mitti ve terapi için mükemmel bir başlangıçtı. Bunu ifade ettiğimde, en nihayetinde ayakları yere bastı ve tedavisini başarılı bir şekilde sonlandırma umuduyla yola koyulabildik.

Dünyanın kendisine yardım edemeyeceğini kanıtlama oyununu sonu gelmeyecek bir şekilde oynamaya devam eden bu pasif, öfkeli kadın örneğinde gördüğümüz gibi, kişilerin mitleri çoğu zaman en eski çocukluk anılarında açık bir şekilde ayırt edilebilir. Bahsi geçen anının *gerçekten* olup olmadığı önemli değildir; bunu asla tam olarak bilemeyiz ve bunun gerçek ya da düşlem[52] olmasının da önemi yoktur. Hastanın kendisinin de aktardığı olay gerçekten oldu mu yoksa sadece bir düşlemden mi ibaret, kestirmesi genellikle mümkün olmaz. Viktorya dönemi kadın hastalarının babaları tarafından tecavüze uğradıklarına dair aktardıkları 'anılarına' dayanarak çocuk cinselliği

52 Deneğin aktardığı bilinçli olaylar için 'fantezi', bilinçdışı olaylar içinse 'düşlem' demeyi uygun görüyorum.

kuramlarını geliştiren Freud da aynı sorunla karşılaşmıştır. Başlangıçta Freud bu açıklamaların gerçek olduğunu düşündüyse de, çoğunun mit olduğunu ve aslında gerçek olmadıklarını anladığında hayal kırıklığına uğradı. Fakat bu hikayeler, evladının her istediğini yapmasını bekleyen kibirli Viktorya dönemi babalarının boyunduruğu altındaki çocukların mitleri olarak da en az gerçek olaylar kadar önem taşıyorlardı. Bir mitin anlatılması da çok önemlidir ve bizim bakış açımıza göre asıl mühim olan –ister gerçek ister hayali– bir olayı baz alan mitlerin yaratılmasıdır.[53]

HAFIZA MİTE İHTİYAÇ DUYAR

Hafıza çoğunlukla mite bağlıdır. Bir olay gerçek ya da düşlem olarak zihnimizde vuku bulur; bunu hafızamızda oluşturur ve günbegün şekillendiririz, ta ki çok geçmeden bu olayı bir mit haline getirinceye kadar. Sonra bu miti gelecekte karşılaşabileceğimiz benzer olaylar karşısında bize bir yol göstermesi için hafızamızda tutarız. Bu mit bize hastanın asıl geçmişinin hükmedici doğası hakkında pek fazla bilgi sağlamasa da, hatırlayan kişi hakkında epey bilgi verir. Zira o kişi bu olayı yeniden oluşturur, şekillendirir, oraya buraya renk katar ya da birkaç detay ekler ve böylece söz konusu kişinin hayata karşı takındığı tavır açığa vurulmuş olur. Tıpkı Sartre'ın söyleyebileceği gibi: "Mit, bir aşkınlık davranışıdır."

Mit, çocuğun tuhaf deneyimleri anlamlandırma çabasıyla ortaya çıkar. Deneyimi organize eder, farklı şeyleri bir araya getirerek ortaya çıkan sonuçla ilgili düşünülmesini

---

53 Bu durumun farklı şekillerde yorumlandığının farkındayım, ancak burada daha detaya girmek istemiyorum.

sağlar. Hafızanın yaratıcı süreçleriyle, insan zihninin birlik ihtiyacıyla doğar ve gelişir. Mitin oluşumu çocuk için öyle ya da böyle bir rahatlamadır. Çoğu zaman çocuğun zihninde tutunabileceği tek şeydir ve her ne kadar acıtsa da gerçek olaylardan daha az acı vericidir. Mitler rahatsız edici şeylerle ilgili olsalar da –ya da *özellikle* böyle olduğu halde– rahatlatıcı bir etkileri de vardır. Şair Susan Musgrave şöyle yazmıştır,

> Hatırlamayı seçtiğin
>
> Bir hayatı
>
> Yaşamaya mahkumsun. [54]

Seçim genellikle bilinçsiz bir şekilde yapılır, ancak yine de etkilidir.

Kişinin çocukluğundan, sözgelimi iki ya da üçüncü yaşından anımsadığı şeyler bir ya da iki olaydır ve o, yıllar içinde başına gelen diğer olayları unutur. Her gün üç öğün yemek verilir, uykuya yatırılır fakat tüm bunları unuturken sadece tek bir olayı anımsar. Dolayısıyla, hatırlamanın olayın gerçekleşme sıklığıyla ilgisi yoktur; hatta sabahları uyanmak gibi her gün yaptığımız şeyleri unutma eğilimimiz daha fazladır. Anının küçük kız ya da erkek çocuğu için özel bir önemi ya da anlamı olmalıdır.

Az önceki örneğimizde Adrienne'in zihni iki olayın anısıyla meşguldür. Zaman bunlara rengini katar ve sonrasında mit 'mutsuz çocukluk' motifiyle güçlenir. Böylelikle yirmi beş yıl sonra bana, yani terapistine anlatabileceği ve artık mit halini almış bir 'anısı' olur. Adrienne, ilk anısı

---

54 Elizabeth Simpson tarafından alıntılanmıştır. *Nothingness: Journal of Humanistic Psychology 19, no. 3 (Yaz, 1979).*

olan büyükbabasının ölümüne göre yaşıyordu ("Hayattaki sorunlar karşısında hiçbir şey yapamayacak kadar güçsüzüm"), fakat asıl miti dünyanın kendisine yardım etmesine izin vermeyerek aldığı tatmin duygusu. Dolayısıyla, annesiyle oynadığı oyunu hayatı boyunca sürdürüyor: "*Çok çaresizim ve dünya benim için bir şey yapamayacak kadar güçsüz.*"

Bir noktada mit bilinçaltına işleyerek şuna dönüşmüş: "Dünyanın bana yardım edebilmek için bir şey yapamayacağını göstermek ne kadar da tatmin edici bir güç duygusu veriyor, öyle ki hayatımı kimsenin bana yardım *edemeyeceği* şekilde ayarlayacağım!" Başkalarına, yani bu durumda terapistine "Hayır, bu işe yaramıyor" demekten keyif almayı öğreniyor. Kendi gücünü bu şekilde inkar etmesi her ne kadar yıkıcı olsa da, çelişkili bir şekilde çevresine ve dünyasına karşı güçlü olduğunu hissetmesini de sağlıyor.

Hafıza tuhaf bir olgudur ve mitle olan bağlantısını göz önünde bulundurduğumuzda iyice tuhaf bir hal alır. Amerikan kolej ve üniversitelerinde öğrencilere genellikle hafızanın gündelik deneyimlerimizi kaydettiğimiz bilgisayar benzeri bir depo olduğu öğretilir. Anılarımızı, onlara yeniden ihtiyaç duyacağımız ana kadar burada depolarız. Üniversitede bize hafızanın 'kanunlarının' *yakınlık*, *canlılık* ve *sıklık* olduğu öğretildi.[55] Yani bir şeyin ne kadar yakın

---

55 Ernest Schachtel, *Dönüşüm (Metamorphosis)*. Hafızaya dair yukarıda aktarılan bu mekanik görüş, Oscar Wilde'ın şu hicivli ifadeyi sarf etmesine neden oldu: "Yaratıcılığın en büyük düşmanı iyi bir hafızadır." Evet, gerçekten de; hafıza anlamsız hecelerle iş gördüğünde... Fakat elbette ki, bu gerçek yaratıcılık değildir. Wilde, burada tam olarak öğretmenin istediğini veren kişilerden bahsetmektedir; ödevleri olabildiğince kitabına uygun bir şekilde teslim edenlerden; orijinal, yenilikçi ve heyecan verici fikirleri görmezden gelen tutuculardan. Bu tür öğrenciler yüksek notlar alabilirler fakat asla ilham almazlar ve yeni fikirler karşısında heyecan duymazlar.

zamanda, ne kadar sıklıkla ve ne kadar canlı bir şekilde gerçekleştiğine dayanarak o şeyi hatırlamalıyız.

Hiçbir şey gerçekten bu denli uzak olamaz. Psikoloji derslerindeki bu testlerin tamamı *anlamsız* heceleri hatırlamak içindir; öğretmenin tahtaya yazdığı anlamsızlıkları hatırlayabildiğiniz ölçüde hafızanız iyi demektir. Kitap kurtları, entelektüel robotlar için bu 'kanunlar' tabii ki de biçilmiş kaftandır. Fakat yaratıcı öğrenciler çoğu zaman bu tür testler karşısında rahatsızlık duyarlar, çünkü tüm bu projenin anlamsız olduğunu bilirler (ya da en azından şüphe ederler).

Hafızayla ilgili bu yaklaşım ne kadar da absürttür! İnsan hafızasının yaşanan olayın *önemi* ya da *anlamıyla* uzaktan yakından hiçbir ilgisi olmadığı düşüncesi ne kadar yanlıştır. Ernest Schachtel'in *Hafıza ve Çocuklukta Amnezi Üzerine (On Memory and Childhood Amnesia)* adlı kitabındaki klasikleşmiş makalesinde belirttiği gibi: "Hafıza asla kişisellikten azade değildir (yani asla 'mantıksız' değildir) ve herkes için önemine göre işler."

ADLER VE ERKEN DÖNEM ANILARI

Alfred Adler de psikoterapide erken dönem çocukluk anılarının önemini ilk kavrayanların arasındaydı. Algı gücü yüksek ve son derece alçakgönüllü biri olarak çocuklara karşı olağandışı bir hassasiyete sahipti. Psikoterapinin önderlerinden biri olarak Adler'in ilk kitaplarından birini çeviren ve Sullivan'ın psikiyatri öğretmeni olan Adolph Meyer aracılığıyla Harry Stack Sullivan'ı etkilemişti. Bu yüzyılın başlarında Freud'un iş ortağı olan Adler, 1913 yılında ayrılıp mitlerin sosyal yanını merkeze alan bir okul kurdu. Nevrozun sebebinin "sosyal ilgi" eksikliği olduğuna inanıyordu; yani nevrotik kimseler hemcinsleri olan diğer insanlardan uzak yaşayan kişilerdi. Hasta toplumla ilgili yeterli bir endişe oluşturup, içinde yaşadığı topluma karşı sorumluluklarını kabul etmeden psikolojik sorunların çözülmesi mümkün değildi. Dolayısıyla, Adler kişiye özel kendini sevme öğretisine şiddetle karşı çıkıyor; özsaygı, bütünlük ya da kendi buluşu olan terimle ifade edecek olursak "sosyal ilgi"den bahsetmeyi daha uygun görüyordu. Aynı zamanda bağımsızlık ve ego-merkezciliği ön plana alan tedavi türlerine de karşı çıkıyordu. Bellah[56] ya da MacIntyre'ınkilere[57] benzer biçimde "her şey benim için" tarzındaki narsistik yaklaşımları eleştirirdi. Amerika'da terapinin gelişiminin bu denli es geçilmiş olmasının nedeni belki de narsisizm ya da ego-merkezli benlikle dolu hayatlarımıza hitap etmemesidir. Adler aktif bir toplumcuydu ve Wilhelm Reich gibi ve Freud'dan farklı olarak politikayla iç içeydi.

Çocukları tedavi etmedeki becerisi sayesinde Adler'in ilgisi 'mit' kelimesiyle aynı anlama gelen 'kılavuz kurgu' terimine yöneldi. Bu terim, kişinin çocukluğunun erken döneminden hatırladığı ve ister kurgusal olsun ister olmasın, kişinin hayatının geri kalanına yön veren tek bir önemli olaya karşılık gelmektedir. *Kişi, yıllar boyunca kendisinin gizli bir miti gibi bu kılavuz kurguya başvurur.* Kişi kendini bu mit aracılığıyla bilir, tıpkı Charles'ın kendini 'şeytan' olarak bilmesi ya da aktrisin kendini Athena olarak bilmesi gibi (bkz. İkinci Bölüm). Dolayısıyla, Adler terapinin ikinci ya da üçüncü seansında hastasına mutlaka "Çocukluğu-

---

56 Robert N. Bellah, *Kalbin Alışkanlıkları (Habits of the Heart).*

57 Alasdair MacIntyre, *Erdem Peşinde: Ahlak Teorisi Üzerine Bir Çalışma.*

nuza dair anımsayabildiğiniz en eski anınız nedir?" diye sorardı. "Rastgele ya da önemsiz anı olamayacağına ve hafızanın işleyişinin fotoğrafik kayıtla eşdeğer tutulamayacağına" inanırdı.[58]

Edebiyata –yani anıların kağıt üzerindeki yurduna– baktığımızda bazı heyecan verici şairlerin bu becerimizin işleyişine dair tanımlar ortaya koyduğunu görüyoruz. "Budur kullanımı belleğin" diye yazar T.S. Eliot 'Küçük Gidding' şiirinin sonlarına doğru:

> Serbest bırakılmak için –sevgiden daha az değil fakat
>   genişlemek
> Sevgiden ötesinde arzunun ve öyle serbest bırakılmak
> Gelecekten geçmişten olduğu kadar.

Hafıza bizi bağlanmadan, tutkudan ya da yanlış şeylere bağlanmaktan kurtarabilir. Hafıza, hayal gücümüzü serbest bıraktığımız, yeni ve zaman zaman harika fikirlere ulaştığımız, heyecan içinde titrememize neden olan muazzam bir gelecek tahayyülüyle karşılaştığımız içsel odamızdır. Hafıza ve mit birbirinden ayrılamaz ve ben bunun şimdiye kadar hiçbir psikoloji dersinde dile getirildiğini duymadım. Dante'ye göre hafıza geçmişi herhangi bir mite, herhangi bir hikayeye, herhangi bir umuda (bkz. Dokuzuncu Bölüm) dönüştürebilir. Dante hafızanın bizi mitler aracılığıyla tanrıya ulaştırabileceğine inanıyordu.

Hafıza yaratıcılığın anasıdır. Bu, düşünmeye değer bir mittir. Ne de olsa kişinin önemli deneyimleri, çarpıcı görüntüleri, mühim olayları saklayıp sonradan üzerinde dü-

58 Lewis Way, *Psikolojide Adler'in Yeri (Adler's Place in Psychology).*

şündüğü yer orasıdır. Bu önemli deneyimler hafızamızda birleşerek bir mit oluşturur ve bize bir hikaye anlatır. "Sabah ola hayrola" deriz ve sabahleyin uyandığımızda sanki tanrıların bir lütfu gibi yeni bir kavrayışa ulaştığımızı görürüz. Kim öyle olmadığını iddia edebilir ki? Mnemosyne ya da 'hafıza' yeni keşifler yapmak, şiirler yazmak, unutulmaz kitaplar ve zamana meydan okuyan tablolar ortaya koymak için kullandığımız tüm o malzemeyi bir araya getiren tanrıçadır.

BEŞİNCİ BÖLÜM

FREUD VE MİTLERİN GİZEMİ

İçgüdüler kuramı mitolojimizden farksızdır. Şaşaalı belirsizlikleriyle içgüdüler mitsel varlıklardır. Çalışmalarımızda bunları bir an olsun es geçemeyiz, yine de onları açık ve net bir şekilde gördüğümüzden de hiçbir zaman emin olamayız.

Sigmund Freud, *Fliess'e mektup*, 1897

Yukarıdaki alıntı gerçekten de çarpıcıdır. Öncelikle Freud açık bir şekilde psikanaliz kuramlarının mitsel temelini itiraf etmektedir. "Şaşaalı belirsizlik" ifadesi de hepten çarpıcıdır, zira mitlerin değerinin belirginlikten uzakta yattığını ortaya atmaktadır. Bu şaşaaları onları dışarıya açarken, aynı zamanda sürekli gelişerek gözlemci salt deneysel ifadelerle sınırlı olsa asla edinemeyeceği yeni kavrayışlara açık olmalarını sağlar. Mitleri ilham verici kılan da budur, ne de olsa dramatiklikleri sayesinde sürekli olarak şaşırtıcı yorumlara, yeni gizemlere ve farklı olasılıklara açıktırlar. Akılcıların mitleri eleştirdikleri konular onların en büyük avantajları haline dönüşüverir. Örneğin, nasıl ki *Oedipus in Colonus* sorumluluğa dair yeni yorumlar getiriyorsa,

Oedipus miti de bu üçlü baba-anne-çocuk ilişkisinin anlamına dair sürekli yeni yorumlar getirmeye açıktır. Çağımızda, çocukların aile içinde ebeveynleri tarafından cinsel istismara uğramalarına dair endişe de Oedipus mitinin bir başka yorumudur.

Freud'un bir sonraki ifadesi de –"Bunları bir an olsun es geçemeyiz"– benzer şekilde gerçek bir bilim insanının ifadesidir. Tıpkı Alfred North Whitehead'in belirttiği gibi, aksini öğreninceye kadar, hiçbir sonuca tam olarak varmadan, birbiriyle çelişen varsayımları zihnimizden silip atmamalıyız. Hayat çelişkiler içinde yaşamayı gerektirir ve bunu unutan kişiler de yapay bir dünyada yaşamaya yazgılıdır. Çelişkiler içinde yaşamak cesaret ister, fakat aynı zamanda da heyecan vericidir. Son ifadeyse –"Yine de onları açık ve net bir şekilde gördüğümüzden hiçbir zaman emin olamayız"– Freud'un dürüstlüğünün ortaya konulmasıdır ve mitlerin farklı anlamlarını deneyimleyen her terapist tarafından anlaşılacaktır. Thomas Mann ünlü eseri *Yusuf ve Kardeşleri*'nde "Mitler gizemin örtüsüdür" diye yazar.[59]

OEDİPUS: KENDİNİ KEŞFETME MİTİ

Freud, Ferenczi'ye[60] "amansız kendini anlama çabası" hakkında yazmıştır; kendi kendine yürüttüğü psikanalizin "hepsinden güç" olduğunu ifade etmiştir. Tıpkı Oedipus'un kendisi gibi, "Ama yapılması gerekecek!" diye de eklemiştir.[61] Jones bize Freud'un kendi kendine yürüttüğü

---

59 Mann, *Yusuf ve Kardeşleri.*

60 Sándor Ferenczi, Macar psikanalist. (ç.n.)

61 Ernest Jones, *Freud - Hayatı ve Eserleri.*

psikanalizin insanoğlunun kaderine dair önemli aydınlanmalar yaşamasını sağladığını anlatmaktadır. Bu, önemli bir izleğe dair bir alıştırmaydı ve bu izlek öylesine önemlidir ki her şeyin en basit ifadesi, anne-baba-çocuğun üçlü ilişkisi, olarak görülebilir.

Freud başka bir yerde şöyle bir ifade kullanmıştır: "O halde mitler bireyin grup psikolojisinden çıkmak için attığı bir adımdır." Bu da kendi özbilincimizin ortaya çıkışını mitler aracılığıyla düşünebilme yetimize borçluyuz demektir. Paradigmalardan, hipotezlerden ya da buna benzer başka kavramlardan bahsedebiliriz, fakat tıpkı Freud'un belirttiği gibi bunlar da bir tür mitolojidir. Mitler bir engel olmanın çok ötesinde, bilim ve kültüre dair anlayışımızda ilerleme kaydedebilmemiz için gereklidir. Freud, insan zihninin temeline indiğimizde bizi şaşkına döndüren mitlerle karşılaştığımızı keşfetmiştir.

Bu keşiflerin Freud tarafından 1897 yılında, yani en önemli eserlerinden olan *Rüyaların Yorumu*'nun yayımlanmasından birkaç yıl önce yapıldığını belirtmemiz gerek. Dolayısıyla, Freud'un Schopenhauer, Kierkegaard ve Nietzsche gibi merkezi bir kültürel rol üstlendiği ve tıpkı bu önemli isimler gibi on dokuzuncu yüzyıldan yirminci yüzyıla geçişte gerçekleşen radikal değişimler üzerinde önemli etkisi olduğu söylenebilir. Psikanaliz tekniği hakkında ne düşünülürse düşünülsün, Freud'un üstlendiği merkezi kültürel rolün önemi inkar edilemez. Yıllar öncesinden kalma heykel ve sanat eserleri koleksiyonunun da ortaya koyduğu üzere, bir kaşif ve arkeolog kafasına sahipti. Zamanımızın en etkileyici ve orijinal düşünürlerinden biri olarak insan doğasının akıldışı dinamikleriyle şeytani yanının önemini kavramıştır. Nietzsche ve Schopenhauer gibi o da Viktoryen/Püriten irade kavramının anlamsızlığını ortaya koyma konusunda ısrarcıydı. Kendini on dokuzuncu yüzyıldan yirminci yüzyıla geçişin temel sorununa adadı, yani psikolojik baskı altında nasıl yaşanabileceğine.

Freud'un mitleri keşfetme konusundaki deneyimi kendi üzerinde yürüttüğü psikanaliz çalışması esnasında yaşadığı yıkıcı bir olayla açık seçik ortaya konulabilir. Başlangıçta hastalarının ona anlattığı baştan çıkarma ve tecavüz hikayelerinin doğru olduğuna inanmıştı. Ancak "annesini çıplak gördüğü anda hissettiği cinsel arzulara dair anıları hatırladığında" durumu anladı diye yazar Jones:

> Ve babasının suçsuz olduğunu, ona daha sonra aslında doğru olmadığını anlayacağı Oedipal bir rekabet yönelttiğini kavradı. Dolayısıyla, ebeveynle ilgili bu baştan çıkarma kuramının yıkılması aynı zamanda Oedipus kompleksi gerçeğini ortaya çıkaran zincirin bir halkası oldu. Kendi kişisel fantezileri onu bu yeni sonuca ulaştırdı. İşte o noktada da, 1897 yılında "vahim haberler" vermek üzere Fliess'e yazdığı mektupta, inandığı baştan çıkarma hikayelerinin aslında doğru olmadıklarını yazdı.

Tüm bu etmenlerin bir araya gelmesi bize bir kez daha hafızanın mitlerle olan bağlantısını göstermekte. Baba, anne ve çocuğun dramı kendi kendini ortaya çıkaran bir şekilde canlı tutulur, gerçek bir olgunun anısı olmanın yanı sıra aynı zamanda dinamik, gitgide büyüyüp gelişen bir dramın da parçasıdır. Mit her daim yeniden yorumlanır, büyür, değişir ve kendi kendine ekleme yapar. Sonrasında anılar canlandığında artık salt birer anı olmaktan fazlasıdırlar; birer mite dönüşmüşlerdir. Gerçekten de Laius'un bebek Oedipus'u ölüme terk etmesi, Jocasta'nın kendini asması, Oedipus'un tüm bu sırları yaşlı Tiresias'tan öğrendikten sonra kendi gözlerini çıkarması... Tüm bunlar bu muazzam mitin birer parçasıdır. Bu bağlamda psikanaliz, insanlık tarihinin başlangıcından bu yana varolan temel kişilerarası kalıpların bir yansımasıdır.

Ebedi ilişkinin binlerce farklı ton ve renge büründürülen bu kalıcı üçlü biçimi, çocuğun dünyada büyürken tırmanması gereken bir merdivendir. Bize göre Freud'un kendisine dayatılan bu sonucu reddederek onu radikal bir kayıp olarak nitelendirmesi son derece ilginçtir. "Tüm değerler yıkılırken yalnızca psikolojik kuram sapsağlam kalmıştır"[62] diye yazar Fliess'e. Sonrasında ilk ve en etkili kitabı *Rüyaların Yorumu*'nu yazmaya koyulur. Yeni psikolojisi ve mitsel gerçekliklere dair bu yeni kavrayışı çalışmasının temelini oluşturur.

> Freud, mitlerin dilini kullanarak tıpkı Einstein gibi daha ileri bilimsel bilgiye açılan ve ezeli bir gerçeklik ortaya koyuyormuş vurgusundan uzak bir şekilde sembolik bir yapı –kapsamlı bir psikolojik denklem– yaratır. Feder şu rahatlatıcı sözleri ekler: "Eğer bu paradoksun içinde yaşarsak, bu gezegendeki hayatımızdan keyif alabiliriz."[63]

---

62 A.g.e.

63 Feder, *Modern Şiirde Antik Mit (Ancient Myth in Modern Poetry).*

Freud, mitlerin "bilinçli bir cehalet ve bilinçsiz bir bilgelik" ortaya koydukları sonucuna varır. Modern kültürümüzün "mitleri aştığına" inananların kendilerine şu soruyu sormaları yerinde olur: Biz de tam olarak bu "bilinçli bir cehalet ve bilinçsiz bir bilgelik"le davranmıyor muyuz?

SEVGİ VE ÖLÜM MİTLERİ

Freud'un mitolojisindeki en etkileyici nokta, sevgi miti Eros ile ölüm miti Thanatos arasındaki sonsuz çatışmaya dair tanımlamasıdır. İlki insanları birbirine yaklaştırıp dostlukların kurulmasına, karşılıklı dayanışmaya ve tüm erkek ve kadın kardeşlerimizle birlik içinde yaşamamızı sağlayan yapıcılığa yöneltir. Freud'un ifadesiyle, Eros miti diğer insanlarla birlikte mutluluk ve keyif içinde ve biraz olsun yakınlık duygusuyla yaşayabileceğimiz gerçeğidir. Bu, hayatın olumlu, yapıcı ve sıcak yanıdır; bunun daha sonra Goethe'nin Faust'unun son bölümündeki kültürel yaratıcılığında ve Peer Gynt'in okyanuslarla dağları aşarak en nihayetinde Solveig'e olan aşkını kabullenmesinde olduğu gibi çok farklı şekillerde ortaya çıktığını göreceğiz. Freud, bizi eşi benzeri hiçbir yerde görülmemiş bir mücadeleye hazırlamak için Eros'u kullanıyor. Eros'un Thanatos'a karşı sürdürdüğü bu mücadeleden de, insan hayvanının ilkel yıkıcı eğilimlerini dizginlemeyi amaçlayan medenileştirici bir güç ortaya çıkıyor.

Az önce ifade ettiğimiz üzere, Eros'un bu mücadelesi aynı zamanda ölüm miti olan kötücül Thanatos'a karşı yürütülüyor. Nasıl ki Eros'un çok sayıda derecelendirmesi varsa, Thanatos da hastalık, yorgunluk gibi Paul Tillich'in varolmayanlar adını verdiği çeşitli aşamaları mevcut. Bizi paramparça eden bu güçler, sonluluk korkusu, Eros'a karşı mücadele eden her şey Thanatos mitine dahildir. Freud, sevgi ve ölüm arasındaki bu çatışmayı "dadıların cennete dair ninnileriyle bastırmaya çalıştığı devler savaşı" olarak nitelendirmiştir.[64]

Bu sonsuz mücadeleden medeniyetler doğar. Eros ve Thanatos arasındaki bu çatışmadan sanat eserleri üretilir, muazzam şiirler yazılır, yeni fikirler çıkar. Bu mücadele olmadan yaratıcılık olamaz. Eros tek başına olsaydı çok yavan, çocuksu, sıradan ve hatta İtalyan Rönesans dönemindeki aşk tanrısı resimlerinden farksız olurdu.

Medeniyetlerdeki tüm önemli şeyler Eros'un Thanatos'a karşı yürüttüğü bu mücadeleden çıkmıştır. Fakat bu iki muazzam güç birbiriyle mücadele ederken, biz de normal hayatın paradoksunu görürüz; buna bir örnek olarak katedrallerin görkeminin yanında taş heykellerinin aşağıdaki insanlara alaycı bakışlar attığını fark ederiz.

> Freud'un Eros ve Thanatos arasında bir savaş olduğunu ortaya atması yalın, dramatik ve trajikti... İnsanlar bu iki kutup arasındaki sonu gelmeyen mücadeleye kapılmıştır. İçimizdeki bu sonsuz cephane, bize hiç durmadan işkence eden bir suçluluk duygusu yaratır: İnsanın en derinlerinde yatan saldırgan içgüdüler bastırıldığında ortaya çıkan medeniyet için ödediğimiz bedel budur.[65]

---

64 Bu alıntıyı borçlu olduğum Lillian Feder anlaşılır bir şekilde şöyle yazmıştır: "Freud hiçbir zaman kendi zihninde mitler yarattığı zaman olduğu kadar yiğit ve hayranlık uyandırıcı olmamıştır."

65 A.g.e.

KENDİMİZLE İLGİLİ GERÇEKLERE DAİR TRAJEDİ

Oedipus'un oyununu okuduğumuzda, tıpkı Freud'un ve Sofokles'in kaleminden aktarıldığı gibi, mitin cinsel arzu ya da baba katilliğiyle hiçbir ilgisi olmadığını görüp şaşırırız. Tüm bunlar oyun başlamadan çok önce yaşanmıştır. Oedipus, Thebes'te bilge ve güçlü bir hükümdarlık süren ve birkaç yıldır Kraliçe Jocasta'yla mutlu bir evlilik sürdüren iyi bir kraldır ("Aramızdaki en güçlü kişi" diye çağrılır). Oyundaki tek sorun, ne yaptığını anlayıp bunu itiraf edip etmeyeceğidir. Trajik olan kendimizle ilgili gerçeğin aranmasıdır; bu, kişinin gerçekle tutkulu ilişkisinin trajik dramıdır. *Oedipus'un trajik kusuru kendi gerçekliğine karşı duyduğu öfkeydi.*[66]

---

66 Oedipus doğduğunda, babası Thebes Kralı Laius'u öldüreceğine dair bir kehanette bulunulur. Laius bu kehanete karşı önlem almak için bebeği bir çobana teslim eder ve onu ölmesi için dağlık araziye terk etmesini söyler. Fakat iyi kalpli çoban bebeği evine alır. Büyüdüğünde Corinth'e gider ve Corinth Kralı'nın yanında yetişir. Genç bir adamken babasını öldüreceğine dair kehaneti duyarak bundan kaçınmak için Corinth'ten ayrılır. Yolda bir at arabasıyla karşılaşır. Arabacıyla tartışır ve o sırada arabada yolculuk etmekte olan Kral Laius arabacıya yardım etmek için inince, Oedipus'dan bir darbe alır ve oracıkta ölür. Oedipus daha sonra Thebes'e giderek Sfenks'in bilmecesini çözer ve ödül olarak krallık kendisine verilir ve Kraliçe Jocasta ile evlenir.

Bu Oedipus miti günümüzde özellikle inandırıcıdır, zira hem psikanalizde hem de edebiyatta önemli bir yer tutar. Örneğin bu miti Shakespeare'in çok sevilen oyunu *Hamlet*'te görürüz. Oyunun kahramanı, amcası tarafından öldürülmüş olan babasının hayaleti tarafından intikam almaya zorlanır; amcası daha sonra Hamlet'in annesiyle evlenmiştir. Ancak Hamlet modern dönemin başlangıcındaki bir kahramandır ve dolayısıyla kendi bilincinde bu eylemi sürekli olarak erteler. Oyunun sonunda bir kaza sonucu öldürüldüğünde, dostu Horatio'ya şöyle haykırır:

Perde asıl oyuna açıldığında, Thebes bir başka veba salgınının tehdidi altındadır. Kahin, bu salgının ancak Kral Laius'un katili bulunduğunda sona ereceğini söyler. Oedipus kör kahin Tiresias'ı çağırtır ve sonrasında Oedipus'un bildiklerinin çarpıcı ve güçlü bir şekilde gözleri önüne serildiğini görürüz; bu süreç hem gerçeklere hem de gerçekleri saklayanlara öfkenin yanı sıra, kendi gerçekliğimizle yüzleşmeye dair insanın verdiği çabayla doludur. Freud'un bu oyunu seyrettikten sonra "Ah, bu bir psikanaliz!" diye bağırması ilginçtir.

Tiresias'ın körlüğü, harici detaylar tarafından dikkati dağıtılmayan kişilerin insanlara dair *içsel* gerçeklere daha büyük bir anlayışla kavrayabilecek oluşunu sembolize eder.

Tiresias başlangıçta Oedipus'un kimin suçlu olduğuna dair sorgulamalarını şu sözlerle reddeder:

> Bilmek ne korkunçtur...
>
> Bilmenin bir faydası olmadığında!
>
> Bu olayların farkındaydım ama geçip gitmelerine izin verdim...[67]

Oedipus'un yeni talep ve tehditleri karşısında şöyle devam eder:

Eğer bir parça yer vermişsen bana kalbinde,
Biraz da olsa üzüleceksen ardımdan,
Bu acımasız dünyada söyle iç geçirerek
Anlat hikayemi...

67 Sofokles, *Oedipus Tyrannus*.

...Bırak eve gideyim,

...Böylece yükünü daha kolay taşırsın.

...Sen

Bilmiyorsun; yine de

Söylemeyeceğim, kederimi göstermemek için.

Bu oyun daha sonra Oedipus'un yavaş yavaş kendi kendini keşfetmesiyle devam eder, gerçeğin kaynağı Oedipus'un kendisi değil de Tiresias'tır. *Dolayısıyla, Tiresias psikanalisttir.* Gerçekliğe karşı daha şiddetli bir savaş verdikçe "direniş" ve "öngörme" gibi tepkiler de açığa çıkmaya başlar. Tiresias'ı kente ihanet etmeyi planlamakla suçlar; bu yüzden mi konuşmamaktadır? Yaşlı kahin yanıt verir:

Kendime daha fazla kahır çektirmeyeceğim

Sana da. Neden bu konuları sorguluyorsun?

İyice öfkelenen Oedipus, Tiresias'ı Laius'u öldürmekle suçlar. Ve en nihayetinde tüm gerçekler kahin tarafından krala anlatıldığında, yani babasının katilinin Oedipus'un kendisi olduğu söylendiğinde, Oedipus hem Tiresias'ı hem de karısının erkek kardeşi Creon'u suçlayarak tüm bunların hükümdarlığı ele geçirmek için oluşturdukları stratejinin bir parçası olduğunu ifade eder.

Oedipus'un karısı Jocasta, gayet insani bir tiratla kahinin suçlamalarına kulak asmamasını sağlamaya çalışır:

Dinle ve öğren, insan hayatında hiçbir şey

Kahinin sanatına bağlı olamaz.

Evlendiği annesi Jocasta da Oedipus'u bekleyen korkunç bilginin farkına varır. Çaresizlik içinde onu ikna etmeye çabalar:

> ...Peki ama insanoğlu neden korku dolu olmalı,
> Kaderin kimin sevgilisi olduğu ve hiçbir şeyi önceden bilemediği için?
> En iyisi hayatı gelişine yaşamak,
> Tıpkı bir insan gibi. O anaç düğün için,
> Korkun olmasın, çünkü buradaki pek çok kimse de
> Bu kadarının hayalini kurdu ama bu hayallerden
> Bir şey çıkaramayandır vaktini en kolay geçiren.

Oedipus yine de onu her nereye götürecek olursa olsun gerçekle yüzleşme kararlılığını ortaya koyduğunda şöyle haykırır:

> Arama! Hastayım ve bu yeterli...
> Alçak, ne olduğunu asla bilemeyesin!

Oedipus ikna olmak şöyle dursun, kim olduğunu ve nereden geldiğini bilmesi gerektiği konusunda ısrar ediyor. *Kendi gerçekliğini, kendi mitini ve kendi kaderini bilip kabullenmeli.*

> Kulak vermeyeceğim; tamamını bilmek için
> Ne olursa olsun, duraksamayacağım...

En sonunda Oedipus'u bebekken dağlardaki mutlak ölümden kurtaran yaşlı çoban, yani bu kaçınılmaz hikayedeki son ölümcül noktayı koyabilecek tek kişi huzuruna getirilir.

Çoban, "Şu an konuşmak beni dehşete düşürüyor!" diye bağırır. Ve Oedipus şöyle yanıtlar: "Beni de duymak. Fakat duymalıyım, her ne olursa olsun."

Oedipus trajik gerçeği, yani babasını öldürüp annesiyle evlendiğini öğrendiğinde gözlerini, *görme* organını çıkarır. Cezası kendisi tarafından uygulanan sürgündür, fakat daha sonra tıpkı *Oedipus in Colonus*'ta olduğu gibi ikinci dram Creon ve devlet tarafından uygulanır. Trajedi tam bir çember çizerek başladığı yere geri dönmüştür. Başlangıçta daha birkaç günlükken babasının emriyle sürgün edilen Oedipus artık yaşlı bir adam olarak yine sürgündür.

Bu sürgünlük hali modern psikanalitik bakış açımıza göre çok çarpıcı bir sembolik eylemdir, zira daha önceki bölümlerde ifade ettiğimiz üzere yirminci yüzyılın sonunda yaşayan bir Amerikalı için en büyük tehdit ve en büyük endişe kaynağı iğdiş edilmek değil *aforoz* edilmektir, yani kişinin kendi grubu tarafından sürgün edilmesidir. Çoğu modern insan, bunu yapmadığı takdirde sürgün edilmekten korkarak iğdiş edilmesine izin vermektedir. Kendi gücünden feragat ederek yüzleştiği korkunç tehlike ve sürgün edilme tehdidine boyun eğer.

SUÇLULUK DEĞİL SORUMLULUK

Şimdi, Oedipus mitinin sağaltıcı, birleştirici yanlarını ortaya çıkaran *Oedipus in Colonus* oyununa geçiyoruz. Yaşlı ve kör Oedipus, kızı Ismene tarafından Colonus'a, yani Atina'nın birkaç kilometre dışındaki koruluğa götürülür.

Yaşlı adam orada sorunlarını düşünmek ve katlanmak zorunda olduğu bu korkunç olaylardan bir anlam çıkarabilmek için durur.

Bu oyunda çok az "hareket" vardır. Neredeyse tamamı, bir adamın trajik sıkıntıları ve bunlardan öğrendikleri üzerine düşüncelerinden ibarettir. Bildiğim kadarıyla bu oyuna Amerikan psikanaliz edebiyatında asla değinilmez ki bu da başlı başlına şaşırtıcı bir gerçektir. Bu görmezden gelmenin nedenlerinden biri de mitlerin birleştirici işlevleri üzerine konuşmanın psikanaliz tartışmalarında genellikle es geçilmesidir. Ancak daha özele inecek olursak, mitin edebi yorumlanışı seks ve babayı öldürmek şeklinde olduğundan, tıpkı *Oedipus Rex*'in sonunda olduğu gibi tüm bu konular işlenip gerekli cezaların verilmesiyle birlikte durmamız gerekir.

Ama miti insanın mücadelesi ve kendisiyle ilgili gerçeklik üzerinden okuduğumuzda, kişinin Oedipus'un yaptıklarıyla nasıl yüzleşeceğini görebilmek için tıpkı Sofokles'ın yaptığı gibi devam etmemiz gerekir. Bu müteakip oyunda da Oedipus'un kendisi ve Theseus'la Atinalılar nezdinde tüm insanlıkla uzlaşması anlatılmaktadır. Tıpkı kızı Ismene'nin söylediği gibi:"Çünkü seni artık fırlatıp atan tanrılar yaşatıyor."

Seksen dokuz yaşındaki yaşlı bir adam olan Sofokles tarafından yazıldığı için, bu oyunun onun yaşının getirdiği bilgeliği de içerdiği düşünülebilir.

Oedipus'un Colonus'taki meditasyonu esnasında gözümüze çarpan ilk düşünce *suçluluk*; ahlaki sorumluluğun özbilinçle ilişkisine dair çözümü güç sorun. Eğer olay önceden planlanmadıysa ve bilmeden yapıldıysa kişi suçlu sayılabilir mi? Yaşlı Oedipus düşünce süreci esnasında bu soruyla yüzleşiyor; yanıt suçluluk değil, sorumluluk.

Oedipus'un bedenini barındıran kentin her daim barış içinde olacağına dair kehaneti duyan Creon, Thebes'ten gelerek Oedipus'u geri dönmesi için ikna etmeye çalışır. Ancak yaşlı adam, Creon'un kendisine saldırmak için kullandığı suçluluğuna dair iddialara karşı kendini öfkeli bir şekilde savunur:

Perişanlık içinde dünyaya gelsem -tıpkı geldiğim gibi-
Ve babamla bir kavgada rastlaşsam,
Ve onu yere yıksam, onu öldürdüğümü bilmeden
Ne de kim olduğunu, bu kasıtsız olayda
Nasıl bir suç görürsünüz?
Anneme gelince; lanet olsun sana, utanman yok,
Onun öz kardeşi olmana rağmen

Ama hiçbirimiz gerçeği bilmiyordu ve o
Benim çocuklarımı da doğurdu
Onunla bile isteye evlenmezdim
Ne de bu konu hakkında bile isteye konuşurdum.[68]
Babasıyla ilgili olarak da şunları haykırır:
Adil bir hafifletme bu:
Onu tanımadım ve beni öldürmek istedi.
Kanunlar önünde -tanrının önünde- suçsuzum!

Oedipus'un sorumluluğunu kabul edip bunu üstlendiği çok açık. Fakat (bizim deyişimizle) bilinçli ve bilinçdışı

---

68 Sofokles, *Oedipus at Colonus.*

faktörlerin oynayabileceği incelikli oyunlar suçluluğa dair her türlü hukuki ya da ikiyüzlü ithamları yanlış ve haksız kılmaktadır. Freud'dan bu yana, Sofokles bu oyunu yazdıktan dört yüz yıl sonra İsa'nın söylediği, *"Suçluluk sorunu olayda değil, kalpte gizlidir"* sözü bilinen bir gerçekliktir. Oyun, Creon ve Polynices'in ortaya koyduğu kötülük, açgözlülük ve saygısızlığın da Oedipus'un suçlandığı "tutku günahlarından daha az kötü olmadığını", Oedipus'un onları çok yakında kendini gösterecek olan acımasız adalete mahkum ederek kendi deneyimlerinin algılamasına olanak sağladığı ahlaki bir düzenle uyum içinde olduğunu ortaya koymaktadır.[69]

Oedipus, Antigone'yi rehine olarak alıp sürgündeki kralın geri dönmesini sağlamaya çalışan Thebes diktatörü Creon'un kurnaz önerisini öfkeli sözlerle reddeder. Neyse ki, Atina hükümdarı Theseus tam zamanında devreye girerek, Creon'u devirip Antigone'yi yeniden Colonus'taki koruluğa geri getirmeleri için askerlerini görevlendirir.

Bu mit, modern varoluşçu psikoterapistler tarafından önem verilen bir sonucu, yani bilinçli ve bilinçdışı etmenlerin suçluluk duygusu üzerindeki etkileri ve kanuncu suçlamanın imkansızlığından ötürü insanın evrensel durumunu kabullenmeye zorlandığımız sonucunu işaret etmektedir. *Böylelikle her birimizin insanın insana karşı insan dışılığında bir rolü olduğunu anlarız.* Dolayısıyla, hiçbir içsel karmaşa yaşamayan kahramanın, yani Kral Theseus'un Oedipus'a sarf ettiği sözler etkili ve son derece önemlidir:

---

69 A.g.e.

…çünkü ben de

Sürgündüm…

Yalnızca bir insan olduğumu biliyorum; benim de

Senden fazla umudum yok.

Bu birleştirici oyundaki bir başka tema da, Oedipus'un –tüm bu korkunç olayları yaşayıp, bunlarla yüzleşebildikten sonra– *fazilet* gösterebilme gücüdür. Tıpkı onu ve kızını görmek için Colonus'taki koruluğa gelen Atinalılara söylediği gibi:

Ben de buraya faziletle donanmış olarak geldim,

Doğanın üstünde olan tarafından bahşedilen ve bu ırka

Üstünlük getiriyorum…

Theseus bunu kabul eder: "Senin de söylediğin gibi, varlığın büyük bir lütuf." Bu fazilet gösterebilme gücü, yaşadıklarıyla cesur bir şekilde yüzleşmesiyle ortaya çıkan olgunluğun yanı sıra, duygusal ve manevi özelliklerle de bağlantılıdır. Şöyle haykırır:

Bir ruh eğer yeterince fedakârsa

Diğerleri için kefaret ödeyebilir…

Fakat aynı zamanda faziletinin önemini mutlak kılan sembolik bir etmen daha vardır: Kahin, ölümden sonra bedeninin bu topraklara ve ona sahip olan hükümdara zafer getireceğini söyler. Bedeninin salt *varlığı* dahi yeterlidir.[70]

---

70 Bu 'varoluş' tartışacağımız birkaç mitte de karşımıza çıkacaktır: Solveig'in Peer Gynt için varlığı, Briar Rose'un Prens için varlığı gibi…

Bu mitin desteklenmesindeki son nokta *sevgidir*. Oyunun sonunda yaşlı Oedipus kızlarını yanına alarak ölmek üzere büyük bir kayanın dibine gider. Oedipus'un ölümünün muhteşemliğini haber etmek üzere grubun yanına geri dönen bir ulak, kızlarına sarf ettiği son sözleri aktarır:

> ...Ama yalnızca tek bir kelime
>
> Bizi hayatın tüm ağırlığı ve acısından azat eder:
>
> Bu kelime sevgidir.

Oedipus sevgi kelimesini saldırganlık ya da öfkenin güçlü etkilerinin yokluğu anlamında kullanmamaktadır. Yaşlı Oedipus kimi seçerse onu sevecektir. Ona ihanet eden oğlu bağışlanmayı dileyip şöyle der: "Merhamet, tanrının dahi gücünü kısıtlar" fakat Oedipus onu daha fazla dinlemek istemez. Yüceltmek istediği sevgi, kızları Antigone ve Ismene'ye beslediği ve onların da kör bir şekilde zorlandığı sürgünde kendisine gösterdikleri sevgidir.

Yıllar önce babasını bu dört yol ağzında öldürdüğünde ortaya çıkan ve Oedipus Rex'te Tiresias'la sivri atışmalarında sergilenen yoğun öfkesi, çektiği acılar ya da olgunlaşmış olduğu gerçeğinden bağımsız bir şekilde hala capcanlıdır. Sofokles'in Oedipus'un öfkesini ortadan kaldırma ya da sadece azaltmaya uygun bulmadığı gerçeği –"saldırganlık" ve "öfkenin etkilerinin" yaşlı Oedipus'un aşması gereken "kusurlar" olmadığı gerçeği– bu mitlerin merkezindeki konunun babasını öldürürken ortaya çıkan saldırganlık olmadığı tezimizi doğrulamaktadır. Oedipus'un olgunluğu toplumla uzlaşma tutkusunun reddedilmesi ya da "medeniyetin asıl gereksinimlerine uygun" bir hayat sürmenin öğrenilmesi değildir. Bu, Oedipus'un kendisiyle, sevdiği özel insanlarla ve hayatının aşkın anlamıyla uzlaşmasıdır.

Son olarak, ulak geri döner ve Oedipus'un mucizevi ölümü ve gömülmesine dair gördüklerini anlatır:

> Ama Cennet treninden bir görevli
> Geldi onun için ya da cehennem
> Dünyanın karanlık kapısını açtı sevgiyle
> Çünkü hiç feryat figan olmadan alındı
> Hastalık ya da acı çekme de; gerçekten de sonu
> Harikaydı, eğer böyle bir şey mümkünse.

Sofokles tarafından dramatik bir şekilde aktarılan büyük bir kahramanın bu dokunaklı ve güzel sonu muazzamdır. *Oedipus Rex* "bilinçaltının" miti olduğundan karanlıkla yüzleşme mücadelesi ve insanın yıkıcı tarafları aktarılır; *Oedipus in Colonus* ise bilincin mitidir, yani anlam ve uzlaşma arayışıyla ilgilidir. Her ikisi bir araya gelerek kendi gerçeklikleriyle yüzleşen insanların mitini oluşturur.

MİTLERİN SAĞALTICI GÜCÜ

Oedipus'un oyunlarına yorumlarımız sayesinde mitlerin sağaltıcı güçlerini görebiliriz. Birinci olarak mitler baskılananları, bilinçaltında kalanları, arkaik dürtüleri, özlemleri, korkuları ve tüm diğer ruhsal içeriği farkındalık boyutuna taşır. Bu, mitlerin *geriletici* işlevidir. Fakat mitler aynı zamanda *yeni* hedefler, *yeni* ahlaki kavrayış ve olasılıklar ortaya koyar. Mitler, önceden varolmayan daha yüce anlamların kabuklarını kırıp ortaya çıkmalarıdır. Bu bağlamda, mitler sorunu daha yüksek bir birleştirici güçle çözmenin yöntemidir. Mitlerin *ilerletici* gücüyse burada yatar.

Klasik psikanalizde bunu da geriletici bir güce indirgeme ve mitleri genellikle bu şekilde değerlendirerek sonrasında dış dünyadaki ahlaki ve diğer anlam biçimlerine "yansıtma" eğilimi neredeyse evrensel bir hal almıştır. Bunun sonucunda mitlerin birleştirici yanı kaybolur. Bu da psikanaliz çevrelerinde *Oedipus Tyrannus*'a büyük önem verilirken, *Oedipus in Colonus*'un neredeyse unutulmuş olmasında görülebilir.

Fakat *mitler keşfetmenin yöntemleridir*. Doğayla ve kendi varoluşumuzla olan ilişkimizdeki yapıyı ortaya koyan yöntemlerdir. Mitler *eğiticidir*. İçsel gerçekliği ortaya koyarak, kişinin dış dünyada daha büyük bir gerçeklik deneyimlemesini sağlar.

Biz burada genellikle es geçilen bir noktaya parmak basıyoruz; *bu mitlerin bizim için de yeni bir gerçeklik keşfettikleri*. Bunlar, kişinin somut deneyimlerinin ötesindeki evrenselliğe uzanan yollardır. Birey, ancak böylesi bir inanç sayesinde hayatı boyunca kızgınlık duymadan yaşamaya devam edebilir ve geçmişinde, çocukluk dönemindeki mahrumiyetleri kabullenip bunları aşabilir. Bu bağlamda, mitler geçmişimizi kabullenmemize yardımcı olurlar ve böylece önümüzde yepyeni kapılar açtıklarını görürüz.

"Pişmanlıktan kurtulma" durumunda sonsuz incelikler vardır. Her bireyin ve kesinlikle her hastanın bu yolculuğu kendine özgü bir şekilde yapması gereklidir. Bu yolculuk boyunca kendisine, nörotik suçluluk duygusunun normal, varoluşsal bir suçluluk duygusuna dönüşme süreci eşlik edecektir. Ve her iki endişe biçimi de yapıcı bir şekilde bilincin ve hassasiyetin genişletilmesinde kullanılabilir. Bu yolculuk, arkaik ve geriletici özelliklerinin yanı sıra bütünleştirici, normalleştirici ve ilerletici yanları da olan mitleri anlayıp bunlarla yüzleşerek gerçekleştirilir.

İKİNCİ KISIM

AMERİKA'DA MİTLER

ALTINCI BÖLÜM

YENİ DÜNYANIN BÜYÜK MİTİ

> Amerika'nın keşfi Batı dünyasını ateşleyip mest etti. Her şeyin ötesinde –Kopernik ve Galileo'nun bile– Orta Çağ'ın dünya görüşünün altüst edilmesini sağladı. Batılı insanın düşünce biçiminde bir devrim yaptı. Batılılar artık insan toplumunun *yepyeni bir başlangıçta* olduğuna emindi.
>
> *Thomas Merton*

Mitlerin keşiflerden önce geldiğini ortaya koyan tuhaf fenomenle ilk kez karşılaştığımızda önce şaşırırız. Orta Çağ Avrupası, Kolomb üç küçük gemisiyle 1492 yılında yola koyulmadan önceki yüzyıllarda yeni bir dünya "istemiyordu." Leif Ericson komutasındaki Vikingler on birinci yüzyılda Amerika'ya gelmişlerdi ve İrlandalılar da onlardan önce birkaç kez Kuzey Amerika'ya gitmişlerdi. Fakat bu keşifler büyük ölçüde görmezden gelinmektedir. Orta Çağ insanı kendi iç dünyalarıyla, cennetle ve göklerdeki dünyayla ilgiliydi; günümüzdekine benzer yeni bir dünyayla değil. İnsanların yeni bir dünyayı görüp deneyimlemeyi kabullenmeleri için Avrupa'da *içsel* bir değişim olması gerekti. Öncelikle yeni, mitsel bir dünyanın doğması gerekiyordu; sıra yeni bir dış dünya keşfetmeye daha sonra gelecekti. İnsanların mitlerinin, neyi görüp görmeyeceklerine izin verme bağlamında salt tarihi gerçeklerden ziyade daha kararsız bir yapı sergilediğini görüyoruz. Bir ulusun mitolojisini belirleyen tarih değildir, aksine tarihi belirleyen mitolojidir.[71] Bu da Vergilius'un şu sözünü akla getirir: "Kaderimizi seçtiğimiz tanrılara göre çizeriz."

Yeni Dünya'nın keşfedilebilmesi ve oraya göç edilebilmesi, Avrupa'da muazzam bir hümanist değişime yol açan Rönesans'ı gerektiriyordu. Örneğin, İtalyan sanatında bir anda ortaya çıkan doğa sevgisi, Orta Çağ'a ait soğuk mozaikleri gölgede bıraktı. İnsanın olasılıklarına dair yeni bir inanç, yeni bir macera ruhu, coğrafya ve bilimin önceden kabul edilen sınırlarını zorlamak için dört bir yandan gelen baskılar ortaya çıkmıştı. Tüm bu yeni mitler de Kolomb'un asıl yolculuğuna çıkması için ortamı hazırladı. Çoğu zaman olduğu gibi, *gerçekler mitlere değil, mitler gerçeklere ulaştırır.* Mitler, insanların dikkatini bir olasılıktan bambaşka bir diğerine çeker ve böylelikle hedefleriyle birlikte kurdukları hayallerin istikameti de değişir. Kolomb bu yolculuk önerisini en doğru zamanda –*Kairos*[72]– getirdi; yani insanlar yeni bir dünyanın keşfini kabul etmeye hazırlarken.

İnsanların zihinlerinde Amerika'nın keşfi tanrının lütfu sayesinde gerçekleşmişti. Bu, neredeyse her şeyin

---

71 Ernst Cassirer, bu noktayı *Devlet Efsanesi* kitabında ortaya koymuştur.

72 Kairos, Tillich tarafından kullanılan ve 'kaderde yazılı zaman' anlamına gelen Yunanca bir kelimedir.

yeniden başladığı bir çağda insanlığın da yepyeni bir başlangıç yapabilmesi için O'nun ortaya koyduğu bir plandı. *Mayflower*'daki insanların zihinleriyle ruhlarını dolduran mitler Cennet, Cennet Bahçesi ve Altın Çağ mitleriydi. Onlar bu kadim mitleri sonradan Amerika olacak muazzam bir mite dönüştürdüler.[73] Mitler zamanın ötesinde oldukları için tek bir görkemli anlatı oluşturacak şekilde bir araya getirilebilirlerdi. Stephen Vincent Benét, 1943 yılında yazdığı '*Batılı Yıldızı (Western Star)*'nda mitlerin;

> O isyankâr denizcilerin gördüğü
> Şaşkınlık ve hayret uyandırıcı bir şeyle...
> dolu olduğunu yazdı.
> Uykulu ve sinirli, yediğine içtiğine lanet okuyanların
> Gözlerinin önünde gördükleri bir şey...
> Ama uzakta belli belirsiz, belli belirsiz ama uzakta,
> Hayal dahi edilemeyecek sahil şeritleri.[74]

SINIR MİTİ

Frederick Jackson Turner, sınır kavramının Amerikan toplumu üzerindeki etkisine dair keskin öngörüleriyle sınırı anlamak için gerekli önemli bir mit ortaya atmış oldu. İnsanların *neden* kaçtıklarının yanı sıra *nereye* git-

---

73 Robertson, *Amerikan Miti/Amerikan Gerçekliği (American Myth/American Reality).*

74 A.g.e.

tiklerinin de önemini görmüştü. İnsanları Avrupa'dan uzaklaştıran sınırdaki bu özgür topraklar, Amerikalıların hem kısmen Avrupa'ya bağımlı hem de kendine özgü bir yapısı olan yeni bir sınır ve yeni bir kültür inşa etmelerine olanak sağladı. Dolayısıyla, buradaki önemli mit sınırdı; onun kendine özgü özellikleri göze çarpan bir şekilde Amerikalılaştı.

Turner, bu yeni yerleşim yerleri ve kentlerimizdeki ele avuca sığmaz enerjinin, "özgürlükle gelen cömertlik ve coşku"nun yanı sıra, bireysellik ve kendi kendine yeterlikle de birleştiğini belirtti.[75] Bu yeni ülkenin kendine özgü bir yapısı vardı ve Turner bunu Avrupa'yı geride bırakıp kendimiz için yola koyulmamıza bağlıyordu. Vahşi doğanın, bambaşka bir yerden taşınarak gelen bu varoluş halinin etkisi üzerinde duruyordu. Her ne kadar bu çarpıcı analizi 1890 yılına kadar yapılmamış olsa da, yeni bir Batılı ruhu tanımlıyor ve Amerikan tarihini düşünmenin yeni bir yöntemini ortaya koyuyordu. Bu bakış açısı Birleşik Devletler içinde yerel tarihi bir çeşit antikacılık merakından alıp *mitsel bir anlama* taşıdı.

Batı için Amerika, insanoğlunun Eski Dünya'yı ifade eden günahlar, kötülük, fakirlik, adaletsizlik ya da zulümden azade bir şekilde yeniden doğmasının mitiydi. On dokuzuncu yüzyılda inşa edilen Özgürlük Heykelimizin üzerinde, daha önceki yüzyılları da ifade eden bir yazıt bulunmaktadır:

> Bana özgürlük için yanıp tutuşan
>
> Yorgun ve yoksul
>
> Kitleleri verin,

75 Frederick Jackson Turner, *Brittanica Ansiklopedisi.*

Kabaran kıyılarınızdan atılan

Onca sefili,

Evsizleri, fırtınada karaya vurmuşları

Gönderin bana:

Lambamla altın kapıyı

Aydınlatıyorum.

Bu Yeni Dünya miti günümüze kadar süregelmiştir. Churchill, İkinci Dünya Savaşı sırasındaki konuşmalarında şunları söylemiştir: "İngiltere, Yeni Dünya eskiyi kurtarmaya gelinceye kadar dayanacaktır."

Bu topraklara yerleşen yolcular, öncüler ve kaşifler, hatta Clint Eastwood gibi kanunları kendi koyan Hollywood silahşörleri dahi ilahi dürüstlüğe ya da kadere inanıyormuş gibi ortaya konuyorlardı. Nasıl ki bu ülkede tasvir edilen öncüler Amerika'da kaderin bir ifadesiyse, yalnız öncü miti de gücünü tanrıların çatışmasını kendi kalbinde taşıyan klasik Odysseus mitinden alıyordu. Lord Byron, Daniel Boone ve Amerika'nın el değmemiş yabanlığına methiyeler düzmek için Boone'un masum, mutlu, iyiliksever ve vahşi olmayan, ilerlemiş yaşına rağmen hala "erdemleri medeniyetin yozluğunu ortaya koyan" bir şekilde tasvir edildiği *Childe Harold*'a ara veriyordu.[76]

Batı çöllerinde bir mukadderat hissi vardı ya da eğer dindarsanız çöllerde tanrının varlığı hissedilebilirdi. Dolayısıyla, İsa çöllerde kırk gün kırk gece geçirdi; Buda da aynısını yaptı ve benzer şekilde pek çok münzevi

76 Henry Nash Smith, *Bakir Topraklar (Virgin Land)*.

hem kendisiyle hem de tanrıyla baş başa kalabilmek için çöllerin ıssızlığına açıldı. Paul Tillich için Batı'nın çölü "kutsal boşluktur." Bu, kişinin içine battığı bir mittir ve kutsal ya da endişe verici olup olmadığı size, yani bireysel gözlemciye bağlıdır.

Şeytanın (ya da Mefisto ya da İfrit) başlangıçta tanrının yardımcısı olması da, Amerikan halkının Jesse James ya da Bonnie ve Clyde ya da hapse götürülürken okul bandosu da dahil olmak üzere tüm kasaba halkının tezahürat yaptığı Grey Fox adı verilen tren soyguncusu gibi kötücül kişilerle tuhaf bir özdeşleşme yaşadığı gerçeğini biraz olsun aydınlatmaktadır. Şimdi bile çocuklar "Zenginlerden çalıp / Fakirlere verirdi" diye şarkı söylediklerinde, bu durum fakirler için zenginlerden çalan mitsel bir Orta Çağ kanun kaçağıyla kendilerini özdeşleştirme süreçlerinin bir parçasıdır.

Vahşi Batı mitiyle ilgili tuhaf şeylerden biri de Batı'nın sağaltıcı gücüne dair varsayımlardı. Hastalıklı bir genç olan Theodore Roosevelt fiziğini geliştirmek, psikolojik anlamda kendini bulabilmek ve cesur bir erkeğe dönüşmek üzere Batı'ya gitmişti. Horatio Alger mitinde de, tıpkı 'Luke Larkin'in Şansı (Luke Larkin's Luck)'nda göreceğimiz gibi (bkz. Yedinci Bölüm), 'kötü' aile, aristokrat Duncan Ailesi'nin üyeleri dürüstlük ve doğruluklarını geri kazanabilmeleri için yargıç tarafından Batı'ya sürülmüşlerdi.

Daniel Boone, Kit Carson, Mike Fink, Calamity Jane ve hatta Custer ve Buffalo Bill yalnızca kişisel kahramanlarımız değillerdi, aynı zamanda yeni toprakların sağaltıcı gücü olduğuna dair miti de temsil ediyorlardı. Bu mitsel kahramanlar, Batı'yı uygarlaştırmak için tanrı tarafından gönderilen ajanlar olarak işlevlerinin farkındaydılar; Buffalo Bill, medeniyetle barbarlığın arasında bir yerde durduğuna inanıyordu.

Amerikan özgürlüğü mitleri aynı zamanda çok farklı etkiler yaratmak için de kullanılabilir. Terapi seansına katılan genç bir adam, ailesinin Eski Dünya'dan arazi talebinde bulunmak üzere buraya nasıl geldiklerini ve göçmen olarak Güney Dakota'ya nasıl taşındıklarını anlatmıştı. İlk dört yıl boyunca kimse bu aileyle konuşmuyordu. Çocukluğunda o ve ebeveynleri, bindikleri okul otobüsünde de dışlanıyorlardı. Ailesi Katolikti ve o bir gün başka bir çocuğa son derece zararsız bir ifadeyle hangi kiliseye gittiğini sorduğunda, diğer çocuğun annesi aynı gün akşamüzeri altı kilometrelik yolu at arabasıyla aşıp evlerine gelerek, oğulları başkalarının dinine burnunu soktuğu için gürültülü bir şekilde annesiyle babasını azarlamıştı. Büyük abisi okulda alay edildiği için sürekli olarak kavgaya karışıyordu; ablasıysa on birinci yılında bu mutsuz ortamı bırakıp, bir başka okula gittiyse de önceki okulunda yaşadığı dışlanma durumunun sebep olduğu nörotik güçlükleri aşmakta zorlanmıştı.

Özgürlük Heykeli 'altın kapı'yı tüm göçmenler için aydınlatmaz. Minnesota ve Kuzey Wisconsin ile Michigan'a yerleşen göçmen nüfusta her daim bir dışlanma korkusu mevcuttur. Çocukken çoğumuz –daha sonra bunun için şiddetli bir pişmanlık duysak da– göçmenlerle Bohunklar ve Polocklar ya da kentlerdeyseler Dagoelar ve Kikelar şeklinde alay ediyorduk. Özgürlük Heykeli'ni çevrelediğimiz romantik hava, Andrew Carnegie ve Edward Bok gibi başarılı göçmenlerle ilgili hikayeler duyduğumuz gerçeğini örtmektedir.

AMERİKA'DA YALNIZLIK

Bu ülkede ve radyonun duyulduğu dünya üzerindeki her yerde inanılmaz bir etki bırakan en güçlü ve yaygın mitimiz yalnız kovboy ve batı mitidir.[77] *William Tell* (kendi ülkesi olan İsviçre'de benzer bir mitin kahramanı) uvertüründe tanıtılan *Yalnız Kovboy (Lone Ranger)* karakterini hatırlıyoruz. Gecelik macerasına başlayan programda Lone Ranger tanınmamaya devam edeceğini göstermek için kamuflaj giyiyordu. Sadık yardımcısı Tonto'yla birlikte yanlışları düzeltmek üzere dörtnala at sürmekteydi. Programın sonunda kimliği hala bilinmeyen Lone Ranger bir kez daha batan güneşe doğru ilerler. Her biri görece yalnız hayatlar süren ve sürekli olarak bununla böbürlenen avcılar, tuzakçılar ve sınır kaşifleri düşünüldüğünde, yalnızlık bir tür kültürel mirastan farksızdır.

Sayısız filmle anlatılan yalnız kovboy miti Hollywood ve Amerikan ruh haline göre ısmarlama bir şekilde ortaya konulmuştur. Arka planda, uçsuz bucaksız çöllerin kum renginin ardında yatan morumsu kırmızı batı dağları. Filmlerde, Amerikalı sınır kaşiflerinin cesareti her şeyle

---

77 Çocuklarım küçükken onları ara sıra ilgilerini çektiği ve eğlenmeleri –ya da en azından kendimi böyle kandırıyordum– için 'western' izlemeye götürürdüm. Konunun hep aynı olduğunu biliyordum: Kızılderililer yük treninin etrafında dörtnala at sürmeye başladıklarında, eninde sonunda mutlaka tepenin üzerinden bir yerden bir borazan sesi duyulur ve ABD süvarilerinin rüzgarda dalgalanan bayrağıyla birlikte yakışıklı bir teğmenin başı çektiği askerler, etrafları çevrelenmiş öncüler ve ailelerini kurtarmaya gelirdi. Her seferinde kendi kendime bir şey hissetmeyeceğimi söylerdim. Fakat borazan sesi duyulduğunda ve dörtnala at koşturan askerler bayraklarını sallaya sallaya tepeden aşağı inmeye başladıklarında mutlaka çok sevinirdim. Mitlerin gücü işte böyle bir şeydir!

mücadele ediyordu. Kötü adamlardan kurtarılan –ya da kendi kendilerine kurtulan– kadınlar, narin güneyli güzeller ya da ağaç kesip en keskin nişancı erkekler kadar iyi atış yapabilen sert sınır kadınlarıydı. Ve kahramanla kötü adam arasında son bir düello olurdu. Westernler, Freud'un şu sözüyle ortaya koyduğu tekrara karşı duyduğumuz isteği son derece güzel bir şekilde özetlemektedir: Aynı şeyi özgün bir mitmiş gibi tekrar tekrar izlemeye karşı inanılmaz bir açlık duyuyorduk.[78]

Oriana Fallaci tarafından dönemin dışişleri bakanı Henry Kissinger'a "inanılmaz film yıldızı seviyesine" nasıl geldiği sorulduğunda, Kissinger bunun "her daim tek başına hareket ettiği" gerçeğiyle bağlantısı olabileceğini düşündüğünü söylemişti. Kissinger, Lübnan'dan Kudüs'e ve oradan da Kahire'ye at üstünde değil de diplomatik bir özel uçakla uçarken üstlendiği 'yalnız kovboy' rolünden bahsediyordu. "Amerikalılar buna bayılır" diye yanıtladı.

> Amerikalılar at üstünde yük trenine öncülük eden, kasabaya sadece atıyla, tek başına giren kovboy imgesinden hoşlanır. Hatta silahı olmaması daha bile iyi olabilir ...bu kovboyun cesur olmasına gerek yoktur. Tek ihtiyacı yalnız olması ve kasabaya girerek diğerlerine her şeyi kendi başına yaptığını göstermesidir. Amerikalılar bundan hoşlanır.[79]

---

78 Mutlu ve neşeli Amerikalıların arasındaki bu şaşırtıcı yalnızlık fenomeni hakkıyla popüler olmuş *Yalnız Kalabalık (The Lonely Crowd)* başlıklı kitapta aktarılmıştır.

79 Oriana Fallaci, *Tarihle Söyleşiler.*

Bu erken dönem yalnızlığı, bir tür kültürel miras anlamında her biri nispeten yalnız hayatlar sürüp bununla böbürlenen atalarımız olan avcılar, tuzakçılar ve sınır kaşifleriyle bağlantılı görünmektedir. Fakat artık yirminci yüzyılda baş etmeye çalıştığımız şey fiziksel yalnızlık değildir. Radyo ve televizyon çağında kimse bir diğerinin sesinden uzak değildir. *Sana Gül Bahçesi Vadetmedim*'de Deborah'nın yalnızlığını görmüştük; her ne kadar etrafında devamlı birileri olsa da, kendini yalnız hissediyordu ve kendi tanrılarını yaratması gerekiyordu. Çoğu zaman bir katılımcılar ülkesi gibi görülürüz; Rotaryenler'den Kiwana kulüplerine, okul kulüplerinden her türlü kadın topluluklarına varıncaya dek her şeye katılırız. Bu sonu gelmeyen katılma halinin, *bir tepki ve altta yatan rekabetçilik ve yalnızlığı kapatan bir örtü* olduğunu ortaya atıyorum.

Kimileri terapiye sadece tahammül edemeyecekleri kadar yalnız oldukları için gelirler. Biz terapistlerse artık kendilerini, iyiliklerini istemek dışında herhangi bir sebep gözetmeksizin dinleyecek birilerini bulmak istedikleri için gelen hasta sayısının gün geçtikçe arttığını gözlüyoruz. Yine Birinci Bölüm'de bahsi geçen Deborah gibi, elektronik cihazlar ve uyduların sağladığı anlık iletişim çağında onları salt iyi olmalarını diledikleri için dinleyen biriyle karşılaşmamış hasta sayısı artmaktadır. İnsan ister istemez şu Beatles şarkısında Lennon ve McCartney'ye katılıyor: "Tüm bu yalnız insanlar nereden geliyorlar?"

Yalnızlık, Amerikan mitolojimizin derinlerinde yatmaktadır. New York ya da Houston ya da Los Angeles otobanlarında bir yerden bir yere ulaşmak için acele eden fakat nereye erişmeye çalıştığını asla bilmeyen çoğu sürücü içsel bir yalnızlığın esiriymiş gibi görünür. Yüzlerinde, sanki bir şey kaybetmiş gibi –ya da daha doğrusu *kendileri* kaybolmuş gibi– ümitsiz bir ifade vardır. Ya da sanki suçluluk duygusunun, şiddete dair anıların ya da çaresiz bir umudun esiridirler. Günümüzde insanların tavırlarında eksik olan şey bir tür huzur bilincidir; sessiz, derin, gevşek bir huzur.

Yalnızlık, köksüzlüğümüzün dışavurumudur.[80] Günümüzde çoğu insan gelenekten uzaklaşmıştır, toplum tarafından dışlanmıştır ve kendilerine yol gösterecek bir mitleri, onları sorgusuz sualsiz kabul edecek törenleri ya da kutsalın huzuruna çıkaracak herhangi bir ayinleri olmadığından yalnızdırlar ve dolayısıyla kutsal olan şeyler nadirdir. *Mitsizliğin sebep olduğu yalnızlık en derini ve en dindirilemez olanıdır.* Geçmişle ilişkimiz ve gelecekle bağımız kopmuş bir halde boşlukta asılı dururuz. Odysseus'un cehennemde karşılaştığı, yukarıdaki dünyada yaşayan insanlarla ilgili haber almak için çıldıran fakat kendileri hiçbir şey hissedemeyen gölgelerden farksızızdır.

Bu yalnızlığın bir nedeni Amerika'daki tarihsel köksüzlüğümüz ve herhangi bir yerde kök salmamıza engel olan sürekli hareket halinde olma durumumuzdur. Başımız sıkıştığında toplanıp uçağa, arabaya ya da trene binerek bir başka yere gideriz. De Tocqueville, Amerikalıların içinde yaşayıp, keyfini çıkarması beklenecek bir ev inşa edip, ta-

80 Avrupa'dan döndükten sonra, Philip Slater *Yalnızlığın Peşinde (The Pursuit of Loneliness)* adlı kitabında Amerika'da herkesin yalnız göründüğünü yazar. "Bu algılar, gerçek insanların asık suratlarıyla televizyondaki mutluluk dolu ifadelerin arasındaki çelişkiyle güçlenir: Erkek ve kadınlar neşe içinde kalıplaşmış eğlence sembollerine dalmışlardır; tarlaların arasında koşmak, sahil kenarında yürüyüşler yapmak, dans etmek ve şarkı söylemek. Amerikalılar daha erken bir yaştan itibaren mutluyken nasıl görünmeleri gerektiğini ve mutlu olmak için ne yapmak ya da ne satın almak gerektiğini bilirler. Fakat her nedense bu hayalleri gerçekleştirilemez ve bu durum onları hayal kırıklığına uğratarak, hayata küsmüş bir ruh haline bürünmelerine sebep olur."

şınır taşınmaz satışa çıkarıp başka bir yere gitme halleri karşısındaki şaşkınlığını dile getirmektedir.

Avrupalıların hissettikleri o tarih hissiyatından yoksunuz. Bir Fransız köylüsü kapıdan dışarı adımını atar atmaz kendisini yüzyıllar öncesinde kalan bir tarihle bağlayan bir katedral görebilir; köklü olma hali bakışlarıyla ruh halinden belirgindir ve bu, yalnızlığı gerçek anlamda yatıştıran bir durumdur. Kiliseye gidip gitmemesi, ya da orada aktarılanlara inanıp inanmamasının önemi yoktur; oradaki bu muazzam yapı onu geçmiş yüzyıllardaki mitlerle bağdaştırır. Fakat Amerika'da bizler, yüz yıl hatta daha kısa bir sürede yıkacağımız gökdelenler inşa etmekle gururlanırız. Avrupalılar genellikle *zamanın* içinde hareket ederken, Amerikalılar *uzamın* içinde hareket ederler.

ŞİDDET VE YALNIZLIK

Yalnızlık, aynı anda hem şiddete eğilimli hem de demokratik olmamızda ifadesini bulur. Amerika'daki şiddet, içinde bulunduğumuz yirminci yüzyılda dahi rahatlıkla görülebilir fakat bunu itiraf edip açıklamak güçtür. 'Cumartesi gecesi özel' programlarımızla İsveçli ya da İngilizlere kıyasla elli kat daha fazla yurttaşımızı öldürüyoruz; gerçekten de ülkemizdeki cinayet oranı Orta Amerika dışındaki tüm medeni uluslardan çok daha yüksek. Bizler, yani 'iyi' Amerikalılar, tanrıya kader adını vererek Kızılderilileri katleden öncülerle kendimizi özdeşleştirmeye devam ediyoruz.

Gangsterleri kahramanlaştırıyoruz. Filmlerde suçlularla özdeşleşiyoruz; Yasaklanma Dönemi'nde[81] bir numaralı

81 ABD'de 1919-1933 arasındaki 'Yasaklanma Dönemi'nde ülke çapında alkolün satılması, üretilmesi ve bulundurulması yasaklanmıştı. (ç.n.)

halk düşmanı Dillinger bir tür kahraman ilan edilmişti ve Clint Eastwood tarafından canlandırılan diğer gangsterlerin kahramanlaştırılmasına devam ediliyor. Televizyon ekranlarındaki akıl almaz şiddet olağan bir hal aldı ve bu durum, genç izleyicilerde şiddet dürtüsünü artırıp artırmasından ziyade, kendimizden başka kimseye güvenemeyeceğimiz duygusunu körüklemekte. Kurşun geçirmez yelekler giyip, gardımızı asla düşürmemememiz gerektiğini hissettiren olası düşmanlarla çevriliyiz. Gerçekten de gazetelerde Teksas'taki bir papazın vaaz esnasında kurşun geçirmez yelek giydiğini okuyoruz, çünkü tek başına kürsüde konuşma yaparken bir suikastçının kurşununa hedef olması çok kolay.

Dolayısıyla, yalnızlık ve yalnızlığın inkarı ya da yalnızlıktan kaçış Amerika için çok önemli mitler. Çocuklar bundan televizyon izleyerek kaçabilir, ergenler bu duyguyu örtbas etmek için sürekli parti verip düzensiz de olsa sekse sığınabilir, orta yaşlılarsa bu durumu evlilik-boşanma-evlilik kısırdöngüsüyle bastırabilir. Dolayısıyla, Amerika'da karşılaşım grupları çok önemlidir; herhangi biri yeni bir 'büyüme' grubu oluşturabilir ve insanlar da kendiliğinden yaşama ve sevmeye dair yeni yöntemleri öğrenmek için 'kendiliğindenlik yöntemleri' kelimesindeki çelişkinin farkına bile varmadan bu gruplara akın edebilir. Çünkü mitlere göre hepimiz bilinçaltımıza işleyen Plymouth Rock'taki Cennet fikriyle eşdeğer anlatılar ve sınırdaki büyülü başarılara dair hikayelerle büyütüldük ve basmakalıp sloganlar dışında bunların yerini alabilecek bir şey bulamıyoruz.

YENİNİN BAŞTAN ÇIKARICILIĞI

Biz Amerikalılar en başından itibaren Batı'ya yönelip sürekli yeni bir şeyler keşfettik. Eyaletlerimize *New*[82] York, *New* Mexico gibi adlar verdik. Yeninin miti her daim bizi cezbetmiştir. Tanrının bizi kolladığına inandık, çünkü avcılarımız, sınır kaşiflerimiz ve tuzakçılarımızla madencilerimiz her gün yeni bir şeyler keşfederken, dört bir yanımız davetkâr, bereketli topraklarla çevriliydi. Dağlarda maden cevherleri ortaya çıkarılacaktı ve yamaçlardaki kereste zengini ormanlardan sürekli bir trafik olacaktı; tüm bunlar 1849 yılında California'da altının keşfedilmesiyle tavan yaptı. Amerika'da herhangi *yeni* bir yönteme bayılmamıza şaşmamalı; herhangi bir bilgisayar tipi *yeni* bir tanesinin keşfedilmesiyle birlikte pazardan siliniverir; yeni bir aspirin ya da vitamin markası tatmin etmesi imkansız bir açlıkla kapış kapış satılıverir. Kültlerle guruların, özellikle de bizim Batı medeniyetimizde bu denli arttığı bir dönemde yeni dinlerin, yeni yaşam biçimlerinin, yeni cennetlerin ve bu yeni cennetlere ulaşmak için izlenmesi gereken yeni yöntemlerin tamamı 'Yeni Çağ' tabiriyle özetlenebilir.

Bu da hemen hemen tüm erken dönem terapi biçimleri –Freudcu, Adlerci, Jungcu, Rankçı, Reichçı– Avrupa'dan çıkmış olmasına rağmen, orada son derece az ilgi gören farklı psikoterapi yöntemlerinin Yeni Dünya'da neden önlenemez bir şekilde yükseldiğini açıklamaktadır. Horney, Fromm, Alexander, Fromm-Reichmann ve diğerleri tarafından geliştirilen yeni terapi biçimleri bu topraklara deyim yerindeyse Avrupa'nın temsilcileri olarak ulaşmıştır.

---

82 *New* kelimesi İngilizcede *yeni* anlamına gelir. (ç.n.)

Terapiye dair tüm bu yeni yaklaşımları nasıl da yalayıp yuttuk! Her koşulda *yeniyi* istiyorduk.

Bu durum terapi alanında değişen benlik miti halini aldı: Amerika'da bizler yeni bir benlik, yeni bir beklenti silsilesi bulmayı istiyoruz. Bu mite dair en önemli ahlaki çıkarım da, tipik bir Amerikalının terapiye 'tedavi olma' amacıyla değil de *yeni* bir hayat bulma, farklı bir yaşam tarzına *geçme* amacıyla geliyor olmasıdır.

Değişim Amerika'da son derece güçlü bir kelimedir; buna yalnızca inanmakla kalmaz, tapınırız da. Baktığımız her yerde ve Gatsby'nin kendi aksanını ve adını değiştirebileceğine ve hatta kendini yeniden *keşfedebileceğine* olan inancında bunu görürüz. De Tocqueville bunu açık bir şekilde görmüştür:

> Amerikalının kendini herhangi bir şeye bağlayacak vakti yoktur, yalnızca değişime alışmış bir şekilde büyür ve en nihayetinde bunun insanın doğal bir durumu olduğuna inanır. Buna ihtiyaç duyar, daha fazlasını ister, buna bayılır; çünkü dengesizlik onun için felaket değil, etrafındaki mucizelere hayat veren bir olgudur.

İster yasaklanma isterse de ilerleme olarak görülsün, Amerika'da bu tür değişimlerin her daim iyi olduğu düşünülmüştür. Mükemmel bir mitler silsilesi olan politikada da yeninin miti çok önemlidir; örneğin Yeni Düzen, Yeni Sınır, yeni kan, yeni vizyonlar. Bu ülkede kimse eski sınırları koruma güdüsüyle iş görmüyor. Kennedy'nin seçilmesinde etkili olan şeyin yeni fikirleri ve geçmişi ardında bırakan bir gençliği temsil etmesi olduğunu hatırlayalım. Asıl soru, yani yeninin *kalitesi* konusunaysa nadiren değinilir.

Salt yeni olduğundan, bunun Yeni Dünya için iyi bir şey olduğu varsayılır. Her gün yeni bir kişiliğe büründüğümüz, Cuéism[83] inancını takip etmeye başladığımız değişim miti işte budur: "Her geçen gün her bakımdan daha iyiye gidiyorum."

Bu ruh hali tarihin, hatta bu ülkede varolan azıcık tarih kırıntısının dahi önemsiz olduğunu varsaymamızla ilintilidir; Avrupa tarihini büyük bir rahatlama hissiyle bir kenara atıveririz. Gizliden gizliye de olsa, çoğu Amerikalı "Tarih zırvalıktır!" diyen Henry Ford'un haklı olduğuna inanıyor. Onun için tarih, Ford'un ürettiği ilk arabayla birlikte başlamıştır. Yalnızca şimdiki zaman ve gelecekle ilgilenen mitlerimiz Amerikan tarihinin altında yatan zenginliği görmezden geliyor; zira yeniye karşı duyulan sevgi, psikoterapide olması beklenen tüm o değişikliklere dair beklentiler gerçek ilerlemenin aleyhine işliyor. Terapideki hasta, yeni bir hayata dair duyduğu beklenti nedeniyle içsel bir denge ve huzur hali gibi daha önemli değerleri es geçebiliyor.

Ancak tüm bunlar olurken –bu miti günümüzdeki durumumuza kadar getirecek olursak– Yeni Çağ yöntemlerimizle kolayca sıvıştığımıza dair bir şüphe duyuyoruz. Kişiliğin değişmesinden bahsederken, daha mistik bir terime ihtiyaç duyuyoruz. Ortaya çıkan bu terim "dönüştürücü" idi: "Dönüşüme uğrayan kişilerle" ilgilendiğimizi söylüyoruz. 1970'li yıllarda, Werner Erhard California'da EST seminerlerini başlattı ve bu hareket bir bozkır yangını gibi ülkenin dört bir yanına yayılıverdi.

---

83 1920'li yıllarda, Fransız psikoterapist Emile Coue tarafından Amerika'ya tanıtılan ve şiarı "Her gün her bakımdan daha iyiye gidiyorum" olan bir kişisel gelişim yöntemi. (ç.n.)

> Çoğunluğu beyaz ve varlıklı olan yaklaşık yarım milyon kişi... Bir hafta sonu süresince aklı karışık, beklentilerine kıyasla daha az başarılı olan kişilerden kendine güvenen, 'olup biteni kavrayarak' harekete geçen -kendi hayatlarının sorumluluğunu üstlenen- tiplere dönüştürülmek için Erhard ve onun meslektaşı olan eğitmenlere üç yüz ila beş yüz dolar arasında bir para ödediler.[84]

Fakat bu saman alevi gibi bir mitti. Beş yıl sonra bu dönüştürme furyası suyunu çekmeye başladı, çok geçmeden de bir daha EST adını duyan dahi olmadı. Ancak hiç de şaşırtıcı olmayan bir şekilde Erhard'ın kendisi de bir dönüşüm geçirmişti. Dönüşüm Teknolojileri adını verdiği ve işyerlerini dönüştürmeye yarayan bir nevi 'atılımlar' sistemi geliştirmişti. Bundan böyle para firmalar üzerinden kazanılacaktı. Bu yeni değişim furyası hakkında bilgi veren bir yetkilinin ifadesiyle:

> Sohbet etmenin düzeltinin yerini aldığı bu yeniden doğma, atma ve ikame etme kültürümüzde, hızlı dönüşüm hızlı yemek (fastfood) kadar kolaylaşmıştır. Artık *dönüşüm geçirdiğiniz sürece* bu dönüşüm süreci sonrasında ne olduğunuzun önemi yok. Ve kullandığınız bu yeni ve komik kelime dağarcığına rağmen hala aynı şekilde kusurlu bir hayvansanız yapmanız gereken şey çok basit; kendinizi bir kez daha dönüştürün.[85]

---

84 Mark Dowie, 'Dönüşüm Oyunu (Transformation Game)', *Image* (San Francisco) (12 Ekim 1986): 22-26.

85 A.g.e.

PROTEUS MİTİ

Yunan tanrısı Proteus değişim mitini temsil eder. Proteus ne zaman kendini tehlikeli ya da güç bir durumda bulsa -bir hayvan, bir ağaç ya da bir böcek olsun- kendini daha güvenli hissedeceği yeni bir biçime sokuverirdi. Amerikalı psikiyatr Robert Lifton sürekli bir değişim sürecinde olan bu kişiliği tanımlamak için harika bir tabir bulmuştur: *Proteusluk*. Amerika'daki bu değişim miti, sonu gelmeyen bir yenilik arayışı, dönüşüme karşı duyulan bu arzu bizim için de tıpkı Proteus için olduğu gibi bir yere kadar endişeden kaçmanın bir yöntemidir. *Odysseia* destanında, Odysseus ve adamları kurnaz bir adamla karşılaşıp ondan evlerine giden yolu öğrenmek istediklerinde Homeros Proteus'u şöyle tasvir eder:

En sonunda Proteus uyuduğunda
Savaş çığlığı atıp
  Ellerimizi arkasında kenetleyip
Onun için saldırdık.
  Ama yaşlı adamın
Oynadığı oyunların sonu gelmemişti;
  Hatta tam aksine.
Önce bıyıklı bir
  Aslana dönüştü,
Ardından bir yılana; bir leopara, kocaman
  Bir yaban domuzuna;
Ve sonra upuzun, yeşil bir ağaca.
Yine de pes etmedik, öyle

Ya da böyle, her şeye
Rağmen.
Bu Kadim varlık yenilip,
Dudaklarını aralayarak
Bana soru soruncaya dek.[86]

Ama bu değişim bağımlılığı yüzeysellik ve psikolojik bir boşluğa neden olabilir ve tıpkı Peer Gynt gibi asla içimizde olup bitenlere kulak vermek için durup yeterince dinlemeyiz. Lifton, bukalemunumsu eğilimleri ve çoğu Amerikalının durum hangi rolü gerektiriyorsa ona bürünebilme rahatlığını anlatmak için Proteus mitini kullanır. Sonuç olarak, yalnızca içsel bir bütünlük halinden çok uzak olmamız yetmezmiş gibi, "asıl benliğimizden" asla hoşlanmama durumumuz da vardır.

Böyle bir durumda değişim miti yüzeysellikle eş bir anlam taşıyabilir. Başkalarının beklentilerine göre yaşarız. Terapiye devam eden ünlü bir yönetmene kendi fikirleri sorulduğunda, "Benim hiçbir fikrim yok" yanıtını verdi. "Eğer bir şey söylememi istiyorsanız bunu bir karta yazıp kameraları çalıştırmalısınız, ancak o zaman söyleyebilirim." Her ne kadar varlıklı ve ünlü biri olsa da, bu adamın diğer meslektaşlarından bir farkı yoktu. Fakat aynı zamanda ağır bir depresyon geçiriyordu ve hayatının anlamını kaçırdığını hissediyordu; gerçekten de kaçırmıştı. Süreğen ruh halini "tadını yitiren tuz" olarak nitelendiriyordu.

"Yeni çağ", "dönüşüm", "yeni olasılıklar" ya da daha farklı tabirlerle ne kadar allayıp pullasak da Proteus, yani sürekli değişim miti bizi geçici bir süreliğine de olsa endi-

86 Homeros, *Odysseia*.

şeden korur. Biz Amerikalılar, insanlık paradoksundan ve ölüm kaygısından kaçabilmek için her daim hareket halindeyizdir. *Fakat bunun karşılığında ödediğimiz bedel derin bir yalnızlık ve soyutlanma durumudur.* Bunlarla birlikte depresyon ve asla gerçek anlamda yaşamamış ya da hayattan sürgün edilmiş olma hisleri de baş gösterir.

Modern şairlerimizden W.S. Merwin, modern Amerikalılardaki Proteus mitiyle ilgili görüşlerini belirtmiştir. Öncelikli olarak şöyle der: "Günümüzde şairin rolünü tanımlamakta kullanılan en önemli ve güçlü araç mitlerdir." Modern çağda Proteus mitindeki rollerimizi sahnelediğimizi düşünür. İnsanın tanrılara atfettiği bilgelik ve kehanet gibi yüce armağanlara dair bir arayış hali olarak Proteus mitine sarılma halimizi yorumlar:

> Proteus'u taklit ederek tehlikeden kaçarız; bu yalnızca günümüze ait nörotik bir kişilik değil, her birimizin içinde varolan bir özelliktir. Dolayısıyla, Amerika'da değişime karşı duyduğumuz bu tutku, kendi içinde ölümün gölgesinden ya da bizi tehdit eden herhangi bir başka tehlikeden kaçma çabamızı da barındırmaktadır.[87]

"Bana çevirdiği yüzünde benimkine benzer bir maske vardı" diye devam eder Merwin ve böylelikle kendisinin de zaman zaman Proteus'un baştan çıkarıcılığına kapıldığını itiraf eder. Wordsworth, Proteus mitinin bizi ticari olana düşkünlüğümüzden yakaladığını gösterir.

---

87 Lillian Feder, 'W.S. Merwin'in Şiirlerinde Mit (Myth in the Poetry of W. S. Merwin)', *Şiirlerde Gelişim (Poets in Progress).*

Dünya çok fazladır bizimle; geç ve çok geçmeden,
Elde ederek ve harcayarak, yıkıp dökeriz güçlerimizi;
Az şey görürüz doğada bizim olan;
Kalplerimizi bedava verdik, sefil bir rahatlık!

Ama diğer tüm mitler gibi, Proteus miti de kendi içinde kötücül değildir. Asıl sorun kendimizi ticari olana kaptırmamız ve paraya olan düşkünlüğümüzün bizi çevreleyen doğayı takdir etme becerimizi ezip geçmesine izin vermemizdir:

...Yüce Tanrım!
Keşke bir putperest olsaydım, memesini emen modası geçmiş bir itikadın;
Öylece belki görebilirdim ayakta durarak üzerinde bu hoş otlak yerinin,
Anlık görünüşlerini beni daha az terkedilmiş hissettiren şeylerin;
Denizden yükselen Proteus'u görürdüm;
Ya da duyardım yaşlı Triton'un çelenkli boynuzunu üflemesini.[88]

---

88 Wordsworth, 'Dünya Çok Fazladır Bizimle (World Is Too Much With Us).'

YEDİNCİ BÖLÜM

BİREYSELLİK VE NARSİSİZM ÇAĞIMIZ

> Amerika'da... En özgür ve iyi eğitimli insanların o şartlar altında dünya üzerindeki en mutlu insanlar olduklarını gördüm; yine de bana sanki üzerlerinde sürekli bir bulut asılıymış gibi geldi ve keyifli hallerinde dahi son derece ciddi ve hatta neredeyse üzgün görünüyorlardı ...çünkü sahip olmadıkları güzel şeyleri düşünmekten asla vazgeçmiyorlar.
>
> De Tocqueville

Amerikalılar, bireysellik mitine sanki normal bir hayat sürmenin tek yolu buymuş gibi dört elle sarılırlarken, bu durumun Orta Çağ'da (münzeviler dışında) bilinmediğinin ve antik Yunan'da psikotik bir durum olarak nitelendirildiğinin farkında değiller. Amerikalılar olarak bizler, çayırdaki ıssız kulübe mitine uyarak her insanın tek başına ayakta kalmaya hazır olması gerektiğini hissediyoruz. Her birey kendi başının çaresine bakabilmeli ve dolayısıyla kimseye minnettar olmamalı. James Fenimore Cooper, hayatını tek başına sürdürdüğü için azarlanan arkadaşı için on sekizinci yüzyılda yaşamış kahramanı Leatherstocking'e şunları söyletmiştir:

> Hayır, hayır yargıçlar. Ben kırk uzun yıl boyunca ormanda yaşadım ve bir keresinde beş yıl boyunca ağaçların arasındaki boşluktan daha geniş bir alan görmedim ve tüm iyileştirmelerinize ve kanunlarınıza rağmen bana altmış sekizinci yaşında daha rahat bir hayat süren bir insanı nerede bulabileceğimi söylemenizi istiyorum ve dürüstlük ya da karşılıklı olarak doğru olanı yapmak adına, size göre bu en uzun soluklu aptala sırtımı dönmeyeceğim.[89]

Politik çevrelerde 'sert bireysellik' olarak bilinen, bazı tarihçiler tarafındansa 'azılı bireysellik' olarak tanımlanan bu mitin demokrasiler için çok büyük avantajları olduğu ortada. Ancak bizi, 'bizim' diyebileceğimiz bir topluluktan yoksun bırakmak gibi çok temel bir hataya düşüyor. Bu ülkenin keşfedilmesi ve kurulması esnasında, Avrupalılardan çok Kızılderiler gibi giyinen sert, görmüş geçirmiş avcı ve izcilerin üstlendikleri rolün öneminden kimse şüphe etmiyor; kaldı ki bu insanların her biri kelimenin tam manasıyla bireydi. Bu kişiler, kendi yalnızlığımızı sanki tuhaf ve onurlu bir başarıymış gibi görmemize neden olan yalnız birey mitine katkı sağladılar.

Çoğu öğrenci tarafından Amerika'nın en iyi şairi olarak nitelendirilen Walt Whitman, 'Kendimin Şarkısı (Song of Myself)'nda şöyle yazar:

---

89 Henry Nash Smith, *Bakir Topraklar (Virgin Land).*

Özümüzün şarkısını söylüyorum
...
Tutkulu, gürül gürül ve güçlü
  Bir hayatın,
İlahi kanunlara uyan, özgür eylemlerle
Mutlu, modern insanın şarkısını söylüyorum.

Kendimi övüyorum, kendimi anlatıyorum,
...
Sere serpe ruhumu çağırıyorum,
Eğilip koyuveriyorum kendimi yeşeren yaz çimenini
  gözleyerek.[90]

Bu bireysellik, on dokuzuncu yüzyılın ortasında, topluma faydası olması gereken dinde dahi Orta Batı ve Uzak Batı'yı kasıp kavuran bir kır yangını gibi yayılmıştır. Odak noktası, tek başına ayakta duran bireydi. Devasa kalabalıklar 'kurtarılmak' üzere toplandıklarında, söyledikleri şarkıları çevrelerindeki yüzlerce insanın hiçbiri dikkate almıyordu.

Bahçeye tek başıma geldim,
Çiy damlaları güllerin üzerindeyken;
Ve bir ses duydum kulaklarıma düşen,
İnsanın oğlu sırrını verirken.
Ve o benimle birlikte yürüyor, benimle konuşuyor,

90 Walt Whitman, *Çimen Yaprakları*.

Ve bana onun olduğumu söylüyor,

Ve orada oyalanırken paylaştığımız mutluluk gibisini tadan olmamıştır.

Robert Bellah, daha önce Benjamin Franklin'in ortaya koyduğu gibi, Amerika'da ahlakımız için "Öylesine yoğun bir şekilde kişisel gelişime odaklanmış durumda ki, daha büyük toplumsal resim nadiren görülüyor" demiştir.[91] Her ne kadar ismi farklı olsa da, bu bireysellik mitinin kökleri kadim zamanlara dayanıyor.

NARSİSOS'UN NEVROZU VE MİTİ

Sevimli ve konuşkan peri Echo, ormanda avlanan Narsisos'la tanışıncaya kadar rahat ve huzurlu bir hayat sürüyordu. Bu genç adamla karşılaşır karşılaşmaz ona aşık oldu.

Fakat tüm çabaları boşunaydı ve Narsisos'un bu katı yürekliliği karşısında çaresizliğe kapılıp, Afrodit'ten onun da karşılıksız sevdanın acısını çekmesini sağlamasını istedi.

Afrodit, zavallı Echo'nun bu son ve tutkulu duasını hiç unutmadı ve kibirli Narsisos'u cezalandırmak için en doğru zamanı kollamaya başladı. Bir gün, uzun süren bir

---

91 Bellah, *Kalbin Alışkanlıkları (Habbits of the Heart)*. Bu kitap, Amerika'da aşırıya kaçılarak önem verilen bireyselliğe karşı ağır bir suçlamadır.

Bir psikiyatri konferansında yaptığım konuşma ulusal birkaç gazete tarafından alıntılanmıştı ve her ne kadar editörler söylediklerimin çoğuyla hemfikir olsalar da, bu ülkedeki bireyselliğin yatıştırılma gerekliliğiyle ilgili önerime şiddetle karşı çıktılar. Daha az bireyci olabilmeyi hayal dahi edemiyorlardı. Bu durum kendi ahlak yapılarında o denli önemliydi ki, on birinci emir olarak nitelendirilebilirdi.

sürek avının sonrasında Narsisos susuzluğunu bastırmak için ıssız bir göl kıyısına vardı.

Hızla otların üzerine diz çöküp, kana kana içmek üzere gölün durgun yüzeyine doğru eğildi, fakat tam o esnada şaşkınlığa kapılarak durdu. Gölün dibinde öylesine güzel bir yüz kendisine bakıyordu ki, bunun durgun suyun altında yaşayan güzel bir su perisine ait olduğunu düşünerek kalbini kaptırıverdi.

Bu güzel yansımanın karşısında tutkuya kapılarak elini uzattı, fakat suya değer değmez yansıma dağılıp kayboluverdi. Şaşkınlık ve hayal kırıklığı içinde bir kenara çekilip su perisinin geri gelmesini beklemeye başladı.

Suyun dalgalanan yüzeyi çok geçmeden tekrar ayna gibi olunca, Narsisos ayak uçlarına basarak sessizce göl kıyısına yaklaşıp temkinli bir şekilde başını uzatınca, önce o kıvırcık saçları ve ardından tedirgin bakışlarla kendisine bakan o bir çift gözü gördü. Perinin keşif yapmak üzere saklandığı yerden çıkacağı hissine kapıldı.

Aynı olay defalarca kez yinelendi ve peri her seferinde ondan kaçtı; fakat abayı yakmış olan genç adam, kendi duygularının yansımasını gördüğü bu güzel yüzden bir türlü uzaklaşamadı ve karşılıksız aşk acısıyla yavaş yavaş tıpkı göldeki yansıması gibi donuklaşıp solup gitmeye başladı.

Narsisos günler ve geceler boyunca hiçbir şey yiyip içmeden orada kaldı ve ölüp gittiğinde durgun sudaki perinin aslında kendi yansıması olduğunu bilmiyordu. Böylelikle Echo'nun intikamı alınmış oldu, ancak Olympos'taki tanrılar çarpıcı güzellikteki bu ölüye bakıp, onu genç adamın ismini taşıyan ve o gün bugündür göl kenarlarında güzelliğini suya yansıtan bır çiçeğe dönüştürdü.

Bu yalnız ve izole bireyden, çok doğru bir şekilde 'narsistik kişilik' adı verilen yeni bir psikoterapik kategori çıkmıştır. Freud ve yakın takipçileri narsisizme atıfta bulunup onu tanımlamalarına rağmen, o dönemde bu nevroz henüz tam olarak öne çıkmamıştı. Fakat özellikle Amerika'da, 1960'lı yıllardan sonra hastalarda narsistik kişilik baskın bir hal almıştır.[92]

Terapide narsistik kişilik yalnız bireyselliğin modern mitidir.[93] Bu kişinin çok az ya da hiç yakın ilişkisi yoktur ve kurduğu temaslarda da tatmin olma ya da keyif alma kapasitesi bulunmamaktadır. O mükemmeldir, tıpkı bu tipi tanımlayan romanda olduğu gibi depresif, "gri pazen takım elbiseli adamdır." Christopher Lasch, Narsisizm Kültürü adlı kitabında bu kişiyi çok iyi tanımlar:

> Geçmişin batıl inançlarından sıyrılan bu kişi kendi endişesinden bile şüphe duyar… Her ne kadar cinsel tavırları tutucudan ziyade aşırı müsamahakâr olsa da, bunlar ona uzun süreli zevk vermez. İhtiraslarının sınırı olmaması bağlamında gözü doymazdır …anlık haz peşinde koşar ve rahatsız, sürekli tatmin edilmeyi bekleyen bir arzulama halinde yaşar.

"Narsistik bir toplum, narsistik özelliklere giderek artan bir önem verip, bunları teşvik eden bir toplum" sanki kuyunun içindeki yansımasına bakar gibidir. Lasch, "yüzey-

---

92 Christopher Lasch, *Narsisizm Kültürü*.

93 Narsisistik kişiliği tanımlamada iki psikiyatr önemli rol üstlenmiştir: Hans Kohut ve Otto Kernberg.

de son derece neşeli ve geleceğe dönük bu tavrın insan ruhunun narsistik bir yöne doğru fakirleşmesinden kaynaklandığına" inanır.[94]

Terapide bu hastalarla çalışmak güçtür, zira narsisizmleri nedeniyle terapistleriyle derinleşen bir ilişki kuramazlar. Dışarıdan bakıldığında işbirlikçi gibi görünürler, çünkü terapi esnasında kişinin nasıl davranması gerektiğini bilirler ve uymaları gereken kurallara harfiyen uyarken hiçbir ilişkilerini derinleştirmezler: Diğer insanlardan uzak, derin bir yalnızlık içinde yaşayan bireyler olarak hayatlarını sürdürürler. Dolayısıyla, bu kişilerle sürdürülen terapide (ki çoğu zaman yıllarca sürer), terapist bir tür 'danışman', tüm karar süreçlerinde başvurulan bitmek tükenmek bilmeyen bir ahlaki tavsiye kaynağı, kılavuzluğa ihtiyaç duyulduğunda ziyaret edilen bir kişi halini alır. Bu durumun, iyi bir psikoterapi seansının gülünç bir taklidi olduğunu belirtmeye sanırım gerek yok; kişilerarası ilişkilerin olmazsa olmazları burada yoktur. Bunun yerine, hasta şu ya da bu kararıyla ilgili tavsiye alır ve bu da başlangıçtaki probleminin onaylanmasıyla sonuçlanır; yani kendi kendine kişisel kararlar veremez. Her ne kadar çelişkili bir ifade gibi görünse de, narsisizm bireyselliği yok eder.

İçinde yaşadığımız toplumun iki katmanı vardır; bunlardan ilki, sürekli gülümseyen, özellikle televizyon ekranlarında izlediğimiz turistik gemi yolculukları reklamlarında sunulan eğlencenin tadını çıkaran ya da etrafta koşup dans eden, Cadillac marka arabalara binen ve neredeyse evrensel bir mutluluk içinde yaşayan iyimser bir katman. Bu, yüzeydeki görüntüdür. Fakat yüzeyin

94 Lasch, *Narsisizm Kültürü*, s. xvi-xvii.

hemen altında depresyon gerçeği yatar; nükleer felaket korkusu, uzun soluklu olmayan ilişkilerde yaşanan cinsellik. "Sonrasında da insanlar hissetme becerilerini kaybetmekten yakınırlar. Boş deneyimler peşinde koşar, hayatlarını canlandırmaya çalışır, kaybettikleri hevesleri yeniden hareketlendirmek isterler."[95] Kişisel gelişim vaazları verenler rahipler değil, terapistlerdir. Terapistler 'anlam' ve 'sevgi' gerekliliğinden bahsederken dahi sevgi ve anlamı şefkat dolu bir ilişki olarak değil de, hastalarının duygusal gereksinimlerinin karşılanması olarak tanımlarlar. Narsisizm, kişilerin son derece ıstıraplı bir deneyim olan içsel çatışma sürecini yaşamalarına neden olarak, doğallıklarını bloke edip onların terapiye başvurmalarına yol açar.

Bu narsistik kişilerin çok sayıda tanışı olabilir, fakat yakın arkadaşları yoktur. Cinsel anlamda özgürdürler ama tutku hissetmezler. Genellikle iyi eğitimlidirler, fakat üniversiteden mezun olur olmaz entelektüel tüm ilgi alanlarından vazgeçmişlerdir. Narsistik kişi genellikle borsa ve hisse senetleri konusunda başarılıdır, fakat çok geçmeden bu da ona amaçsız bir oyun gibi gelmeye başlar. Genellikle maaşları çok iyidir –hatta kimi zaman milyonlarca dolar seviyesindedir– fakat bu onları tatmin etmez. Kısacası, televizyon reklamlarında mutluluk getireceği vaat edilen her şeye –seyahatler, pahalı arabalar ve güzel kadınlar– sahiplerdir ama yine de mutlu değillerdir. Çoğunlukla ünlü kişilerdir, ancak bu da onlara çok boş gelir. Modern ve kültürlü kişilerdir ve bu tip insanlar giderek daha çok sayıda psikoterapi seanslarına gitmektedir, fakat terapileri son derece güç ve yavaş ilerler.

---

95 A.g.e.

Hepsinden öte, bu tip insanlar çok yalnızdır. Görünürde hissedebildikleri tek şey hafif fakat sürekli var olan bir depresyon ve her şeye sahip olmalarına rağmen çelişkili bir şekilde hayattaki mutluluk veren her şeyi kaçırdıkları hissidir. De Tocqueville'in söylediği gibi: "Sahip olmadıkları güzel şeyleri düşünmekten asla vazgeçmezler."

Amerika'da narsist kişilik, Amerikan bireyciliğinin daha da ileriye taşınması şeklinde düşünülebilir. Fakat bu da beraberinde yeni güçlükler getirir; psikanaliz yönteminin gelişmesi, narsisizmi analiz etmekten çok bunu körüklüyormuş gibi görünmektedir. Farklı nedenlerden –kimi finansal, kimi teorik, kimiyse geleneksel Amerikan psikolojisindeki davranışsal eğilimlerin gelişmesiyle alakalı– ötürü terapi gitgide birbirini besleyen narsisizm ve aşırı bireyselliğe doğru gitmektedir. Bu durumda psikoterapimiz kişi odaklı olmaktan çıkarak, sorun odaklı bir hal alır.

HORATIO ALGER MİTİ

De Tocqueville'in anlayışı, başarma baskısına "kahpe tanrıça" adını veren William James'inkiyle örtüşmekte. Bireysellik ve başarı arasındaki bu kahpeleşmiş evliliği nasıl oluşturduk? Bu iki tavrı bir araya getirdiğimiz çok açık. R.W. White'ın da belirttiği üzere; "[Amerikan] kültürü, kişisel ve kolektif güvenliğin temeline, saldırgan bir şekilde diğer insanlara yöneltilen rekabete bağlı bir bireyselliği oturtmakta. Herkes koparabildikleri uğruna savaşmak için kendi ayakları üzerinde durmalı, bu kültürün felsefesi böyle."[96]

96 R.W. White, *Gelişen Hayatlar (Lives in Progress).*

İç Savaş sonrasında genellikle maddi olarak fakat aynı zamanda statü ve prestijle de ölçülen bu başarılı olma güdüsünün insanlarda sürekli olmasını sağlayacak yeni bir mite ihtiyacımız vardı. "Başarının kahpe tanrıçası"na tapınmamız için bizi teşvik edecek ve bize ilham verecek bir mit gerekiyordu. Başarı güdüsü insanların başlarını döndürdü ve çok geçmeden o meşhur Amerikan rüyasındaki bireysellikle özdeşleştirildi.

Massachusetts Körfezi kolonisinin erken dönem liderlerinden biri olan Vali John Winthrop'un zenginliği tanrının gönderdiğine dair sarf ettiği cümleler, zengin kişinin kendiliğinden iyi biri olduğu ve servetinin, tanrının kendisini onayladığı şeklinde yorumlanması gerektiğini belirten Kalvinist doktrinle birlikte anılmaya başlandı. Muhtemelen Amerika tarihinin son yüzyılı içerisindeki en önemli mitlerden biri olan bu mit, Horatio Alger'in yazdığı pek çok hikayeyle bize kadar ulaştı. Bu, "insanoğlunun organize olması" için mitsel bir paradigma ortaya koymaktadır. Bu hikayelerden biri olan 'Tırmanmaya Çabalamak ya da Luke Larkin'in Şansı (Struggling Upward or Luke Larkin's Luck)' adlı hikayenin özetini James Oliver Robertson ve onun *Amerikan Miti/Amerikan Gerçekliği (American Myth/American Reality)* kitabına borçluyum.[97]

İlk kez tam da kendisine uygun bir şekilde *Ways to Success*[98] dergisinde yayımlanan bu hikayenin elli milyon kopyası satıldı ve hikaye çok daha fazla kişi tarafından okundu. Hikaye, klasik bir Amerikan müsabakası olarak bir buz pateni yarışıyla açılıyor. Banker babası Prince Dun-

---

97 Robertson, *Amerikan Miti/Amerikan Gerçekliği (American Myth/American Reality).*

98 Başarıya Giden Yollar. (ç.n.)

can'ın adının yanı sıra, Avrupa aristokrasisine dair tüm özellikleri içinde barındıran Randolph Duncan, bir marangozun oğlu olan fakir Luke ile eşleşir. Luke, hayatını okulda hademelik yaparak kazanmaktadır. "Çalışmaya istekli, güvenilir ve eli açık" olarak tanıtılır ve yüzünde "Hoş bir ifade, sıcak, yürekli bir bakış vardır".

Duncan'ın yardakçılarından biri Luke'a çelme takınca, Luke yarışı ve dolayısıyla da yarışın ödülü olan Waterbury marka saati kaybeder. Luke tebrik etmek üzere yanına gittiğinde, Duncan onu hor görerek saatle ilgili şöyle söyler: "Sen fakir birisin. Senin için önemi yok." Ve Luke şöyle yanıt verir, "Buna emin değilim Randolph. Zaman fakir biri için de zengin biri için olduğu kadar önemlidir." Bu cümlenin altında yatan şey zamanın şirketler ve onların ofisleri için para anlamına geldiğidir; orada her şey saat gibi işlerken, bir çiftçi ya da hademe için saat bir lükstür.

Sonrasında Luke onu Bay Armstrong'la tanışacağı New York'a götüren "uzun boylu, koyu tenli bir yabancı" tarafından işlemediği bir suçla suçlanmaktan kurtarılır. Bay Armstrong, Luke'un "son derece iyi biri, üstelik de zeki "olduğunu söyleyerek, "Ona yükselme şansı verip veremeyeceğime bir bakmam gerek. Çok güvenilir birine benziyor" der. Burada önemli olan kelime "yükselmektir." Başarı süresiz bir yükseliş anlamına geliyordu.

Sonrasında Luke bankerin, yani Randolph'un babasının Bay Armstrong'dan birtakım hisse senetleri çaldığını ortaya çıkarır ve hikaye Luke'un bu hırsızlığı ortaya çıkarıp, New York'ta başarılı bir hayat sürmeye başlamasıyla son bulurken, Randolph ve ailesi dürüstlüklerini geri kazanabilmek için Batı'ya gitmek zorunda kalırlar. Burada asıl çarpıcı olan şey, Batı'nın daha önce de belirtildiği üzere "sağaltıcı" özelliğidir; insanların güç ve dürüstlük kazanmak için gittikleri yerdir. Orada Batı'nın bu gücü –ki Amerikan mitlerini içselleştirmekle edinildiğine inanıyorum– söz konusu kişi tarafından özümsenir ve sonrasında doğuya, bu mitlerin şirketlerde başarılı bir şekilde yükselmek için kullanılacağı yere dönüş yaşanır.

Yukarıda bahsi geçen bu koyu tenli, uzun boylu yabancı tuhaf bir figürdür; Ibsen'in *Peer Gynt* adlı oyununda *kendi* dürüstlüğünü keşfeden "tuhaf gezgini" anımsatır. Bu "uzun boylu" yabancı aynı zamanda Gatsby'ye ilk işini ve yat kaptanı kostümünü veren zengin adamla ilişkilendirilebilir. Hikayede aynı zamanda sizi *seven* biri tarafından kollandığınıza dair tanrısal bir etmen de vardır; bu da bize Willy Loman'ın "en sevilen" olmak için çok şeyi riske attığı *Satıcının Ölümü*'nü anımsatır.

Bu Alger hikayeleri bireylerin sığınabileceği güçlü birer liman halini alıyor ve büyük şirketlerde çalışan bireylerin devam edebilmelerini sağlıyordu. İnsanların içinde bulundukları konumu kabullenmelerine, endişeleriyle yüzleşmelerine ve suçluluk duygularını bastırıp ahlak ve kimlik hislerine bir yapı kazandırmalarına yardımcı oluyordu. Önemli başarı hikayelerimiz var: Horatio Alger mitlerinin en baş kahramanlarından biri de, bu ülkeye mülteci olarak gelip American Steel firmasının başkanlığına kadar yükseldikten sonra hisselerini dört yüz milyon dolara satan Andrew Carnegie'yi hatırlatıyor. *Başarıya Giden Yol (Road to Success)* adlı bir kitap yazıp, ülke çapında turneye çıkarak nasıl başarılı olunabileceğine dair dersler verdi.

Başarı miti, giderek daha yüksek konumlara "yükselmek" için çabalarken karşılaştığımız güçlükler karşısında bizi teselli eder. Çok mu ileri gittim ya da çok mu yukarı uzandım gibi sorular sorarak, endişelenmeye başladığımızda kendimizi çok kolay bir şekilde rahatlatabiliriz:

Yalnızca en cesurlar zirveye çıkabilir. Diğer insanları sömürdüğümüz için suçluluk duygusuna kapıldığımızda tek yapmamız gereken, kendi kendimize başkalarının sorumluluğunu almak zorunda olmadığımızı, herkesin kendi ayakları üstünde durmayı öğrenmesi gerektiğini fısıldayarak, bu bireysellik ifadelerinin bizi suçluluk duygumuzdan arındırmasını sağlamaktır.

'Luke Larkin'in Şansı (Luke Larkin's Luck)' hikayesindeki şans önceden kestirilemeyen ve üzerinde herhangi bir kontrolümüzün olmadığı bir şeydir. Kişi çabalarının o yere göğe sığdırılamayan 'başarıya' ulaşmasını sağlayacağından nasıl emin olabilir ki? Modern insanlarda ülser ve kalp rahatsızlıklarını araştıran hekimlerin "A tipi davranışın en önemli sebeplerinden biri her yere yayılmış olan bir Horatio Alger mitidir" demelerine şaşmamalı.[99] Bu, günümüzde hırslı, devamlı bir telaş içinde, gergin, verimsiz, rekabetçi ve strese bağlı hastalıklardan mustarip kişiyi tanımlamakta. Araştırmacılar da haklı olarak bu durumun "Horatio Alger mitince beslendiğini" ifade ediyorlar.[100]

Luke Larkin'in bu hikayesindeki 'şans' kelimesi, Rönesans Tanrıçası Fortuna[101] mitinin bir yinelemesidir ki o da Zeus'un yanından ayrılmayan mitsel Tike'nin bir devamıdır. Hiç durmadan dönen bir çarkın üzerinde resmedilir ve dünyanın etrafındaki yolculukları esnasında "gelişigüzel bir şekilde etrafa hediyeler dağıtırken, duyarsız bir şekilde sağa sola gülücükler saçar." Bizim kültürümüzde bu hala

---

99 *New York Times*, 14 Şubat 1984.

100 Bu düşüncenin halen geçerli olduğunu gösteren en iyi örnek, her akşam kapanışını şu cümleyle yapan bir televizyon programıdır: "Amerikalılar hayatta kalmak istemiyor, başarılı olmak istiyorlar."

101 Şans Tanrıçası. (ç.n.)

daha ziyade 'şans'a bağlıdır; Fortuna'nın ne yapacağı önceden kestirilemez, borsanın keyfine ve üzerinde çok az ya da hiç kontrolümüzün olmadığı daha başka pek çok şeye bağlıdır.

CENNETTE MODERN KÖTÜLÜK

İşin en dramatik yanıysa, eski Başkan Reagan'ın da Horatio Alger mitinin sözcülüğünü yapmış olmasıdır. Yokluktan bolluğa ifadesinin hayat bulmuş halidir: Konferanslarında sürekli çocukken "yulaf eti" yediğini anlatmıştır. Şimdi de milyoner olmuştur, her Amerikalının en büyük ideali. Konferanslarından birinde, açık bir şekilde zenginlerin mi yoksa fakirlerin mi yanında olduğu sorulduğunda kesin bir ifadeyle şöyle yanıt vermiştir: "Her şeyden öte, bu ülkenin *herkesin her daim zengin olabileceği bir ülke olarak kalmasını istiyorum.*"[102] İşte soluksuz bir şekilde ifade edilen Horatio Alger miti; yani bu ülkenin Horatio Alger mitinin peşinde koşmaya devam etmesine karşı duyulan istek. Başkan Reagan aynı zamanda kendi fikrine –ve muhtemelen gerçekliğe– göre Dow Jones ortalamasındaki inanılmaz yükseliş ve sebep olduğu para harcama çılgınlığını "tarihteki gelmiş geçmiş en önemli girişimcilik başarısı" olmasıyla gurur duymaktadır.[103]

Borsa, şimdiye kadar hayal dahi edilemeyen bir seviyeye yükseldi. Para özgürce akmaya başladı ve kredi kartlarına kuşanan halk muazzam bir alışveriş çılgınlığına

---

102 New York Times, 29 Haziran 1983.

103 Yetkili bir kişiden, Dow Jones ortalamasındaki bu muazzam artışın nedeninin Amerikan sanayisindeki ilerleme değil de, borsaya Japonya'dan akıtılan paralar olduğunu duydum.

kapılmış gibiydi. Hem televizyonda hem de radyoda Coolidge'in yarım yüzyıl öncesinde kalan şu ifadesini hayata geçirenlerle çevrelenmiştik: "Reklam, daha iyi şeylere karşı duyulan arzuyu yaratan şeydir." Bilgisayar teknikleriyle video kayıt cihazlarındaki ilerlemelerin yanı sıra, gemi ya da uçakla yolculuk yapma imkanları önümüzde her an yepyeni olasılıkların açılmasını sağlıyordu. Genç insanlar işletme okullarını dolduruyor, gazeteler daha yirmili yaşlarında "voliyi vuran" genç milyonerleri idealleştiriyordu. Reagan da kendi deyişiyle bu "bolluk mucizesi" için kısmen de olsa kendine pay çıkarıyordu. İş dünyasında bireyselliğin altın çağıydı.

Çağrı yoluyla hisse senedi toplanması üzerine yazan bir yazarın ifade ettiği gibi: "Bu Amerikan rüyası: Bronxlu bir gencin ya da Wisconsin kırsalında yaşayan bir oğlanın Wall Street'i ve kurumsal Amerika'yı dönüştüren hisse senedi savaşlarının bir parçası olması ve daha otuz beş yaşına gelmeden milyonlar kazanması."[104]

Bu finansal yükselişe paralel olarak aynı zamanda kumarda da büyük bir artış yaşandı. "Pennsylvania'da piyango ikramiyesi baş döndürücü bir rakam olan yüz on beş milyon dolara ulaştı... Bir zamanlar kitlesel mantıksızlıklara demokratik hükümetler için bir tehdit gözüyle bakılırdı. Fakat bu piyangolar çağında ...kitlesel histeri kamusal finansın önemli bir parçası." Kumarın zengini değil de fakiri soyup soğana çevirdiği bilinen bir gerçektir. Kumar Fortuna mitinden –yani "şansımızla" zengin olabileceğimiz düşüncesinden– güç alır. Ve böylelikle televizyon ekranlarında bize apaçık bir şekilde gösterilen o kahkahalar atan zengin insanların hayatlarını sürebiliriz

---

104 Moira Johnston, *Devralma (Takeover)*.

Bu kitap yazılırken yirmi altı eyalette eyalet hükümetinin desteklediği piyangolar düzenlenmekteydi ve bu sayı her geçen gün artmaya devam ediyor. *Newsweek*'e göre, "Amerika'daki kumar çılgınlığı ...milyonlarca Amerikalının haftalık, hatta günlük rutininin bir parçası." Piyango kazanımları yılda yüzde 17,5 oranında artmaya devam ediyor. George Will şunları söylerken haklı: "Kumar, tahmine dayanan bayağı bir oyun, anında zengin olmaya karşı duyulan bir istek... Bu piyangolar çağı tam bir kitlesel histeri."[105]

Kumar ve piyangolarda birkaç güçlü mit açığa çıkar. İlki *anne memesidir*: Kişinin yalnızca ağzını açması yeter, büyülü bir şekilde meme ağzına geliverir. Bir diğeri de kişiyle gizliden gizliye ilgilenen bir tanrıça tarafından beslenmektir. Yani bu ülkenin ifade edilen amacı –üretimin artırılması– kumar tarafından güçlü bir şekilde baltalanmaktadır. Borsada ya da şans veya bahis oyunlarında kazanma umudu ne kadar güçlü olursa, kişinin dürüst bir şekilde çalışmak için harcayacağı çaba da o denli zayıf olur. Böylelikle iş anlamsızlaşır: Mitlere göre kişi gökten gelecek refaha kavuşacak ya da daha uygun bir ifadeyle cinlerin dünyasından arta kalanlar ona yetecektir.

George Will'in kumarla ilgili ifadeleri şöyledir:

> Kumar tutkusu, 'kitlelerin kaderciliği' adı verilen durumu yansıtır ve alevlendirir. Şansın, ihtimallerin, rastlantısallığın ve kaderin önemine ne kadar çok insan inanırsa çalışkanlık, tutumluluk, yaşanacak zevkin ertelenmesi, çaba, gayret gibi değerlerin önemine de o kadar az insan inanmaya başlar. Piyangoların –beceri gerektir-

105 Tüm George F. Will alıntıları *Newsweek*'ten yapılmıştır, 8 Mayıs 1989.

meyen kumar, tembeller için kumar– ülkedeki üretkenlik, rekabetçilik, tasarruf oranı ve akademik performansın düştüğü bir dönemde bu denli artması ne yazık ki çok anlaşılır bir durum.

MELANKOLİ ÇAĞI

Amerika'daki piyango ve alışveriş çılgınlığının sinsice gülümseyen yüzünün altında kitlesel bir psikolojik depresyon hali yatmaktadır. Bu durum, Ulusal Ruh Sağlığı Enstitüleri tarafından iki yıllık bir süre zarfında yürütülen çalışmalarca ortaya konulmuştur. İkinci Dünya Savaşı'ndan bu yana bir şey oldu: Psikolojik depresyon on kat arttı.[106] Bu çalışmayı yürüten psikologlardan Martin Seligman, elde edilen sonuçları şöyle özetliyor: "Eğer son elli yıl içinde doğduysanız, o dönemden bir elli yıl daha önce doğmuş olan nüfusa kıyasla ciddi bir depresyona girme riskiniz on kat daha fazla."[107]

Bu çalışmadaki görüşmeler iki yıl sürdü; bu süre zarfında dokuz bin beş yüz kişiyle görüşüldü. Yöneltilen sorular kişilerin uzun süren karamsar ruh hallerine maruz kalıp kalmadıkları, intihara yönelik düşünceleri olup olmadığı, normalde keyif aldıkları faaliyetlere dair motivasyonları-

106 James Buie, 'Me' Decades Generate Depression,' *Monitor* (Amerikan Psikoloji Derneği) 19, no. 10 (Ekim, 1988), Dr. Martin Seligman'ın araştırmalarının özeti.

107 Bu özetler, Martin E.P. Seligman tarafından 'Günümüzde Neden Bu Kadar Fazla Depresyon Yaşanıyor?' başlığıyla Amerikan Psikoloji Derneği'ne sunulan rapordan alınmıştır. Bu araştırmalar kısmen dernek tarafından verilen 40142 numaralı teşvikle ve aynı zamanda Mac Arthur Vakfı Araştırma Ağı tarafından Sağlığı Teşvik Eden ve Sağlığı Bozan Davranışlarla ilgili çalışması için Seligman'a verilen teşviklerle desteklenmiştir.

nın azalıp azalmadığı ve lityum ya da benzeri ilaçların yazıldığı psikolojik depresyon halleriyle ilgiliydi.

Dr. Seligman, son elli yıl içinde kitlesel bir depresyon salgınının psikolojik ve ruhani rehberlik eksikliğiyle kol kola yürüdüğünü belirtmektedir. Tanrıya inancı oldukça düşük seviyede olan bir kültürde ailenin etkisi de yok olup gitmiş durumdadır.

Kişilerin ve özellikle de gençlerin kişisel başarısızlık durumlarında teselli bulmak ya da yeni bir yol çizebilmek için yönelecekleri kaynaklar iyiden iyiye azalmıştır. Kişinin artık son çare olarak sığınacağı tek liman kendisidir ve Seligman'a göre bu durum gerçekten de sağlıksızdır. 1970'li yıllarda gençler arasında artan intihar oranından bahsetmiştik ve bu çalışmalar da bahsi geçen iç karartıcı istatistiği bir bağlama oturtmakta.

Kendi önyargılarına karşı bilimsel bir kontrol yapmak amacıyla Seligman ve arkadaşları iki ilkel kültürü de incelemişlerdir. Bunlardan biri, otomobilleri olmayan ve modern Amerikan toplumu adını verdiğimiz düzenden hiçbir şekilde etkilenmeyen erken on dokuzuncu yüzyıldakilere benzer bir toplum düzenini sürdüren Pennsylvania'nın Lancaster Bölgesi'ndeki Amişler'di. Diğeriyse Yeni Gine'deki Kaluliler. Araştırmacılar, bu toplumlardaki kişilerin bir başarısızlık ya da kişisel kayıp yaşadıkları durumlarda başvurdukları mitler ve ayinlerden oluşan oturmuş sosyal yapılardan geçtiklerini gördüler. Mitlerdeki çöküntü iyileştirilir ki böylelikle kişi büyük bir içsel kayıp yaşamadan kendini toparlayabilir.

Ancak bizim kültürümüzdeki bireylerin, herhangi bir başarısızlık sonrasında kendilerini toparlamaya çalışırken "Çok küçük ve kırılgan bir yapı: Benlik" dışında herhangi bir dayanakları yoktur. Bu da psikoterapi mesleğinin neden bu denli bir yükselişte olduğunu açıklayan sebeplerden biridir; kaldı ki psikoterapi, depresyon salgını karşısında ne yapılması gerektiği sorusuna verilecek yeterli bir yanıt değildir. Daha önceki bölümlerde ifade ettiğimiz gibi, Amerikan halkının belli başlı birkaç toplumsal kılavuzu vardır; ihtiyaç duydukları anlarda onları teselli edecek bir ayinleri ya da mitleri yoktur.[108]

Bireysel alım gücünün büyüklüğü, "dinin ve ailenin etkisinin yanı sıra, ulusa bağlılığın azalması sonucunda inancın depresyon karşısında tampon oluşturma etkisi zayıflamıştır."

Martin Seligman, kendisi ve çalışma arkadaşlarının şu önerilerini çözüm olarak ortaya atmaktadır: "Korkutucu olasılıklardan biri de bireyselliğin sunduğu o tatlı özgürlüğe palas pandıras kendimizi kaptırmamız, depresyondan kurtulup hayatımıza anlam katabilmek için kişisel kontrol ve benliğimize dair endişe etme duygusundan vazgeçmemizdir. Yirminci yüzyıl, hastalıklarından kurtulmak için tam da bunu yapan toplumlara dair örneklerle doludur. Hem Amerika'da hem de dünyanın geri kalanında köktendincilik anlayışına karşı duyulan halihazırdaki özlem de böyle bir arzuya benzemektedir." Özellikle Batı sahilinde etkili olan tarikatlara yöneliş de bu duruma verilebilecek bir başka örnektir.

Ancak Seligman "daha umut vaat eden bir olasılık" ortaya atmaktadır: "Korkutucu özgürlükleriyle bireysellik ve ortak faydaya bağlılık arasında kurulacak bir denge depresyonu azaltırken hayatı daha da anlamlı kılacaktır."

Biz burada Seligman'ın tarif ettiği toptancılık hastalığının belirtilerinden birinin, yani yaşatılabilecek durumda

108 Bkz. Üçüncü Bölüm, suç ve zayıflayan aile etkisi arasındaki ilişki.

olan mitler ve ayinlerle ilgili eksikliğimizin altını çizmekteyiz. *Bu topyekun depresyonla yüzleşebilmemiz için gerekli psikolojik yapıyı sağlayacak mitleri yeniden keşfetmemiz hayati önem taşımaktadır.* Aksi takdirde uyuşturucu kullanımının yıkıcı etkileriyle asla başa çıkamayız.

NARSİSİZM, UYUŞTURUCU VE PARA

Bill Moyers, New York'ta günün herhangi bir saatinde köşe başında duran genç oğlanlardan uyuşturucu ve özellikle de kokainle crack alınabilecek bir bölgeye gitti. Etrafta hiç polis yoktu; insanlar ona birkaç ay önce orada bir "aynasızın" vurulduğunu, birkaç gün süreyle orada ekiplerin devriye gezdiğini, fakat daha sonra gittiklerini anlatmıştı. Bizzat oradaki oğlanlar Moyers'a kokain ve crack satmaya on iki yaşında başladıklarını söylediler. Saflarında eksilen olduğunda açılan satıcı boşluğunu dolduracak biri mutlaka oluyormuş. O bölgede yapılabilecek tek iş buymuş. Moyers'ın etrafına toplanan grubun içinde üniversite öğrencileri de vardı. Bu görüşme esnasında Moyers oğlanlara açık açık neden uyuşturucu sattıklarını sordu. Verdikleri yanıt çok basitti: "Para, para, para."

Toplumumuzun önemli bir kesiminin ulaşmak istediği hedefin bu olduğunu öğrenmişlerdi. Televizyonda, o dönemde milyonlarca doları zimmetine geçirdiği için hapse atılan borsa simsarı Ivan Boesky'yi görmüşlerdi. Aynı zamanda, bir milyon doları olanlara ünlü muamelesi yapıldığını ve gazetelerde boy boy fotoğraflarının çıktığını da görmüşlerdi. Bu çocuklar, genç insanların otuz yaşına gelmeden milyon dolar kazanabilmek için işletme master'ı yaptıklarını da görmüşlerdi; buna nasıl ulaştıklarının önemi yoktu. Moyers örnek aldıkları biri olup olmadığını sordu. Buna karşı çıkan gençler Watergate skandalından, Boesky'den, North'tan ve ülke çapındaki onlara benzer diğer kişilerden bahsettiler. Bu gençler Pennsylvania'da piyango ödülünün yüz on beş milyon dolara ulaştığının, ülkedeki eyaletlerin yarısında buna benzer kumar oyunlarının yürürlükte olduğunun ve bu sayının giderek arttığının farkındaydılar.

Tesadüfen, Moyers'ın yaptığı bu görüşmenin haberinin hemen ardından televizyonda eski Başkan Reagan ve eşinin Japonya'daki havaalanına indikleri gösterildi. Reagan'ın ertesi gün yapacağı yirmi dakikalık iki konuşma için iki milyon dolar alacağı açıklandı. İnsan bu gençlerin hedeflerini "Para, para, para!" olarak belirtirken, haklı olup olmadıklarını düşünüyor.[109]

Erken dönemde Amerika'ya yerleşenler için büyük önem taşıyan bireysellik mitinin izlerini Whitman'ın şiirlerinde ve Horatio Alger mitinde sürdük. Hiç şüphe yok ki, bu etkiler günümüzdeki mitler ve yaşam şeklini etkileyip ona biçim vermiştir. Bu mitleri, yirmi birinci yüzyılda yapıcı bir hayat sürdürebilmemizi sağlayacak, bilincimizde yeniden biçimlendirecek şekilde Amerika'daki hayatın nasıl şekillendiğini ve sonrasında nasıl yeniden şekillendirildiğini ortaya koymaya çalışacağız.

109 Michael Milken'a kesilen altı yüz milyon dolar gibi yüksek meblağlar da modern hayatta bu kadar çok para kazanabilecek olduğu fikrini desteklemektedir. *New York Times*, 25 Nisan 1990.

SEKİZİNCİ BÖLÜM

GATSBY VE AMERİKAN RÜYASI

> Hayatı karman çorman ve düzensizdi ...ama bir kez herhangi bir başlangıç noktasına dönüp yeniden başlayabilirse, bunun ne olduğunu bulabilirdi.
>
> F. Scott Fitzgerald, *Muhteşem Gatsby*

Birinci Dünya Savaşı'nın 1918 yılında sona ermesiyle Amerika'da herhangi bir hedefi olmayan çok yoğun bir enerji açığa çıkmıştı. Görünüşe bakıldığında herkes Versay anlaşması nedeniyle havada kalmış savaş çabalarına katılmak için başıboş tutkularla doluydu. Bu enerjimiz nasıl ortaya konulacaktı? Önemli bir kısmı, on iki yıllık şaşırtıcı bir fenomen olan Caz Çağı'na yöneltildi.

CAZ ÇAĞI

Saksafonların nostaljik bir şekilde inleyip durduğu bu çağ, hemen her şeye baş kaldırılan bir dönemdi. Yasaklanma Dönemi ve Volstead Kanunu organize suça büyük bedeller ödeterek, genel anlamda tüm kanun ve ahlak düzeninin atası halini almıştı. 'Püritanizm' çirkin bir kelimeydi. İsyan özellikle kadınların tarzlarında çok belirgindi: Uzun saçlar demode olurken, Fransız stili küt kesilmiş saçlar yeniden moda oldu ve kadınlara özgü uzun saçların bu şekilde kesilmesi karşısında insanların kapıldığı dehşet duygusunu günümüzde anımsayabilmek bizim için biraz güç. Kadınlar ayak bileklerine kadar uzanan elbiselere isyan edince, elbiseler aniden John Held Jr. karikatürlerinde olduğu gibi dizin üstüne çıktı. Charleston ve ragtime ile birlikte dağınık saçlı kızlar sarmaş dolaş öpüşüp koklaşmaya başladılar ve otomobil de bu sonuna kadar götürülmeyen cinselliğin hareketli mekanı haline geldi.

1920'li yıllarda para su gibi akıyordu. Politikada Warren Gamaliel Harding'in yürüttüğü başkanlık utanç verici bir şekilde sonlandı ve günümüze kadar uzanan dönemdeki diğer tüm skandalları gölgede bırakan Teapot Dome Skandalı[110] patlak verdi. Başkan Coolidge'in yaptığı "Amerika'nın işi iştir" açıklamasından güç alınmasıyla birlikte borsada hisse senetleriyle oynanmaya başlanan kumarın boyutları borsanın çöktüğü, bankaların kapandığı ve Büyük Buhran döneminin başladığı 29 Ekim 1929 tarihine kadar fark edilmedi.

Bu Caz Çağı'nda kendimiz de dahil olmak üzere her şeyi 'satma' isteğinde muazzam bir artış yaşandı. Kişiliğinizi işverenlere ya da kendinizi sevgilinize ve olası kayınvalide adayınıza nasıl satabileceğinizle ilgili kitaplar yayımlanıyordu. *Kendinizi* satmak iyi bir şeyken, köşe başında *kendi bedenini* satmanın neden kötü olduğuna dair ayrım asla çok açık değildi. New York'ta başarılı bir rek-

---

110 1920'li yıllarda Amerikan hükümeti ve büyük petrol şirketlerinin karıştığı çok büyük bir skandal. (ç.n.)

lamcı olan Bruce Barton'ın İsa'yı büyük satıcı olarak resmettiği *Kimsenin Tanımadığı Adam (The Man Nobody Knows)* kitabı ülke çapında okundu. Hemen-zengin-olma planları teşvik ediliyordu; neredeyse herkes sonradan aslında vıcık vıcık bir bataklık olduğu ortaya çıkan Florida'dan mülk alma telaşına kapıldı. Tarikatlar vardı: Aimie Semple McPherson, Peder Coughlin gibi...

Amerikan rüyasının alaşağı olacağını haber veren sancılardan ilkinin Caz Çağı olduğunu ortaya atıyorum. *Dört yüz yıl süreyle Amerika'nın varlığını destekleyen mitlerin yapısı ciddi bir dönüşüm sürecine giriyordu.*

Öncü mitinin temel formülü haline gelen "öncülük hipotezini" ortaya atan Frederick Jackson Turner, ne kadar önemli bir dönemden geçtiklerinin ayırtında değilmiş gibi görünüyordu. Turner, orta batı üniversitelerinin eğitimli liderler yetiştirerek demokrasiyi kurtaracağına inanıyordu.

Eğitim ve bilimin, bu eğilimleri değiştirerek hayatın sorunlarına karşı rasyonel bir çözüm önerecek güçler ... olduklarına inanıyorum. Duruma uyum sağlama yöntemleri konusunda cesur davranabilen ...dünya barışını hedefleyen ...entelektüel uğraşıyla çözüm arayan insan zihnine güveniyorum.[111]

Turner, bu idealist ifadeleri Caz Çağı'nın ortasında, yani 1924 yılında yazdığında Büyük Buhran'ın kaçınılmazlığı ve Amerika'nın üzerinde yükseldiği mitlerin yapısında radikal bir kayma olacağına dair hiçbir belirti yoktu.

İşte bu Caz Çağı döneminde, altta yatan mitlerdeki bozulmanın tarihini yazıp, tüm bunların çökeceğini öngören

---

111 Smith, *Bakir Topraklar (Virgin Land).* Fakat Turner'ın gelecekle ilgili endişeli olduğu çok açık; son derece rahatlatıcı ifadeler kullanıyor.

bir sanat eseri ortaya koyuldu. Bu eser, F. Scott Fitzgerald'ın klasikleşmiş *Muhteşem Gatsby* kitabıydı. Fitzgerald, Caz Çağı'nın en mükemmel sesi olarak bilinmektedir. Bu çılgın çağın ruhunu kendi yakışıklı, sportif bedeninde ve muazzam hayal gücünde taşıyordu. Adını, Amerika milli marşını yazan uzak akrabası Francis Scott Key'den alıyordu. Scott, nesillerdir annesinin ailesine ait olan St. Paul Minnesota'daki bir evde aşırı baskıcı bir anne tarafından yetiştirilmişti; babasıysa annesinin ailesi tarafından iş dünyasında başarısız olmuş biri olarak görülüyordu. Annesi, başarısız kocası yerine Scott'a gereğinden fazla ilgi gösteriyordu.

Scott'ın dans okulundaki partnerlerinin gençlik aşkı olduğunu ve daha küçük yaşta yazmaya başladığını; sonrasında, Princeton'da mükemmel bir müzikal yazdığını, fakat matematik ve kimya derslerinden kaldığı için okuldan atıldığını; New York barlarında fedailerle kavga edip dayak yedikten sonra, kendini toparlayıp yazmaya devam ettiğini; Princeton'daki okul kulübü buluşmasına gidip, her iki gözünün de morardığı bir kavgaya karıştığı için uygunsuz davranışları nedeniyle kulüp arkadaşları tarafından dışarı atıldığını ve pencereden tırmanıp gerisingeri içeri girdiğini görüyoruz.

Fitzgerald, Caz Çağı'nın karmaşasıyla romantizminin göbeğinden yazıyordu. Arkasında borçlarını ödeyebilmek için yazdığı çok sayıda orta karar hikaye, birkaç iyi kitap ve dahiyane bir eser olan *Muhteşem Gatsby*'yi bıraktı. Editörü Maxwell Perkins'e göre, bu roman okurlara "bir sonsuzluk hissi" veriyordu. Caz Çağı'nın aklı karışık, kendi kendine acıyıp duran, fakat trajik ruhunun en dokunaklı ifadesiydi. Bu roman, Plymouth Rock'ta karaya çıkıldığı günden bu yana Amerika'ya başarılı bir şekilde yön vermiş olan Amerikan mitinin trajedisini ortaya koyuyordu.

Fitzgerald, kariyerinin bir noktasında alkolizm ve zamparalıktan sıyrılıp –sonrasında Edna St. Vincent Millay tarafından yaşlı bir kadının sahip olduğu paha biçilemez bir mücevher olarak nitelendirdiği– o mükemmel hayal gücünü de alarak, büyük yeteneğinin hakkını verebilecek bir kitap yazmak üzere inzivaya çekildi. Editörü Maxwell Perkins'e verdiği söz buydu. Tıpkı kitabındaki Gatsby gibi, o da hayatındaki karmaşaya neden olan şeyi bulma peşindeydi. Gatsby için o "şey" Daisy'ye aşık olduğunda başına gelenlerdi. Gatsby'nin (ve Fitzgerald'ın) hayatlarının blokları,

...ağaçların üzerinde kalan gizli yere uzanan bir merdiven oluşturuyordu; bu merdiveni tırmanabilirdi. Bunu tek başına yaparsa, oraya ulaştığında yaşamın özsuyunu emip merak duygusunun o eşsiz sütünü tadabilecekti ... bir an için bir yıldıza dokundurulan ses çatalını dinleyebilecekti.[112]

Muhteşem Gatsby, Fitzgerald'ın ruhani otobiyografisidir. Bu kitapta "sonsuza dek" ifadesini sıklıkla kullanır; Maxwell Perkins ona şöyle yazmıştır: "Ara ara gökyüzüne bir bakış atarak sonsuzluk hissi uyandırabiliyorsun." Bu, günümüzün mitleriyle uğraşan bir kitaptır; "küresel bir vizyonun sembolik doğruluğuna" sahiptir.

TRAJİK BAŞARI

Kuzey Amerikalı beceriksiz ve başarısız çiftçilerin oğlu olan Jim Gatz, Amerikan mitlerinden olan Proteus'u bir biçimde yansıtmıştır. Kendini yeniden yaratabileceğine, ailevi bağlarıyla köklerini inkar edip yeni bir kimlik oluş-

---

112 *Muhteşem Gatsby.*

turabileceğine inanıyordu. Zaten hayal gücünde onların ebeveynleri olduğunu asla kabullenmemişti.

Gatsby daha çocukken bir resimli roman kitabının arkasına büyük bir başarı elde etmesi için uyması gereken kişisel gelişim kurallarını yazmıştı; yani kendi Horatio Alger hikayesini. "Gerçek şu ki" diye yazar Fitzgerald: "West Egg, Long Island'dan gelen Jay Gatsby ...kendisine dair Platoncu bir kavrayıştan yola çıkarak ...on yedi yaşındaki bir gencin yaratabileceği bir Jay Gatsby yarattı ve bu kavrayışa da sonuna kadar sadık kaldı." Biyografisini yazan Andrew Le Vot'a göre, Fitzgerald bu kitabında "Kendisinin ve parçası olduğu neslin yüzleştiği sorunları otobiyografik metinlerinde olmadığı kadar iyi bir şekilde yansıtmaktadır... Bir tür günah ve düşüş hissiyatıyla dolu olan *Gatsby*'de Fitzgerald, insan doğasının tüm zayıflığıyla düşkünlüğünü kendisinde toplamıştır."[113]

Tıpkı Horatio Alger mitindeki Luke Larkin gibi, Gatsby de başlangıçta, demirleyen yatın zarar görmesine neden olacak kayalığa dair uyarıda bulunmak üzere yüzerek yanına gittiği yat sahibi zengin Bay Dan Cody ile arkadaş olur.[114] Cody ona iş ve mavi bir yatçı üniforması verir ki bu da Gatsby'nin roman boyunca bürüneceği üniformaların ilkidir; Daisy ile flört ettiği asker üniforması, daha sonrasında köşkünde eğlenirken giydiği beyaz takım elbisesi (hatta Daisy daha sonra, "Hep çok havalı görünürsün!" diyecektir).

Askeri eğitimi için Louisville'e gönderilen Gatsby, ora-

113 Andre Le Vot, *F. Scott Fitzgerald'ın Biyografisi (F. Scott Fitzgerald, A Biography)*.

114 Cody'nin aynı zamanda Buffalo Bill'in asıl adı olduğunu hatırlayalım. Fitzgerald Amerikan mitolojisine olan bağlarını bu şekilde de ortaya koymuştur.

da kadın varis Daisy'ye aşık olur. Etrafta açmaya başlayan bahar leylaklarının altında aşklarını derinleştirirler. Savaş bitene kadar birbirlerini beklemeye söz verirler. Fakat Gatsby onun konformist yapısına, zayıf karakterine, "dans eden ayaklar ve her şeyin ardında yatan talihe" olan bağlılığına güvenmiyordu. Avrupa'dayken Tom Buchanan adlı Chicagolu yüksek sosyete mensubu zengin bir adamla evlendiği haberini alan Gatsby, onu yeniden elde etmeye yemin eder. Tüm hayatını buna adar, adını ve giyim kuşamını değiştirir, beş ay boyunca Oxford'a gidip yeni bir aksanla Amerika'ya döner, zengin olur ve Long Island adasındaki "mavi çimenliği" olan malikaneyi satın alır. Her şey tek bir amaç içindir; yaz aylarını Tom'la birlikte Long Island adasında geçiren Daisy'yi geri kazanabilmek.

Tipik bir Amerikalı gibi hayallerini gerçeğe dönüştürebileceğine dair inancı tamdır. Yaz aylarını geçirmek üzere malikanenin hemen yanındaki sıradan evi kiralayan Nick'in de hayata dair kendi görüşleri vardır; orta batıdan gelip sonrasında Yale'e gittiği için konformist, ahlaklı, Püriten bir yapıya sahiptir ve bunlar Gatsby'ninkilerle taban tabana zıttır. Fakat Nick, Gatsby hakkında şöyle bir itirafta bulunmaya zorlanır: "Onda mükemmel bir şey vardı, hayatın vaatlerine karşı yüksek bir hassasiyet." Gatsby'nin "inanılmaz bir umut etme yeteneği, daha önce kimsede görmediğim ve muhtemelen bir daha asla göremeyeceğim romantik bir hazır olma durumu" vardı.

Gatsby, Amerikan sembollerinden biri olan ve kitapta pek çok kez karşımıza çıkan "Yeşil Işık" mitine koşulsuz olarak inanıyordu. Yeşil ışık sanki Gatsby'yi kışkırtmaya çalışıyormuş gibi Daisy'nin kaldığı evin iskelesinin ucundaydı. Komşusunu ilk kez bir akşamüzeri, bahçesinde adanın karşı kıyısındaki yeşil ışığa bakarken ve kollarını hasretle havaya kaldırırken gören Nick, "Ve titrediğini gördüğüme yemin edebilirim" der.

Bu sonsuz Yeşil Işık, Amerika'nın açıklayıcı mitlerinden biridir; zira yeni olasılıklar, aşılacak yeni sınırlar ve yeni bir hayatın hemen köşe başında olduğu anlamına gelir. Kader yoktur ya da varsa bile onu biz kendimiz inşa ederiz. Yeşil Işık, bizi her daim yükselerek sonsuzluğa uzanan gökdelenlerde, daha büyük ve daha iyi şeyler vaadiyle durmaksızın ileri ve yukarı çağırır. En büyük illüzyonumuz halini alarak, yaşadığımız her türlü güçlüğü örtbas edip, hiçbir suçluluk duygusu duymadan kötü adımlar atmamıza neden olur; şeytani güçlerimizi ve karşılaştığımız sorunları uçarı vaatleriyle görünmez kılarken bu süreçte tüm değer yargılarımızı altüst eder. Horatio Alger'in habercisi olan Vaat Edilen Topraklar mitidir.

Gatsby'nin Horatio Alger bağlamında başarılı olduğu açıktır; çok zengin olur ve her ne kadar bilincinde olmasa da on dokuzuncu yüzyıldan bize kalan bu mite kendini iyiden iyiye kaptırır. Yarı cahil babası, daha sonra göreceğimiz üzere bir Chicago gazetesinde oğlunun ölüm haberini okuyunca North Dakota'dan kalkıp oraya gider ve oğlunu tabutta görmenin verdiği üzüntüyü, etrafta gördüğü Gatsby'nin muazzam başarısının izleri karşısında kapıldığı coşkuyla aşar: "Harika bir gelecek onu bekliyordu ...yaşasaydı, müthiş biri olurdu. James J. Jill Hill gibi. Ülkenin gelişmesine katkısı olurdu."

Gatsby'nin çok parası olduğu barizdi; tabii bu paralar Caz Çağı'nda pek çok kişinin yaptığı gibi yasadışı yollarla kazanılmıştı. Amerika'da zengin olmanın doğru ya da yanlış yöntemleri arasında asla keskin çizgiler olmamıştır. Borsa mı oynuyorsunuz? Teksas'taki kulübenizin altında petrol mü buldunuz? Washington eyaletinin Douglas köknarlarıyla kaplı geniş arazilerini mi talan ediyorsunuz? Watergate sahtekârlarından biri olarak hapisten çıktıktan sonra konuşma yapmak için tonla para mı alıyorsunuz? Amerikan rüyasındaki önemli şey, her daim zengin *olmak* olmuştur ve sonra *bu zenginlik, içinde bulunduğunuz durumun onaylanmasını sağlar*. Başarılı olma gerçeğiniz tanrının size gülümsediğinin ve kurtarılmışlar arasındaki yerinizi aldığınızın kanıtıdır. Bu durumun nasıl olup da tam anlamıyla Kalvinist bir şekilde on birinci emir olarak zenginliğe dönüştüğünü görmek güç değildir.

Para her şeyi satın alabilseydi, Gatsby dünyanın en şanslı adamı olurdu. Fakat tüm bu başarı ve para Gatsby'yi esir alan ve bunu hayatının gerçekliği olarak görmesine neden olan hayalini gerçekleştirmeye gidiyordu. Para, kalabalık partiler, ışıl ışıl parlayan malikaneler, su gibi akan içkiler, yüzlerce insan güve kelebekleri gibi ışığa doğru akın ederken etrafta duyulan caz müziğini çalan orkestralar satın alabilirdi. Ancak tüm bunlar, önünde sonunda Daisy'yi kendisine çekecek olması sebebiyle önemlidir. Gatsby, mitine sadık bir şekilde bunda da başarılı olur; Daisy gelir ve yavaş yavaş Gatsby'nin kalbinde çok önemli bir yer tutan sözleri sarf etmeye başlarlar.

Gatsby'nin trajik hatası, rüyasını –yani Amerikan rüyasını– gerçeklikmiş gibi görmesiydi. Buna tam bir inancı vardı ve dönüşümüyle birlikte nihai başarısının mutlaka gerçekleşeceğine dair en ufak bir şüphesi yoktu. Nick, "kapıldığı illüzyonun muazzam diriliği"nden bahseder. Eğer Kierkegaard "Kalbin saflığı, tek bir şeyi istemektedir" derken haklıysa, Gatsby'nin kalbi gerçekten de tam anlamıyla saftı. Nick'e tek amacının Daisy'nin hep yalnızca onu sevdiğini ve seveceğini itiraf etmesini sağladıktan sonra en başında planladıkları gibi Louisville'deki malikanede evlenmek olduğunu söylediğinde, Nick itiraz eder: "Geçmişi yeniden yaşayamazsın." Gatsby'nin yanıtı şöyle olur: "Geçmişi yeniden yaşayamaz mısın? Elbette ki yaşarsın."

Nick, Gatsby'nin sürmekte olduğu hayata –servetini içki kaçakçılarıyla olan ilişkileri sayesinde yapması ve gangsterler için çalışması– dair nefretini aşar. Gatsby'nin hedefine ulaşmak için başvurduğu yozlaşmış yöntemler, temelinde yatan dürüstlüğü ve ruhani sağlamlılığını bozmamıştır, diye yazar Le Vot. Kullandığı yöntemler, içinde yaşadığı dönemin yozlaşmışlığının bir yansımasıdır ve servet edinmeyi hedefleyen yoksul bir şövalyenin başvurabileceği tek yoldur. Nick'in keşfettiği üzere, gerçek yozlaşma Gatsby'den nefret edenlerin kalbinde ve özellikle de Tom'unkinde yatar. Gatsby'nin bütünlüğü, hayal etme cesareti ve hayaline olan bağlılığında yatıyordu; Myrtle Wilson'a çarpıp ölümüne sebep olduğunda, arabanın kendisinin değil de Daisy'nin olduğunu söylemek bir an için aklından dahi geçmemişti. Yanlış yola sapacak olan Gatsby değildi, der Nick: "Erkeklerin beyhude acıları ve kısa süren sevinçlerine olan ilgimi geçici bir süreliğine de olsa bastıran şey hayallerinin tozu dumana katmasıydı." Benzer şekilde, bizim hedefimizi şaşırtan şey de Amerikan mitinin kendisi değil; bu rüyanın "tozu dumana katmasıdır." Artık geçerli olmadığında Horatio Alger mitine tutunur; dünyadaki yoksulluk ve açlığı rasyonelleştirmek için eski mitleri kullanır; çoktan ölmüş olan bir geçmişten medet umulmasıyla birlikte gitgide artan bir şekilde ortaya çıkan paranoyadır.

Fakat Gatsby'nin hayali çok ısrarcıydı. Plaza Otel'deki büyük yüzleşmede ondan Tom'a kendisini hiç sevmediğini söylemesini istediğinde, Daisy "Çok şey istiyorsun" diye mırıldanacaktır. Fitzgerald devam eder: "Somut bir hal almaktan çıkarak mutsuz ve çaresiz bir şekilde kıvranan, akşamüzeri kayıp giderken mücadele etmeye devam eden tek şey o ölü hayaldi." Fitzgerald'ın ümitsizlikten *uzak* bir şekilde yazdığını görüyoruz. *Gerçek çaresizlik, herhangi bir durum karşısında yaratıcı çözümler ortaya koyulmasını sağlayan yapıcı bir duygudur.* Caz Çağı'nın hissetmekte yetersiz kaldığı duygu tam da buydu. Gatsby tabutunda yatarken ve Daisy'den tek kelime dahi çıkmazken, Nick belki de Gatsby "artık umursamıyordur" diye düşünür. "Eğer bu doğruysa, o eski sıcak dünyasını kaybetmenin ne demek olduğunu hissedip, çok uzun bir süre boyunca aynı hayalle yaşadığı için yüksek bir bedel ödemiştir."

KAYGI DUYAMAMA

Caz Çağı'nın, diye yazar Fitzgerald, ve yalnızlığımızın altında içten bir şekilde önemseme konusundaki beceriksizliğimiz yatmaktadır. Kendisiyle aynı ülkenin vatandaşı olan diğerleri önemsemenin bağımsızlığımıza ve kafamıza eserse başka bir yere gidebilme özgürlüğümüze karşı bir tehdit oluşturduğunu düşünüyorlardı. Gatsby'nin hayali, insanların kaygı duyma (umursama/önem verme) konusundaki beceriksizliklerinin üzerinde yükselmektedir. Bu durum, Fitzgerald tarafından özellikle Tom ve Daisy'nin kaygısızlıklarıyla gösterilir. "Tom ve Daisy kaygısız insanlardı; eşyalara ve canlılara zarar verdikten sonra para, o muazzam kayıtsızlıkları ya da onları bir arada tutan şey her neyse ona çekilip, arkalarında bıraktıkları dağınıklığı başkalarının temizlemesini beklerlerdi."

Fitzgerald "kaygısız" kelimesini hemen her sayfada kullanır. Sonlara doğru, Gatsby öldürüldükten sonra, Nick bize sürekli olarak gördüğü fantastik bir rüyayı anlatır:

> Bunu El Greco'nunkilere benzeyen bir gece manzarası olarak görüyorum: Kasvetli bir gökyüzüyle donuk ay ışığının altında öylece duran, aynı anda hem alışılageldik hem de tuhaf görünen yüz tane ev. Ön tarafta takım elbiseli dört ciddi görünümlü adam, üzerinde beyaz gece elbiseli sarhoş bir kadının yattığı sedyeyi taşıyarak ilerliyorlar. Kadının, sedyenin yan tarafından aşağıya sarkan buz gibi ellerindeki mücevherler parlıyor. Ama kadının adını bilen yok, umursayan da.

Bu tekrar eden rüya –kendi hayal gücünden çıktığı için kendi rüyası olarak da yorumlanabilir– Fitzgerald'ın dürtüsel ve dolayısıyla endişe dolu sarhoş sayıklamalarına ışık tutabilir. Rüyaya göre kendine ait bir evi yok; sonsuza dek evsiz ve yalnız olacak. Fakat bunun da ötesinde, umursamayan adamlar tarafından götürülüyor ve belki içten içe biz de umursamıyoruz. İşte bu nedenle kitap bir günah ve düşüş miti hissiyatıyla örülü.

"Kaygı duyma" ifadesi düz anlamına göre alınmalıdır: Yani insanların birbirlerine şefkat gösterme, daha derinlikli bir düzeyde iletişim kurma ve birbirlerini sevme becerileri. Freud'un Eros mitiyle ilişkilendirilebilir. Tom ve Daisy'de umursamaya işaret eden ve genellikle insandaki acımasızlığı hafifleten merhamet duygusu yoktur.

Heidegger, kaygı (*sorge*) kavramını varlığın temeline oturtmuştur: Kaygı yoksa benliklerimiz büzüşür, istenç gücümüzün yanı sıra kendi kişiliğimizi de yitiririz.[115] Bazen Fitzgerald'ın alttan alta bu kaygı eksikliğinin ilk günahı, kişinin bir başkasının kalbiyle iletişim kurma ve onu

---

115 Bkz. Rollo May, *Aşk ve İrade*.

hissetme konusundaki beceriksizliği, temsil ettiğini ortaya attığını hissederiz. Hatta Fitzgerald bir başkasının en derinlerde yatan hisleriyle ihtiyaçlarına zarar vermemenin mümkün olmadığına işaret eder. "Anlatılmaz", "tarifsiz" ve "ifade edilemez" gibi kelimeleri sanki gerçekten de aktarılması mümkün olmayan bir şeyi anlatmaya ya da boşlukta dönüp duran bu küçücük gezegene tutkulu bir sevme ihtiyacıyla atıldığımızı, fakat bunu ancak kısmen başarabildiğimizi açıklamaya çabalıyor gibidir. Son gün, Gatsby kendi yüzme havuzunda vurulmadan bir saat önceki o tuhaf kahvaltı esnasında Nick ve Gatsby bir önceki günün trajik olaylarına dair konuşurlar. Gatsby, kendi kendini Daisy'nin Tom'u sadece "evlendikleri an bir dakikalığına" sevmiş olabileceğine inandırmaya çalışır: "Ve o zaman bile beni daha çok seviyordu, anlıyor musun?"[116] Aslında bir kulağı telefondaydı; Daisy onu arayacak ya da bir mesaj yollayacak mıydı? Gelen giden olmadı.

Nick oradan ayrıldığında, bahçede durup Gatsby'ye şöyle seslenir: "Bunların hepsi kokuşmuş... Sen tek başına hepsine değersin." Nick aynı zamanda bunu "söylediğine memnun" olduğunu ekler: "Bu, ona yaptığım tek iltifattı." Nick tüm bunları Gatsby için "Nefret ettiğim her şeyi temsil ediyor" demesine rağmen yapar.

Bunlar, bir tür Laocoön[117] çelişkisi içindeki Fitzgerald'ın iki farklı yanıdır ve kitap boyunca iç içe geçmişlerdir. Mü-

116 Fitzgerald, *Muhteşem Gatsby.*

117 Vergilius'un Aeneid destanında anlatılan ve Yunanlılara Truva atı hilesine başvurmamalarını öğütlediği için tanrılar tarafından üzerine gönderilen boğa yılanlarınca iki oğluyla birlikte öldürülen trajik kahraman. Yaşadığı şaşkınlık ve çelişki duyguları, doğru ve erdemli bir hayat sürdürüp buna uygun öğütlerde bulunmasına rağmen tanrılar tarafından yine de cezalandırılması neticesinde ortaya çıkar. (ç.n.)

cadele, Caz Çağı'na özgü dünya görüşüyle Fitzgerald'ın kendi içsel erdemliliği ve aynı zamanda 1920'lerin günah ve cehennem motiflerinin yanı sıra, nefret ettiği şeylerin cazibesine kapıldığını muazzam bir açıklıkla fark eden hassas hayal gücü arasında süregelir. Kitabı bu denli etkili kılan da budur.

Fitzgerald'ın romanındaki önemli temalardan biri de yalnızlıktır. Gatsby'nin partilerindeki tüm o zenginlik, uçarı müzikler ve dans ortamına rağmen "birbirlerinin adını dahi bilmeyen coşkulu insanların karşılaşmaları" dışında bir iletişim olmaz. Ve Gatsby gitmekte olan misafirlerine doğru "oldukça resmi bir şekilde veda ediyormuşçasına elini kaldırdığında" aniden "pencerelerle kapılardan yoğun bir boşluk yayılarak ev sahibinin mutlak yalnızlığını apaçık ortaya koyar."

New York'ta dolaşan Nick, bu yalnızlığı iliklerine kadar hisseder. "Zaman zaman dehşet verici bir yalnızlık hissine kapılıyor ve bunu başkalarında da hissediyordum; gecenin ve hayatın en güzel anlarını boşa harcayan zavallı genç memurlar." Plaza'daki karşılaşmanın ardından, Nick bir anda o günün aslında doğum günü olduğunu hatırlar. "Otuz; yalnız geçecek bir on yıl, gitgide azalan tanışılabilecek bekar erkek sayısı, seyrekleşen şevk duygusu, seyrekleşen saçlar."

Fakat kitaptaki en yalnız kişi, aslında kendisinin de hoşlanmadığı muazzam partilere ev sahipliği yapan Jay Gatsby'dir. Onu şafak vakti ön bahçesinde Long Island Yarımadası'ndaki Daisy'nin iskelesine doğru özlemle bakarken gördüğümüz andan cenaze törenine kadar geçen süre boyunca yalnızlığın prototipidir. *Gatsby'nin olayları bu şekilde algılamaması durumu çok daha etkileyici kılar; onun için bu gelip geçici bir duygu değil, aksine bir karakter ya da bir varoluş haliydi.* Dünyada başka kimse onu önüne katıp sürükleyen hedefi tam olarak anlayamıyordu; o, bulunduğu noktaya kendi çabalarıyla gelmiş biriydi ve aynı şekilde bir noktaya gelmiş olan diğer herkes gibi içsel anlamda derin bir ilişki kurabilmekten çok uzaktı. O büyük malikanesine gelip giden herkesin partilere katılmak dışında bir amacı vardı; Daisy'yi ona getirmek.

Gatsby'nin cansız bedeni evindeki tabutta yatarken, Nick durmadan sanki Gatsby ona yakarıyormuş gibi birtakım sesler duyuyordu, "Baksana eski dostum, bana birini bulmalısın... Bunun üstesinden tek başıma gelemem." Nick ölü Gatsby'yi rahatlatır: "Sana birini bulacağım Gatsby. Endişelenme. Sadece bana güven, sana birini bulacağım."

Fakat Nick'in yaptığı onca telefon konuşmasına ve üç arabadan oluşan cenaze kortejinin yarım saat daha beklemesine rağmen, Gatsby'nin cenazedeki yalnızlığı şu iki kelimeyle özetlenir: *Kimse gelmedi.* Daisy'den ne bir haber ne de bir çiçek. Çiseleyen yağmur mezarı çevreleyen üzgün atmosferi daha da derinleştiriyordu, sanki doğa yalnızca bir adamın değil, aynı zamanda Amerika'nın merkezindeki mitlerden biri olan Amerikan rüyasının da gömüldüğü bu tarifsiz yoksunluk hissini paylaşıyordu.

Bu küçük grupta bir istisna vardı; tuhaf bir şekilde Gatsby'nin partilerinde sarhoş olan bir adam cenazeye gelmişti. Şaşkınlık içinde şöyle bağırıp duruyordu: "Neden Tanrım! Yüzlercesi oraya [partilere] gidiyordu!" Her okurun zihninde mutlaka beliren düşünceyi şu şekilde ifade ediyordu: "Zavallı orospu çocuğu." Cenaze tıpkı *Satıcının Ölümü*'ndeki Willy Loman'ın cenazesine benzer, ama aradaki fark bu kez nerede hata yapıldığını konuşacak bir avuç insanın dahi olmamasıdır.

Fitzgerald'ın kendisi de böylesine derin bir yalnızlık hissediyordu. Yerinde duramayışını ve neredeyse içgüdüsel alkolikliğini ancak bu yalnızlığını yıkıp geçmek için ortaya koyduğu bir çaba olarak kavrayabiliriz. Gerçekten de köksüzlük hali Caz Çağı'nın tamamı için geçerliydi; ancak 1930'lardaki çöküntüyle birlikte sorunumuzun ne olduğuna bakıp birbirimizden ve hayatın kaynağından bu denli uzaklaşmamızın doğru olup olmadığını sormaya başladık.

AMERİKAN TARZI TANRI

Bu yalnızlık ve kaygısızlığın nedeni insanın tanrıdan uzaklaştığı gerçeğiyle açıklanabilir mi? Bu, şu anda sormaya uygun olmayan bir soru gibi görünebilir, ancak *Muhteşem Gatsby*'de dolaylı olarak ortaya konulan budur. İnsanların mitleri deneyimleme becerilerini yitirmelerinin aynı zamanda tanrılarını kaybetmelerine de sebep olduğu doğrudur. Bu sorun *Muhteşem Gatsby*'de Fitzgerald'ın dehasını bir kez daha ortaya koyan bir sembolle, yani Doktor T.J. Eckleburg'ün gözleriyle anlatılır.

New York ve West Egg arasında yolculuk eden kişi ayın yüzeyi kadar çorak bir araziyle karşılaşır. Fitzgerald bu çoraklığa, küllerin fantastik bir biçimde ev ve bacalara dönüştüğü, "kül rengi adamların tozlu havada belli belirsiz hareket ederek, arkalarında onları çevreleyen griliğin içinde aşılması imkansız kül bulutları bıraktığı" bir "kül vadisi" adını verir.[118]

---

118 Bu 'çoraklık' ifadesinin T.S. Eliot'un yine Caz Çağı için kaleme aldığı şiirle bağlantısı açıktır.

> Ama gri toprak ve üzerine çöken toz bulutunun üzerinde bir an için Doktor J. Eckleburg'ün gözlerini görürsünüz... Mavi ve iri gözlerini... Göz bebekleri bir yarda yüksekliğindedir. Bir yüzden değil, olmayan bir burnun üstünde duran sarı renkli bir çift devasa gözlükten bakıyorlardır. Çılgın bir göz doktoru Queens'teki işlerini artırmak için onları oraya koymuş ve sonra... Onları unutup gitmiş olmalı.[119]

Tüm bu manzara tuhaf –cehennemvari– bir dinsel veçhe kazanır. Karısı garajının önündeki yolda Gatsby'nin arabasının altında kalarak can verdikten sonra yarı deli bir hal alan George Wilson, ziyaretine gelen Michaelis ile yolun karşısından bu kül vadisine bakmaktadır. Yunanlı bu genç komşu bütün geceyi acılar içinde kıvranan George'un yanında geçirir. Fakat Wilson bakışlarını bu devasa gözlerden alamaz. Michaelis onu teselli etmeye çalışır: "Böyle anlarda insan bir kiliseye ihtiyaç duyar George." Ama George şöyle mırıldanır:

"Onunla konuştum, ona beni kandırabileceğini fakat tanrıyı kandıramayacağını söyledim." Ve tekrarlar: "Ona, beni kandırabilirsin ama tanrıyı kandıramazsın dedim!"

> Hemen yanında duran Michaelis, dağılmaya başlayan gecenin içinde solgun ve devasa bir şekilde beliriveren Doktor J. Eckleburg'ün gözlerine bakmakta olduğunu şaşkınlık içinde fark etti.
>
> "Bu bir reklam" diye telkin etti onu Michaelis. Bir şey onu pencereden dönüp odanın içine

---

119 Fitzgerald, *Muhteşem Gatsby*.

> bakmaya zorladı. Fakat Wilson uzun süre orada durdu, yüzü pencere pervazına yakındı ve başını gecenin karanlığına doğru sallıyordu.

Fitzgerald, yetişkin hayatı boyunca sürekli olarak Katolik yetiştirilme tarzıyla kavgalı olmuştur. Bu mücadele kitabında da belirgindir ve günahla cehennem imgelerine diğer eserlerinde de rastlanır.

Le Vot, kaleme aldığı Fitzgerald biyografisinde dünyayı yaratan ve sonrasında onu kaderine terk edenin şeytan gibi daha düşkün bir tanrı figürü olduğu fikrini ortaya atar. Her koşulda Fitzgerald'ın anlatmak istediği şeyin çok açık olduğuna inanır: "Tanrıyı insanlar terk etmemiştir, aksine insanları yaşanması mümkün olmayacak denli absürt, materyalist bir dünyada terk edip giden tanrıdır."[120]

Caz Çağı'nı her türlü kısıtlamaya karşı öfkeli bir başkaldırıya yönelten ve bir nevi terk edilmişlik duygusunun açığa çıkmasına neden olan şey nostaljik bir kendi kendine acıma haliydi ki bu da Fitzgerald'ın kendine acımasında iyiden iyiye belirginleşiyordu (Hemingway, Fitzgerald'a yazdığı bir mektupta bu durumu kendisine anlatmaya çalıştı: "Hepimiz daha en başında boku yedik; biz trajik karakterler değiliz"). Bu durum kısmen Fitzgerald'ın çocukluk yıllarında özdeşleşebileceği güçlü ve başarılı bir baba figürü olmamasından ve annesinin aşırı ilgi ve koruyuculuğundan kaynaklanıyordu. Ancak bu 'şımartılmış çocuk' psikolojisi, insanların her şeye hakları olduğuna inandığı, hukuk ve adalet kavramlarının herkes tarafından küçük görüldüğü ve ye-iç-keyfine bak felsefesinin herkesi avucunun içine aldığı 1920'li yılların temelini oluşturuyordu.

---

120 Le Vot, *Scott Fitzgerald'ın Biyografisi (F. Scott Fitzgerald, A Biography)*.

Dr. T.J. Eckleburg'ün panosuyla ilgili en önemli şey bunun devasa, büyütülmüş bir *fotoğraf* olmasıydı. Susan Sontag, modern çağın fotoğrafları gerçeklikle karıştırdığına dikkat çekmiştir. Seyahat eden çoğu insan, uzak bir ülkedeki önemli bir turistik değerin fotoğrafını çektiğinde ona *sahip* olduğunu düşünür; sözgelimi, bir heykel hayal güçlerinin parçası haline gelinceye ya da onu tüm benlikleriyle kavrayıncaya dek ona gerçek anlamda *bakmaz*. Alelacele çekilen bir 'fotoğraf'la anı 'yakaladıklarını' düşünürler. Fotoğrafla ilgili olarak bu 'yakalama' kelimesinin avcı ya da askerlerin kullandığı bir kelime olduğuna dikkati çekmek isterim. Seyahat eden kişi söz konusu 'değeri' eve götüreceği kamerasına kaydeder etmez ona sahip olmuş olur. Dosyalanır ve başkalarına gösterilmek üzere bir isim ve numara halini alır. Tanrı-insanı-terk-etmiş tabirinin anlamı budur; bu fotoğraflardaki yedek tanrı nedeniyle asıl tanrının geri dönmesi imkansız bir hal alır.

George Wilsion'ın tanrının gözleri diye tapındığı o devasa gözler, tıpkı Michaelis'in öne sürdüğü gibi bir *reklamdır.* Hedefi gözlük satmaktır; bulunduğu yere yerleştirilmiş olmasının nedeni, bir göz doktorunun hasta sayısını artırmaktır. Ticari anlayış, alma ve satma, ceplerdeki gümüş dolarların şıkırtısı tanrının rolünü üstlenmiştir. Reklamcı, eşyaları satmak için fotoğraflama konusunda yetenekli olan kişi, kar elde etme başarısı; tüm bunlar 1920'li yılların, Gatsby ve Fitzgerald'ın içinde yaşadığı kültürün ve bu kitapta ortaya konan trajedinin ayrılmaz parçalarıydı. İronik bir biçimde, reklamcılık ve ticari anlayışın bu zaferi "endüstriyel refahın tek sonucunun yıkım olduğu bir yerde"[121] ortaya konulmuştur.

121 A.g.e.

Edmund Concourt'un endüstriyel toplumlardaki yeni tanrısal varlıkla ilgili ortaya attığı öngörüsü bir Paris dergisinde yayımlanmıştır:

> Zaman zaman modern insanların Amerikan tarzı bir tanrıyla kutsanacakları günlerin geleceğini düşünüyorum ...görüntüsü artık değişken ve ressamların hayal güçlerince uyarlanabilecek ya da Veronica'nın peçesinin[122] üzerinde süzülmekten çıkıp, bir tür vesikalık halini alacak... Evet, fotoğraflarda boy gösterip gözlük takacak bir tanrı düşünüyorum.[123]

Bu tanrının Carnegie ya da Rockefeller ya da Whitney'inkine benzer bir yüzü olmayacak. Sahiden de başkalarından ayırt edilemeyecek bir yüzü olacak; gri takım elbiseli, kalabalıkların içinde tanınması imkansız, inandığı şeylerle değil de –çünkü inançlar gerçekten önemsizdir– ne kadar satabileceğiyle ilgilenen reklamcının yansıması olacak. Caz Çağı'nda öncelikle kendini satması gerektiğini bilecek. Bu ticarileşme tanrısına tapınacak kişi de az önce bahsi geçen çorak araziden doğan, ne 'yukarısı' ne 'aşağısı' ya da ne 'kuzeyi' ne 'güneyi' olan ve muhtemelen de olmasını istemeyen robotvari bir yaratık olacak. Bu mit üretim ya da buluş alanındaki değil, yalnız ve yalnız pazarlama alanındaki öncüleri içeriyor. Yeni hedef, Le Vot'un "gündelik hayatın yeni kahramanı" olarak adlandırdığı, hala inandırıcı olan bu mitsel kişi, dalavereci, "reklamcı" kişidir. Le Vot, bir Amerikan oyun yazarı tarafından kaleme alınan

---

122 'Veronica's Veil' ya da sadece 'The Veil' olarak bilinen ve efsaneye göre insan yapımı olmayan tek İsa portresinin resmedildiği peçedir. (ç.n.)

123 A.g.e.

tek trajedinin *Satıcının Ölümü* olduğunu söyler.[124] Willy Loman, kelimenin tam manasıyla bir satıcıdır. Eğer –cilalı ayakkabılar ve yüzünüzde bir gülücükle– kendinizi satıyorsanız, benliğinizi bir nesne haline getirmişsiniz demektir ve bu nedenle mezarınızın başında "Asla kim olduğunu bilemedi" denmesi çok mantıklı bir hal alır. Yalnızca 'en çok sevilen' olduğunu biliriz. Bu da teknolojinin Batı'da, özellikle de Amerika'da gitmekte olduğu yolu çok iyi tarif etmektedir; öyle ki, peşinden koştuğumuz mit, "ülkemizin herkesin zengin olabileceği bir yer olarak kalmasını sağlamak" olmuştur.

AMERİKA'DA BİLİNÇ

Fitzgerald, Gatsby'nin cenaze töreninden sonra Nick üzerinden kendi Amerika anlayışını dile getirir. Bu düşünme süreci esnasında Gatsby'nin trajedisi, Amerikan mitlerinin kaybı ve Amerikan rüyamızın çöküşüyle açık bir şekilde ilişkilendirilir. Noel zamanı hazırlık okuduğu okuldan evine gitmek üzere çıktığı uzun yolculukları, Chicago istasyonunda eski arkadaşlarıyla buluşmasını, o ve diğer genç insanlar "yeniden ayırt edilmesi olanaksız biri haline gelmeden önce geçirilen tuhaf bir saat boyunca bu ülkedeki benliklerinin farkına vardıkları" Wisconsin'deki tren yolculuklarını anımsar.

> İşte benim Orta Batım bu; buğday, otlaklar ya da kayıp İsveç kasabaları değil, gençliğimden gelen heyecan verici dönüş trenleri ve sokak lambaları ve buz gibi karanlıkta öten kızak çanları ve ay-

124 Le Vot, Eugene O'Neill'ı atlamıştır, fakat ortaya koymak istediği nokta açıktır.

> dınlık pencerelerden karın üzerine düşen kutsal çelenklerin gölgeleri. Ben tüm bunların parçasıyım.[125]

Bu hikayenin Batı'yla ilgili olduğunu anlar; Gatsby, Tom, Daisy ve kendisi Orta Batılıdır. Çöküşünü anlattığı yalnız kovboy ya da Horatio Alger mitlerimizin doğduğu Uzak Batılı değil. Her ne kadar gerçekten kaçmaya çalışsak da, bu modern Amerikan ahlakı ve edebiyatının doğduğu yer olan Orta Batı'dan. Belki de biz Orta Batılıların "Doğudaki hayata uyum sağlamamamızı belli belirsiz de olsa olanaksız kılan ortak bir kusuru" vardı. Ne de olsa Doğu, insanın su kıyısında oturup ağlayabileceği Babil'di. Ülkenin asıl ruhu New York'un ötesinde, "Cumhuriyet'in karanlık tarlalarının ay ışığında uzandığı" yerdeydi.

"Gatsby'nin ve onun da ötesinde, yoldan çıkan büyük bir rüyanın tüm hikayesi" diye yazar Andre Le Vot, "Modern Amerika ve ona eşlik eden bu vizyonu merkez almaktadır... *Gatsby'nin rüyasının çöküşü ...Amerikan rüyasının başarısızlığıyla tam anlamıyla paraleldir.*"[126]

Fitzgerald, büyük bir romancının dehasıyla Amerika'da ortaya çıkan ve halen devam süregelen krizi açık bir şekilde ortaya koymaya çalışmaktadır. Roman, başlangıcı tufan öncesindeki Yaradılış'a, kalabalığın Nuh'un etrafına toplanıp dünyasının yavaş yavaş içine düşmekte olduğu yıkıma karşı hazırlıklı olmak için yaptıklarıyla alay ettiği bir başka mite dayanmaktadır.

---

125 Fitzgerald, *Muhteşem Gatsby.*

126 Andre Le Vot, *F. Scott Fitzgerald'ın Biyografisi (F. Scott Fitzgerald, A Biography).*

Nick doğudan ayrılıp evine geri dönmeye karar verir. Fakat yola çıkmadan önceki o son günlerde, Gatsby'nin evinin kendisini rahat bırakmadığını hisseder:

> Belli belirsiz de olsa müziği ve kahkahaları duyabiliyordum…
>
> Bir gece orada bir araba sesi duydum ve lambalarının ön kapısındaki basamakların orada söndüğünü gördüm. Ama araştırmadım. Muhtemelen dünyanın diğer ucunda olan ve partinin bittiğinden haberi olmayan son bir misafirdi.[127]

Son akşamında sahile inip, kumlara uzanarak kendini bu düşüncelerine kaptırır. Sahildeki büyük mekanlar kapalıdır ve "Yarımadanın etrafında dolaşan bir feribotun hareketli ışıltısı dışında etraf karanlıktır." Amerika, verimli ovaları ve ulu dağlarıyla bu kırsal bölgedeki bollukta yeşermiştir.

> Ve ay yükseldikçe önemsiz evler de erimeye başladı, ta ki en sonunda, günlerden bir gün Hollandalı bir denizcinin gözlerinin önünde çiçekleniveren eski adanın farkına varıncaya dek; yeni dünyanın taze, yeşil göğsü. Bir zamanlar Gatsby'nin evi için yol açan ve artık olmayan ağaçları insanın son ve en büyük hayali için fısıldamışlardı; kısacık, büyülü bir an için insan bu kıtanın karşısında nefesini tutmuş, tarihte son kez hayal etme yetisiyle orantılı bir şeyle yüzleşerek anlayamadığı ve arzulamadığı estetik bir düşünceye kapılmış olmalı.

Nick sonrasında Gatsby'yi ve "hayal etme yetisini" anımsar.

---

127 Fitzgerald, *Muhteşem Gatsby*.

> Bu mavi bahçeye gelene kadar çok yol kat etmişti ve rüyası artık o kadar yakın görünüyor olmalıydı ki ona ulaşamaması mümkün değildi. Onu çoktan ardında, kentin ötesinde, Republic'in karanlık tarlalarının gecenin karanlığına doğru uzandığı o geniş tuhaflığın içinde bir yerde bıraktığını bilmiyordu.

Tıpkı milyonlarca diğer iyi Amerikalı gibi, "Gatsby bu yeşil ışığa inanıyordu." Ama Nick, "yıldan yıla elimizden kayıp giden bu heyecan verici geleceği" tanır: "...O zaman da ulaşılmazdı ama önemli olan bu değil; yarın daha hızlı koşacağız, kollarımızı daha öteye uzatacağız... Ve güzel bir sabah–"

Bu son cümle tek bir tire işaretiyle ve noktasız bir şekilde sonlanarak havada kalır. Nick, bu sessizlikte anlık bir çaresizliğe kapılır. El yordamıyla ilerlemeye çabalarken duraksar. Bunda bir mantık var mıdır? Amerikan bilincindeki bu bariz umutsuzluğa ışık tutacak herhangi bir ilke, bir bilgelik ya da bir düşünce var mıdır? Yoksa kimsenin anlamlandıramadığı bir dünyada yaşamaya mahkum muyuz? Nick tıpkı yaktığı tek bir lambayla tüm evreni aydınlatabileceğine inanan bir adam gibi tüm bu düşüncelerine açıklık getirebilecek bir *mit* bulmaya çabalar. Bu sonu gelmeyen başarısızlığı yalayıp yutacak, sonsuz geri dönüşü biz insanların dayanabileceği bir hale sokacak, absürt varoluşumuza anlam verebilecek bir mit arar. Sonrasında Nick kitapta başlı başına bir paragraf olan son satırı tıpkı bir derkenar gibi iliştiriverir:

> Biz o akıntıya karşı giden tekneler, durmadan geriye, geçmişe çarpılıp atılsak da ne gam.

O bir anlık çaresizlikten hem yeni hem de sonsuz eski olan ve bu umutsuz duruma tam oturan bu mit doğar. Bu, Sisifos mitidir. Amerikan rüyasına karşı gelen tek mittir; bu mit ilerleyişi yadsır, hiçbir hedefi yoktur, her şey bir tekrardan ibarettir, her şey ve her hareket sonsuza dek sürecek olan monoton bir uğraş ve çabadır.

Ancak bu, asıl önemli anlamını es geçmek demektir. Sisifos'un yapabileceği bir şey vardır: Kendisiyle Zeus, yani kendisiyle kaderi arasındaki bu dram esnasında yaşanan her anın farkına varabilir. Bu durum –insani olmasından ötürü– kayasını zirvesine çıkarmaya çalıştığı dağın karanlık gecesininkinden tamamen farklıdır.

Tanrıları kandırdığı için Zeus tarafından cezalandırılan Sisifos'u Homeros şöyle tarif eder:

Yorgun argın ve homurdanarak
Koca bir kayayı dağın tepesine çıkarır
Bu devasa, yuvarlak kaya
Yeri göğü inleterek aşağı yuvarlanır.[128]

Gerçekten de Homeros bize "Zavallı Sisifos"un Orfeus'un Pluto'nun dünyasındaki flütünden çıkan ve "kulaklarına bayram ettiren büyüleyici sesini"[129] duyabildiğini anlatır. Sisifos miti zaman zaman güneşin her gün tepe noktasına çıkıp, sonra yeniden alçalmaya başlaması şeklinde yorum-

128 Homeros'tan alıntı, H.A. Guerber, *Yunanistan ve Roma Mitleri (Myths of Greece and Rome).*

129 A.g.e.

lanır. İnsan için hiçbir şey güneşin bu dairesel yolculuğundan daha önemli olamaz.

Gatsby'yi çevreleyen melankoliden, tüm insanların katlanması gereken bir monotonluk çıkar; Caz Çağı'nın su gibi akan içkiler, sonu gelmeyen danslar ve partilerle inkar etmeye çabaladığı saplantılı düşünceler. Çünkü her yaptığımızda monotonlukla yüzleşiriz; hayatımız boyunca her an durmaksızın nefes alıp vermeye devam ediyoruz ki sadece bu durum bile monotonluğun uç noktası sayılabilir. Ancak Budistler ve Yogiler, nefes alıp vermenin bu tekrar etme özelliğinden yararlanarak dinsel meditasyon ve hazzın doruklarına ulaşmanın yöntemlerini ortaya koymuşlardır.

Ne de olsa Sisifos, ölümü bile silip atmaya çalışan yaratıcı biridir. Asla vazgeçmez ama kendini her daim yeni bir hayat kurmaya adamıştır; çaresizliğine rağmen durmaksızın devam eden bir kahraman örneğidir. Çaresizlikle bu şekilde yüzleşme gücümüz olmasaydı Beethoven, Rembrandt, Michelangelo, Dante, Goethe ya da kültürümüzün gelişmesine katkı koyan diğer büyük isimlerin hiçbiri olmazdı.

Sisifos'un bilinci insan olmanın ayırıcı özelliğidir. Sisifos amaçlar belirleyebilen, coşku ve acı nedir bilen, monotonluğu çaresizlikten ayırt edebilen ve bu monotonluğu –yani kayanın tekrar tekrar taşınmasını– cezaya çarptırılmasına neden olan isyankârlığıyla bütünleştirebilen düşünen bir zihindir. Sisifos'un bu eylem esnasında aklından geçenleri, kurduğu hayalleri bilmiyoruz ancak her eylemin yine kurallara uyma tanrılarına karşı bir başkaldırı ya da bir kefaret olabileceğini biliyoruz. İşte inşa ettiğimiz hayal gücü, amaçlar ve inançlar böyledir. Sisifos da daha kudretli tanrılar uğruna yetersiz tanrılara başkaldıran kahramanların arasındaki yerini alır; bunlar Prometheus ve Adem'den başlayıp, günümüzdeki mit ve tanrılara kadar uzanan süreçteki ilham verici kahramanları kapsar. Görevlerimizi tıpkı Sisifos gibi görme konusundaki bu sonsuz kapasitemiz bize kayanın ve gündelik hayattaki sıradan deneyimlerin ötesine geçme cesareti sağlar.

Bunun da ötesinde, Sisifos tepeye çıkıp çıkıp inerken gün doğumunun habercisi olan pembe bulutları görmüş, yuvarlanan kayasının ardından koşarken göğsüne çarpan rüzgarın serinliğini hissetmiş ya da aklından birtakım dizeler geçirmiş olmalı. Gerçekten de aksi takdirde son derece anlamsız olabilecek dünyasına biraz olsun anlam katabilmek için birtakım mitler üzerine düşünmüş olmalı. Tüm bunlar Sisifos için mümkün; Gatsby bile olsa geçmişin yeniden yaşanamayacağının, fakat attığı her adımla birlikte geçmişi arkasında bırakabileceğinin farkına varmış olmalı. İnsanın hayal gücünün kudreti, insan olarak paradoksal suçlanmalarımız ve yaşadığımız tezahür anlarının ayırıcı özelliğidir.

Bireyler olarak bize olduğu kadar Amerika'ya da bir denge ve diyalektik sağlanabilmesi için Sisifos mitinin Yeşil Işık'la yan yana düşünülmesi gerekir. Seçilmiş kişilere müsaade edilmeyen kibre karşı bir koruma olduğu kadar, Horatio Alger mitinin bizi yoldan çıkarmaktan başka işe yaramayacağını açık seçik ortaya koyar. Sisifos, Vaat Edilen Ülke mitini dengeler: Vaat edilen bu güzel ülke Amerika'yı kendi çıkarlarımız için kullanmaktan bir an için vazgeçip kendi amaç ve hedeflerimiz üzerine düşünmemizi ister.

Bu, Gatsby'de eksikliği bariz bir mitti. Sisifos miti en azından rüyanın neden çöktüğünü anlamamıza yardımcı olabilir ve en uç noktada umutsuzluklarımızı dengeleyecek bir coşkuya nasıl ulaşabileceğimizi göstererek, hayal kırıklığımızla yüzleşip bunu yapıcı olarak kullanabileceğimiz yeni bir çağın kapılarını açmamızı sağlayabilir.

O halde, insanın varoluşunun Gatsby'nin rüyası ve Amerikan rüyasından çok daha derin bir anlam ifade ettiğini biliyoruz. Her ne kadar tükenmişlik ve ölümle yüklü geçmişe çekilip dursak da, bu süreçte yaşadığımız üzüntüler ve acıların yanı sıra bazı coşku dolu düşünceler biriktirmeyi de başardık. Ve bir süreliğine de olsa üzüntüler suçluluk duygusundan uzaklaştı ve neşe endişeden arındı. Sonsuzluk, mitlerde olduğu gibi zamanın akışına karıştığında aniden insan bilincinin anlamını kavrayıveririz.

Dolayısıyla, Sisifos miti aksi takdirde anlamsız olan çabalarımıza anlam katar; sıradan uğraşlarımızın karanlığını aydınlatıp monoton varoluşumuza az da olsa lezzet verir. Bu, ilerleyişimize engel olan akıntıya karşı kürek çekiyorsak da, isyankâr düşüncelerimizi sürekli elimizden kayıp gidiyormuş gibi görünen kelimelerle kağıda dökmeye çabalıyorsak da geçerlidir.

Sisifos miti Amerikan rüyasının en büyük rakibidir. İlerleme olsun ya da olmasın, Yeşil Işık olsun ya da olmasın, Daisy olsun ya da olmasın, dünyamız paramparça olsun ya da olmasın, insan olmanın getirisi olan bilincimizin farkına varmak zorundayız; hatta buna "yazgılıyız." Küçük kurallarımız fayda sağlamadığında bizi yıkımdan kurtaracak şey işte budur.

Albert Camus'nün Sisifos üzerine yazdığı denemesini şöyle noktalamasını sağlayan da budur: "Sisifos'u mutlu saymalıyız."[130]

---

130 Albert Camus, *Sisifos Söyleni.*

ÜÇÜNCÜ KISIM

BATI DÜNYASININ MİTLERİ

DOKUZUNCU BÖLÜM

TERAPİST VE CEHENNEME YAPILAN YOLCULUK

İnsan denen yaratığın içinde yaşayan bu yarı evcil şeytanların en uğursuzunu uyandırıp savaşmak isteyen hiç kimse, benim gibi, bu mücadeleden yara almadan kurtulamaz.

Sigmund Freud

Terapistler tuhaf bir mesleğin erbabıdırlar. Bu kısmen dindir. Rönesans'ta Paracelsus'un yaşadığı dönemden bu yana doktorlar –ve sonrasında psikiyatr ve psikolojik terapistler– aynı zamanda rahip cübbesini de sırtlarında taşımışlardır. Bizler gibi terapist olan kişilerin insanların ahlaki ve ruhani sorunlarıyla uğraştıklarını ve tıpkı Freud'un itiraflarda bulunan kişinin *arkasında* görünmeyen bir noktadaki konumunun ortaya koyduğu gibi bir tür baba-günah çıkartıcı rolü üstlendiklerini inkar edemeyiz.

Terapi aynı zamanda kısmen bilimdir. Freud'un katkısı, terapiyi bir noktaya kadar nesnelleştirmek ve dolayısıyla da öğretilebilir kılmak olmuştur. Üçüncü olarak, terapi –vazgeçilmez bir şekilde– kısmen arkadaşlık etmektir. Elbette ki, bu arkadaşlık sosyal ilişkilerin bildik samimiyetinden daha tartışmalıdır. Terapistler hastalarına en iyi 'dirençlerini canlandırma' yoluyla yardımcı olurlar. Genel halk arasında terapiye gitmemiş olanlar dahi yayımlanmış vaka örneklerinden ve *Yalnız Bir Kadın* ya da *Sıradan İnsanlar* gibi popüler filmlerden bilirler.

Bu üç bileşen güçlü bir karışım ortaya koyar. Shakespeare, dört yüz yıl önce Macbeth'in suçluluk duyguları içinde kıvranarak, histerik bir şekilde inleyip duran Leydi Macbeth'i dinleyip izlemesi için doktorunu perdenin ardına saklamasını sağlar. Sonrasında Macbeth doktora yakarır:

> Kurtar onu bunlardan. Hekimsin madem,
> Kafanın derdine de deva bulamaz mısın?
> İçimize kök salmış bir kara düşünceyi
> Söküp atamaz mısın aklımızdan?
> Beynimize işlemiş kuşkuları silemez misin?
> Her şeyi unutturan tatlı bir ilaç verip bize,
> Atamaz mısın göğsümüzü daraltan zehiri,
> Yüreğimize çöken o baskıyı içimizden?[131]

Macbeth, insanların bir tür melez mesleğe ihtiyacı olduğunu ortaya koymaktadır. Doktor, günümüzde basmakalıp olarak nitelendirilebilecek bir ifadeyle "Bu durumlarda hasta/kendi kendine hekimlik etmeli" diye yanıtladığında Macbeth şöyle çıkışır: "Git öyleyse köpeklere hekimlik

131 Shakespeare, *Macbeth*.

et, istemem!" Çünkü hekim -Valium ya da Librium benzeri ne kadar ilaç keşfedersek edelim- beynimizin derinliklerindeki acılarla yüzleşip, onların kökünü kazımayı başaramayacaktır.

Elbette ki, eski mitlerimizin yerine yenilerini getiren ya da onları yok eden bilim ve teknoloji de yeni mitler ortaya koymuştur; fakat teknolojinin başlangıçta son derece heyecan verici olan tarihi, inananları giderek daha uzağa itmiştir. Şimdi, post-endüstriyel çağımızda insanlık kendini inanç yoksunu olarak görmektedir, tıpkı yüz yıl önce ölmekte olan kültürü için şu klasik ağıtı kaleme alan Matthew Arnold'un söylediği gibi:

> Ah sevgilim, birbirimize içten olalım.
> Çünkü dünya hayaller ülkesi gibi önünde uzanır.
> Öyle çeşitli, öyle güzel, öyle yeni...
> Ama ne neşesi, ne sevgisi, ne ışığı gerçek
> Ne bir huzur, ne bir kesinlik, ne acıya çare var
> Büyüyen bir karanlık içinde
> Karanlık bir ovadayız.
> Savunma ve kaçışın şaşkın aralıklarında sürüklenen
> Geceleyin çarpışan cahil ordular gibiyiz[132]

Bu kitabın önceki bölümlerinde böyle bir kaybın insanları dayanabilecekleri yapılardan nasıl yoksun bıraktığını göstermiş; her birimizin kendimizi okyanusun ortasında pusulasını ve yön duygusunu yitirmiş, yaklaşan fırtınaya

132 Matthew Arnold, 'Dover Sahili (Dover Beach)'.

doğru sürüklenen bir kayıktaki yolcular gibi hissettiğimizden bahsetmiştik. O halde, bize kendimiz hakkında bir şeyler anlatan psikoloji bilimiyle nasıl yaşamamız gerektiğine dair bize yol gösteren psikoterapinin içinde bulunduğumuz yüzyılda gelişmiş olması şaşırtıcı mıdır?

DANTE'NİN *İLAHİ KOMEDYA*'SI

Şimdi bir başka mitten, Dante'nin muazzam şiirinden bahsedeceğiz; *İlahi Komedya.* Terapi sürecine nasıl bir ışık tuttuğunu soracağız. Bu dramatik mit, *İlahi Komedya*'da cehennemden geçtikleri yolculuk esnasında Vergilius'un Dante'yle arasındaki terapist-hasta ilişkisiyle alakalıdır.

Çoğu terapist, Dante'nin bu müthiş dramasından habersizdir. Freud gibi bir hümanist dahi 1907 yılında en sevdiği kitapların neler olduğuna dair yöneltilen soruya Homeros, Sofokles, Shakespeare, Milton ve Goethe'nin yanı sıra daha başka pek çok yazarın adını sayarak karşılık verirken, Dante'yi es geçmiştir. Post-Freudyen psikoterapistlerin eğitimleri esnasında çoğu öğrencinin beşeri bilimler konusunda cahil kalmaları önemli bir eksikliktir. Edebiyatımız, tarihi boyunca insanlığın kendi kendini yorumlamasına dair bizlere sunulmuş en zengin kaynaklardan biridir. Terapistler için tehlike natüralistlere kıyasla daha büyüktür, zira çalışmalarında kullandıkları asıl araç ve nesne hayal gücüdür ve hayal gücünün nasıl çalıştığını anlama uğraşında başvurulacak herhangi bir kestirme yöntem, profesyonel gelişimi önemli ölçüde sınırlayacaktır.

Bu *Cehennem*, Dante otuz beş yaşındayken bir Kutsal Cuma günü başlar:

Yaşam yolumuzun ortasında, karanlık bir ormanda
buldum kendimi

Çünkü doğru yol yitmişti.[133]

İlahi Komedya'nın bu açılış cümlesi, tarihteki pek çok önemli isim üzerinde silinmesi güç izler bırakmıştır. James Joyce bir keresinde, "Dante'yi en az İncil'i sevdiğim kadar çok seviyorum; o benim ruhsal gıdam, gerisi safra" demiştir.[134] Dante'nin bu kadar sevilebilir olmasının nedeni, attığı her adımla birlikte insani sorunlarını itiraf etmesi ve asla yapmacık erdemlere sahipmiş gibi davranmamasıdır. Bir çıkmaza, tıpkı Arnold'un 'Dover Sahili (Dover Beach)'ne benzer şekilde psikolojik bir mekana ulaştığının farkına varmıştı. Dante, şiirinin girişinde şöyle yazar:

... Doğru yolu bırakıp gittiğimde

Uyandım ve kendimi karanlık bir ormanda buldum.

"*Selva oscura*" yalnızca günahın değil, aynı zamanda cehaletin de karanlık dünyasıdır. Dante kendini ya da hayatının amacını anlamaz ve yaşadığı deneyimleri bütünlüklü bir şekilde görebileceği daha yüksek bir perspektife ihtiyaç duyar. Çok yukarılarda Mutluluklar Dağı'nı görür. Bu bağlamda hastalarımıza benzemektedir. Dağın kenarındaki yol üç canavar tarafından tutulmuştur: Şiddetin Aslanı, hasetin Leoparı ve kendini kontrol edememenin Dişi Kurdu. Bu sonuncusuyla ilgili olarak Dante şöyle yazar:

---

133 Dante, *İlahi Komedya*.

134 Mary T. Reynolds, *Joyce ve Dante: Hayalgücünün Şekillenmesi (Joyce and Dante: The Shaping of the Imagination)*.

Ve cılızlığı binbir istek dolu,
Çok kişiye neler çektirdiği
Besbelli bir kurt, üstelik dişi.

Freud'un, cinsel bozuklukların nörotik rahatsızlıkların değişmez nedenleri olduğuna dair öngörüsü, Dante'nin onu mutluluk olasılığından uzaklaştıran *şehvetli isteğe* dair itirafında destek bulur. Fakat bu alegoriyi dar anlamlı okumak durumunda değiliz. Dante'ye göre, günaha eğilimi olan şeyleri nörotiğin kişisel cehennemini rasyonelleştirmek için başvurduğu mekanizmalar olarak nitelendirebiliriz: Baskı altında tutma, gurur, saptırma, bahane gibi... Aslan, Leopar ve Dişi Kurt kadar ilgi çekici bir şekilde olmasa da, tüm bunlar yolumuzu etkin bir şekilde tutar.

Kişinin cehennemi, annesinin onu asla sevmemiş olmasıyla yüzleşmek ya da tıpkı çocuklarını yok eden Medea gibi en sevdiği insanları yok etme fantezileri ya da nefret etmek ve öldürmenin vatanseverlik halini aldığı savaş zamanlarında olduğu gibi korkunç bir barbarlığa kapılmak olabilir. Her birimizin kişisel cehennemi orada yüzleşilmeyi bekler ve yardım almadan bu engellere karşı ilerleyecek gücü kendimizde bulamayız.

Dante'nin o Kutsal Cuma günkü durumu, bize bizimki de dahil olmak üzere sayısız tanıklıkları hatırlatacaktır. İçinde bulunduğu durum Elsinore'daki Hamlet'i ya da Dover Sahili (Dover Beach)'ndeki Arnold'u ya da Dante'nin kendi kaynaklarına doğru geriye gidecek olursak, Roma'daki şehvet dolu hayatını ve bunun sonucunda yüzleştiği çöküşü cehennemden geçmeye benzeten Aziz Augustine'i ve psikanaliz literatürü için en az Dante'nin bu şiiri kadar önem taşıyan Aziz Paul'ün mutsuz itiraflarını anımsatır: "Her daim arzularım ama iyi olanı nasıl yapacağımı bilemem. Yapacağım iyiliği yapmam, yapmayacağım kötülüğü yaparım."

VERGILIUS VE AKTARIM

Şiirdeki bu psikolojik noktada, Dante hemen yakınında birini görür ve seslenir: "Acı bana, diye bağırdım o an, kim olursan ol, ister gölge, ister gerçek insan!" Gördüğü kişi, ona Cehennem'de rehberlik etmek üzere gönderilmiş olan Vergilius'tur. Kendisiyle ilgili birtakım açıklamaların ardından Vergilius sözlerini şöyle bitirir:

İyiliğin için peşimden gel, izle beni,
Rehberin olacağım, buradan alıp öncesi,
Sonrası olmayan bir yere götüreceğim seni,
Umutsuz çığlıklar işiteceksin;
Acıdan kıvranan eski ruhlar göreceksin
İkinci ölümlerine bağırırken;
Kutlu ruhlara katılmayı umdukları için
Günün birinde, ateşte yanarken
Yakınmayanları da göreceksin.
Dante şöyle yanıt verir:
Ve ben: Ey ozan dedim ona,
tanımadığın o tanrı adına
hem bu tehlikeyi hem daha da beterini
savmak için, dediğin yere götür beni,

ermiş Petrus'un kapısını göreyim,

bakayım acı çekiyor dediklerine.[135]

Bunun üzerine Dante, Vergilius'un rehberliği ve yol göstericiliğinde cehennemdeki farklı kötülük seviyelerini (ya da Freudçuların deyişiyle bilinçaltının derinliklerini) yorumlamaya başlar. Vergilius kendi çalışmalarında, özellikle de *Aeneis*'te şimdi orada geçecek oldukları bu tehlikeli ahlaki alanı yakinen tanıdığını ortaya koymuştu. Hepsinden öte, Vergilius bu şaşkına dönmüş seyyah için bir dost, ona eşlik eden bir varlık olacaktır.

Terapistle hasta ilişkisindeki bu 'varoluş' (bkz. Sekizinci Bölüm), en önemli olan fakat en az anladığımız sezgisel yöntemdir. Vergilius yalnızca cehennemdeki bu seviyeleri yorumlamakla kalmayacak, aynı zamanda Dante'nin dünyasında varolup orada bulunan bir *varlık* halini alacaktır.

Dante burada hem hasta *hem de* terapist olarak görülebilir. John Rosen'in şizofrenler üzerinde yürüttüğü aktif terapi seanslarıyla ortaya koyduğu üzere, bazı terapistler hastanın rahatsızlığının derinliklerine inebilmek için bir arkadaşın varlığına ihtiyaç duyarlar. Rosen'in hemen arkasından yürüyen arkadaşı belki tek kelime etmeyecektir, ama varlığı içinde bulunulan manyetik alanı değiştirir ve böylelikle Rosen şizofreninin içinde kendini kaybetmeden tedaviye tüm benliğini verebilir. Kimi zaman empati ya da basitçe ilişki adı verilen bu varoluşun terapistlerin dünyası için merkezi bir önem taşıdığına ve terapistin söyledikleri-nin ya da eğitimini aldığı okulun yanında, hasta üzerinde güçlü bir etkisi olduğuna inanıyorum.

135 Dante, *İlahi Komedya*.

Dante'nin dramasındaki ilk engel, Vergilius'la yaptığı 'anlaşma'nın hemen ardından ortaya çıkar ve modern terapilerde yaşananlarla inanılmaz bir benzerlik taşır. Dante, bu tür özel bir ilgiyi hak etmediği duygusuna kapılır. Vergilius'a şöyle seslenir:

Ey bana yol gösteren ozan,
Bu çetin yolculuğa çıkarmadan önce beni,
Bak bakalım erdemlerim yeterli mi?

Terapi esnasında hasta bunu doğrudan doğruya dillendirmese bile içten içe bu soruyla ne kadar sık karşılaşırız: Bu özel yol göstericilik için neden dünyadaki diğer tüm insanların arasından *o* seçilmiştir? Paul Tillich'in ifadesiyle, Dante de tıpkı hastalarımız gibi "Kabul edilmeyi kabul edemez." Dante, Vergilius'a Aziz Paul ve Aeneis'i, yani Vergilius'un epik şiirinin kahramanını hatırlatarak *onların* neden seçildiklerini anlayabildiğini öne sürer:

Peki kim izin veriyor bana? Niçin gidiyorum ben?
Ne Paulus'um, ne de Aeneis'im ben,
Bunu hak ettiğime ne ben inanırım, ne de başka kimse.
Karar verirsem eğer gitmeye,
Korkarım çılgınlık olacak bu.

Vergilius'a yakarırken, olumlu aktarım olarak nitelendirebileceğimiz birtakım sözler ekler: "Bilgesin, ne demek istediğimi anlarsın sen."

Peki Vergilius çoğu deneyimsiz terapistin düştüğü hataya düşüp, karşısındaki kişiyi rahatlatmaya çalışarak, "Tabii ki de bunu hak ediyorsun" mu diyor? Kesinlikle hayır. Dante'ye saldırıyor:

İyi anladımsa dediklerini
diye yanıt verdi gönlü yüce gölge
korku sarmış senin içini;
korku sık sık insanın içine girer,
yapacağı onurlu işleri engeller,
ürkütür karanlıkta kalmış bir hayvan gibi.

Bu da herhangi bir nevroza (ya da alışkanlıklara neden olan uyuşturuculara) bağımlı olan hastalara karşı kullandığımız bir tür meydan okuma olarak yorumlanabilir. Rahatlatma yöntemine nadiren başvurulmalıdır. Psikologlar, özellikle de tedavinin başlangıcında, o çok kritik inisiyatifi hastanın elinden *almamalılardır*.

Dante'nin, "Bilgesin, ne demek istediğimi anlarsın sen" sözleri, bizim anlayabileceğimiz bir ifadeyle terapistin yağlanmasıdır. Bu tür bir övgü cümlesi sözlü bir inkarla değil de (aksine, gerçekten de gizliden gizliye zihnini okuduğumuza inanıyor olabiliriz) bir hareket ya da bir sırıtışla yanıtlanacaktır; sırıtan kişi tam anlamıyla bilge olamaz.

Vergilius'un Dante'ye verdiği yanıtta önemli bir cümle vardır: "Boşlukta sallananlarla birlikteydim." Hepimiz boşlukta sallanıyoruz; ister zengin ister fakir olalım, ister hasta ister terapist olalım, insan olma haliyle mücadele etmeye gayret ediyoruz. Fakat terapistler hastaya tüm bu olup bitenlerin insaniliğini aktarmak için kendi sorunlarından bahsederse, bunu başaramayacaklardır. Friede Fromm-Reichmann bilge bir ifadeyle şunları söyler: "Hasta, terapistin sorunlarını duymadan da kendi sorunlarıyla baş etmekte yeterince güçlük çekmektedir." Hayatta olan herkesin boşlukta asılı olduğu ve asıl günah olan şeyin (bunu Dante'nin kullandığı dille ifade edecek olursak) sorunlu olmak değil, bu sorunların farkına varmayıp onlarla yüzleşememek olacağını hastaya geçirmenin en iyi yolu tavırlar ve yaklaşımlardır.

Her koşulda, Vergilius neden orada olduğuna dair bazı açıklamalar yapar. Cennetteki Beatrice onu Dante'ye yardım etmesi için göndermiştir. Fakat Vergilius asla duygusal değil, hatta oldukça serttir. Sözlerini şöyle bitirir:

> Haydi neyin var? Niçin, niçin gitmiyorsun?
>
> Niçin yüreğinde korku besliyorsun?

Bu azarlamanın Dante'nin üzerinde güçlü bir etkisi olur ve şöyle yanıt verir:

> Gecenin soğuğunda büzülüp kapanan, gün ışıyınca dirilip, doğrulan
>
> Çiçekler gibi, ben de
>
> Sıyrıldım uyuşukluktan
>
> Yüreğimi öyle bir korkusuzluk kapladı ki,
>
> Konuştum özgür bir insan gibi:
>
> Ey yardımıma koşan incelikli
>
> Kadın ve onun söylediği doğru sözleri
>
> Yerine getiren, sen soylu kişi!

Yeni istekler uyandırdın içimde
Söylediğin sözlerle, ben de
Dönüyorum ilk düşünceme.
Haydi yürü, isteği aynı ikimizin de:
Rehberim, efendim, ustamsın sen.

Böylelikle Dante'nin deyişiyle, "o sarp, çetin yola" girerler.

Burada kullanılan "yol gösterici" dilin üzerinde durmamıza gerek yok. Durmaksızın içsel bir anlam arayışını sürdürmeliyiz; Dante de insanın acılarının içinde yolunu tek başına bulamamaktadır. Yalnızca Vergilius'un sağlayacağı mitlerin sarsılmazlığına değil, aynı zamanda kendi amaçlarına uygun bir şekilde kullanabileceği mitlere ihtiyaç duyar. Rehber ve seyyahın amaçları çelişemez ya da birbirinden radikal bir şekilde ayrılan kültürel mitleri paylaşamazlar. Benzer şekilde, metaforik bir Efendi ya da Usta olabilmek için terapistin de paradoksal bir şekilde alçakgönüllü bir dost, güvenilir bir kişi olarak kalması gerekir.

Ancak Vergilius anlatının bazı kritik noktalarında arkadaşını rahatlatır. Daha sonraki bir esnada, Dante yoğun ve ciddi bir endişeye kapılıp Vergilius'a şöyle haykırdığında,

Sevgili Ustam, tehlikedeki Rehberim...
Yanımda kal şimdi... Kalbim korku içindeyken.

Vergilius şu şekilde yanıtlar:

Merak etme...
Seni bırakmayacağım

Bu cehennemde tek başına.

Bu, yolculuğun hastanın bir görevi olduğunu yeniden ifade ederek onu rahatlatan ve böylelikle sorumluluğu onun üzerinden almayan bir yaklaşımdır. Kendi çalışmalarımda, hastanın bir daha çıkamayacağı ya da onu yarı yolda bırakacağım korkusuyla ilerlemek istemediği durumlarla karşılaştım. Şöyle diyebilirim: "Sana faydası olduğu sürece seninle çalışmaktan memnunum." Bu ifade, pasiflik (her daim caziptir) ya da hareketsizlikten ziyade, aktif yardımın altını çizer. *Cehnnem*'de, okur Vergilius'un tavrından, yani Dante'nin ifadesiyle "yumuşak ve cesaret verici gülümsemesinden" etkilenir.

CEHENNEMDEKİ YOLCULUK

Yolculuklarına başlayınca, cehennemin girişinde fırsatçıların acı dolu haykırışlarını duydukları yerde dururlar. Bunlar, hayatta ne iyilik ne de kötülük yapmış, sadece kendileri için yaşamış ruhlardır. Meleklerin isyanında yansız kalmış kimsesizlerdir. Modern psikolojide bu fırsatçıların uyum sağladıkları düşünülebilir; beladan nasıl uzak kalacaklarını iyi bilirler! Fakat Dante, onların yansız kalarak günah işlediklerini söyler. Bu yüzden de cehennemin ne içinde ne de dışındadırlar. John Ciardi, onları şöyle tanımlar: "Sonsuza dek hiçbir yere ait olmadan, önlerindeki kirli havada dalgalanan bayrağın peşinde dönüp dururlar. At sinekleriyle eşek arıları sokarak kanlarını ayaklarının dibine akıtır." Dante'nin cehenneminde sembolik bir ceza yasası yürürlüktedir. Bu fırsatçılar yansız kaldıkları için yerleri yurtları da yoktur. Ciardi şöyle der: "Günahları karanlıkta kalmak olduğundan, tam da buna mahkum edilirler. Nasıl ki suçluluk çeken bilinçleri onların peşlerini bırakmadıysa, orada da eşek arılarıyla at sinekleri her daim peşlerindedir."[136]

Yazar ister Dante ya da Sofokles, ister Shakespeare olsun, klasik edebiyatta *insan mükemmelliğine dair yüzeysel fikre* ya da böyle bir duyguya karşı sempati beslenmez. Bu yazarlar ve mitleri ortaya atanlar insanın insana karşı insandışılığının gerçekliğini görüp, insan olma halinin trajik bir varoluş hali olduğunu ortaya attılar. Ne iyi ne de kötü olan her karakter –tıpkı Ibsen'in oyununun ilk bölümündeki Peer Gynt gibi– özgün bir hayat yaşamıyordur. Büyük drama yazarları, ortaya koydukları kötülüğü cezalandırma konusunda titiz davranırlar ama insanları ahlaki bir hayat sürmekten uzaklaştıran tutkuya karşı derin bir anlayışa sahiptirler. Tıpkı Ibsen gibi, "gerçek bir günahkâr olmak için cesaret gerektiğine" inanırlar.[137] Şiirin girişinde, Dante'nin uyarıldığı şehvete kendini kaptıran iki aşık Paolo ve Francesca, kusurlu insana dair en karmaşık örnektirler; anlayışlıdırlar *çünkü* kusurludurlar. Kurgusal karakter olan Dante, cehennemden geçerek şahit olduğu farklı günahlara dair örnekleri nasıl değerlendirmesi gerektiğini öğrenmek zorundadır. Burada yine bir benzerlik kurulabilir, zira terapideki hasta da kısmen terapistin, Aziz Augustine'in deyişiyle "benzemezlik ülkesi" olarak tanımlanabilecek sorunlu insan tiplerine dair bilgisinden faydalanarak kendi sorunlarıyla başa çıkmayı ("tedavi" etmeyi değil) öğrenir.

Dante cehennemin farklı çemberlerine inip açgözlüler, istifçiler ve savurganlar, gazap ve öfke verenlerle karşılaştı-

---

136 Dante, *İlahi Komedya,* Ciardi'nin üçüncü kanto için giriş yazısı.

137 Ibsen, *Peer Gynt.*

ğında anlattıklarına burada değinmeyeceğim. Bu günahları işledikleri için cehennemde olan kişilerin kötülüklerinin *kapsamı* dönemden döneme değişir; günahların modern çağdaki kapsamı Orta Çağ'dakinden farklıdır. Burada asıl önemli olan kişinin tek tek mücadele ettiği kötülükler değil, yolculuğun kendisidir. Her arayış-romansta olumsuz durumların farkına varmak benliğin temizlenmesi ve ölü/hastalıklı olan benliğin atılarak yeni bir hayata başlanmasıyla son bulur. Benzer şekilde, psikanalizin işlevi de bir bakış açısına göre kişinin ruhsal açıdan sorunlu geçmişini aşarak sağlığını kazanmaya doğru yol alması olarak görülebilir. Freud'un, "Histerik hastalar çoğunlukla hatıralardan sıkıntı duyar" ifadesi, içsel olarak otobiyografik anlatılara yönelenleri de kapsayacak şekilde genişletilebilir. Buradaki önemli fark, modern hastaların da tıpkı modern yazarlar gibi kişisel hatıraları tarihi kişiler ve Dante'nin şiirindeki olaylara tercih etme eğiliminde olmalarıdır.

'Cehennem' sonsuz bir acı ve işkenceden ibarettir, fakat tüm bu acı ve işkenceye katlanan ruhlarda herhangi bir değişikliğe neden olmaz ve dışarıdan dayatılır. Fakat 'Araf'taki acı geçicidir, bir tür temizlenmedir ve ruhun kendi iradesiyle gönüllü bir şekilde yüzleşilir. Kutsal 'Cennet'e ulaşmak için her ikisinden de geçmek gereklidir. Bu üç aşamanın eşzamanlı olduğunu düşünüyorum; insan deneyiminin tüm veçhelerinin bir arada olduğu bir varoluş hali. Gerçekten de Dante'nin ruhsal şiirinin epik geleneğini devam ettiren modern edebiyat, Joyce'un *Ulysses*, Pound'un *Kantolar*'ı ya da Eliot'ın *Dört Kuartet*'i gibi eserlerde ahlaki alanlara dair radikal bir ayrım yapmaz.

Şimdi terapinin sınırları sorununa dönmek istiyorum. *İlahi Komedya*, terapistler olarak bizim çalışmalarımızın sınırlarına ışık tutuyor mu? Ben tuttuğunu düşünüyorum.

Dante'yle arasındaki ilişkiyi terapistin hastayla arasındaki ilişkiye benzettiğim Vergilius insan aklını temsil eder. Bu durum, Dante tarafından defalarca kez açık bir şekilde ifade edilmiştir. Fakat Dante'de 'akıl' bizim bildiğimiz anlamıyla modern entelektüellik, teknik akıl ya da rasyonalizm değildir. Kişinin deneyim, özellikle de acı çekmenin anlamı üzerinde düşündüğü ya da bunları sorguladığı hayatın geniş kapsamını temsil eder. İçinde bulunduğumuz çağda akıl, çoğunlukla beynin sol bölümüyle yönlendirildiği için mantık olarak görülmektedir. Bu durum, Vergilius için doğru değildir: O muazzam yaratıcı bir şairdir, bir mantıkçı değil. Dante'nin ortaya attığı geniş kapsamda değerlendirildiğinde, akıl bize bireysel cehennemlerimizde yol gösterebilir.

Ancak böyle bir bağlamda dahi akıl bizi tanrısal cennete ulaştıramaz. Dante yolculuğunda başka yol göstericilere ihtiyaç duyar. Bunlar *ilham (vahiy)* ve *sezgidir*. İnsan deneyiminin bu iki işlevine dair açıklama yapmak için ara vermeyeceğim. Fakat deneyimsiz terapistlerle yaptığım çalışmalarda edindiğim deneyime dayanarak, kendilerini insan aklı dışında farklı iletişim yöntemlerine kapatan terapistlerin gerçekliğin önemli bir kısmından uzak kaldıklarını ifade etmek isterim (Freud'un, hastalarının sıklıkla "beyaz yalan" olarak nitelendirilebilecek yalanlarını dahi fark ettiklerinden onlara bir daha asla yalan söylememe kararı aldığını söylediğini hatırlıyorum: Bunu, zihinsel telepatiye olan "ahlaki" inancı olarak ortaya atar). Dante'nin sezgiyi en üstün kılavuz olarak nitelendirmesi bana ilginç gelir. Dante'nin cehennemine bir çember daha eklememe izin verilirse, dogmatik rasyonalizm günahının pençesine düşen terapistler bu zihinsel gücün geçerliliğini kabul edebilirler.

Terapinin sınırları, Cehennem'den geçip neredeyse Araf'tan da çıkmak üzerelerken Vergilius'un Dante'yi bırakmasıyla aydınlanır. Ciardi'nin dikkat çektiği üzere, şairler dünyevi cenneti gördüklerinde Vergilius, "son sözlerini söyler, çünkü şairler artık mantığın sınırlarına ulaşmışlardır ve Dante her tür itkinin peşine düşmekte özgürdür, ne de olsa günaha dair her şey temizlenip atılmıştır."[138] Böylelikle karışık hislerle dolu bir üzüntü içinde birbirlerine veda ederken, geleceğe dair bir yaşama sevinçleri vardır. Dante (üç kanto sonra), Vergilius'a şöyle haykırır:

> Sola doğru döndüm, üzülen
>
> Ya da canı yanan bir çocuğun güvenle annesine koşması gibi...
>
> Ama Vergilius yoksun bırakmıştı beni kendisinden,
>
> Sevgili babam Vergilius, kendimi emanet ettiğim Vergilius![139]

Vergilius'un yerine kurtarıcı ve kutsayıcı bir varlık olarak Beatrice belirir. Buradaki paralellik, *terapimizin hayatın kendisi değil de hayata bir giriş olmasıdır.* Biz de Vergilius gibi, karşımızdaki kişiyi zaman zaman terapistin varlığının gerekli olmamasına dair anlaşılabilir aralarla birlikte "özgürlüğün meyvelerini toplamaya" başlayabileceği noktaya kadar götürürüz ve sonrasında kendisi, "iradesinin özgür, eğilmemiş ve güvenilir" olduğu bir noktaya doğru ilerler.

---

138 Dante, *İlahi Komedya,* Ciardi'nin otuz ikinci kanto için giriş yazısı.

139 *İlahi Komedya,* Araf, otuzuncu kanto.

Dante'nin ve hastalarımızın ilerlediği bu kendi kendinin yönetildiği hayat, *bir topluluk olarak hayat* ya da daha açık bir ifadeyle bir sevme özgürlüğüdür. 'Araf' ve 'Cennet' bölümlerinin sonundaki kılavuzların kadın olmasının ve Beatrice'in ilk fırsatta Vergilius'u göndererek Dante'yi kurtarmasının nedeni buymuş gibi görünmektedir. Dante, Beatrice'in çağrılmasıyla birlikte bize modern bir analizandı (analiz edilen kişi) hatırlatır.

Beatrice tamamen kişisel bir mittir, ölümüyle birlikte ilk büyük şiirsel yapıtı olan *Yeni* Hayat'a ilham veren, Dante'nin tanıdığı Floransalı bir kızdır. 'Araf'ta yeniden ortaya çıkması, bize Dante'nin hastalıklı bir kayıp duygusunu – hatta belki de onu karanlık ormana yönlendiren travmayı– çocukluğuna ait (ilk tanıştıklarında Dante dokuz yaşındadır) bu çok sevdiği kadınla yeniden bir araya gelerek başarılı bir şekilde aştığını gösterir. Beatrice, gerçekte Dante'nin kendi aklı ve kalbidir. İnsan gerçekten de onun Dante'nin zihninden neye tekabül ettiğini merak ediyor; biz, Dante'nin hayal gücünün çekirdeğini, ruhsal özlemlerini ve ruhani bir şekilde kendisine kılavuzluk edilmesini ortaya atıyoruz. Bu hayali buluşma, Wilhelm Jensen'in Pompeii'yi anlattığı ve Freud'un hakkında kitap boyutunda bir çalışma ortaya koyduğu *Sanrı ve Düş 'Gradiva'* romanındaki dünyevi diriliş sahnesini anımsatır. Her iki çalışmada da baş karakterin gençliğine ait bir kahraman, kendisini seven kişinin özlem dolu ruhuna yeniden sevgi ve mutluluk aşılayabilmek için çok farklı bir ortamda yeniden karşısına çıkar. Kadınları bu önemli konuma yerleştiren diğer klasikleri de anımsayalım: Helen'in ilham veren gücünü ortaya koyan Goethe'nin *Faust*'u ve Ibsen'in Peer Gynt'i Solveig'e olan kurtuluşuna geri döndürdüğü *Peer Gynt* kitabı. Jung, *anima* kavramı üstüne yazdığı makalelerde H. Rider Haggard'ın libido nesnesine yeniden güç kazandırdığını ifade ettiği üç romanı üzerinde durmuştur; *Ayişe, Ayişe'nin Dönüşü (The Return of She)* ve *Bilgeliğin Kızı (Wisdom's Daughter)*. Bu mitin, özellikle orta yaştaki hastalar için önemli olduğunu iddia etmiştir.

Burada kadınların toplumu sembolize ettiğini ortaya atıyorum. Hepimiz hayatı önce rahimde ve sonrasında rahimden dünyaya uzanan yolculukta deneyimledik. İster kız ister erkek olalım, gerçek ya da metaforik olarak annemizin memesinden beslendik. Sevdiğimiz kişiyle cinsel anlamdaki birleşme sayesinde ırkımızın sürekliliğine katkıda bulunuyoruz. Bu bağlamda, sevgiyi deneyimlerken aynı zamanda dünyayı da deneyimliyoruz. Dolayısıyla, cehennem ve araftaki yolculuklarımızın sonrasında terapistimiz hayatın kendisi oluyor. *Hastalarımız bizi hayat topluluğunun kendisine katılmak için terk ediyorlar.* Alfred Adler'in sosyal ilgiyi –toplum hayatına bağlılık– zihinsel sağlığın testi olarak ortaya koymasının nedeni de budur.

Terapinin sınırlarına dair bu görüş, bir kez daha görevimizin insanları 'iyileştirmek' olmadığını imliyor. Zeki erkek ve kadınların psikoterapinin iyileştirip iyileştirmediği üstüne yürüttükleri tartışmalar ve psikoterapiyi on dokuzuncu yüzyıl Batı yöntemine uyarlamak için harcanan onca zamanı düşündükçe yüzüm acı içinde buruşuyor. *Bizim görevimiz, bireysel cehennem ve araflarında yolculuğa çıkan insanların kılavuzu, dostu ve yorumcusu olmaktır*. Bizim görevimiz hastaların kurban olarak kalmaya devam edip etmeyeceklerine –zira kurban olmanın kişinin ailesi ve dostlarının yanı sıra ikincil faydalar bağlamında da önemli faydaları vardır– karar verebilecekleri ya da bu kurbanlık halinden kurtulmayı seçerek, bir tür cennet hissine ulaşacakları araftan çıkmayı mı seçebilecekleri bir noktaya gelmelerine yardım etmektir. Hastalarımız, genellikle sona doğru, cesurca çıktıkları bu yolculuğu özgürce verecekleri bir kararla bitirme konusunda anlaşılır bir korkuya kapılırlar.

Tarih boyunca cennete ancak cehennemden geçerek ulaşılabileceği doğru olagelmiştir. Cehennemden geçiş, göz ardı edilemeyecek bir yolculuğun parçasıdır; gerçekten de kişinin cehennemde öğrendikleri, sonrasında herhangi bir iyi değere ulaşmak için önkoşuldur. Homeros, Odysseus'u cehenneme indirir ve ancak orada Ithaca'ya güvenli bir şekilde dönebilmesini sağlayacak bilgiye ulaşabilir. Vergilius, Aeneis'i cehenneme gönderir ve orada babasıyla konuşarak, Roma'nın kuruluşu esnasında yapması ve yapmaması gerekenlere dair bilgi alır. *Her bir kahramanın kendileri için hayati önem taşıyan bir bilgiye cehenneme yaptıkları yolculukta ulaşmaları ne kadar uygundur!* Bu bilgi olmadan ne yöne gidileceği ya da cennete özgü şeylere –deneyimin saflığı, kalbin saflığı– nasıl ulaşılabileceği kestirilemez. Dante'nin kendisi de bu yolculuğu bizzat yapar; cehennemden geçer ve ancak ondan sonra yolculuğunun sonundaki cennete ulaşabilir. Dante'nin bu şiiri yazmasındaki amaç, bizlerin de aynı yolculuğun sonunda cennete ulaşabilmemizi sağlamaktır.

İnsan cennete ancak cehennemden geçerek ulaşabilir. Acı çekmeden –örneğin, aktarmak istediği anlamı karşılayacak en doğru kelimeyi bulmaya çalışan bir yazar gibi– ya da kişinin temel hedeflerine dair bir inceleme yapmadan cennete gitmek mümkün değildir. Salt dünyevi bir cennetin dahi benzer gereklilikleri vardır. Örneğin, Poincare haftalar, hatta aylar boyunca acı çeker, depresyon ve umutsuzlukla yüzleşir ama sonrasında son bir mücadeleyle en nihayetinde matematikte yeni bir keşif yaparak, ortaya attığı sorunun çözümünün bulunduğu 'cennet'e ulaşır.

Bu bölümün başlangıcında Dante'nin yolculuğuna Kutsal Cuma günü başladığını belirtmiştim. Bu günün önemi, içe işleyen ümitsizliğinin yeniden doğuş, yani Paskalya deneyimine bir giriş olmasında yatar. Acı, korku ve üzüntü kişinin kendi kendini gerçekleştirmesi ve tatmin edebilmesi için gereklidir. Avrupa'da, İsa'nın çarmıha gerildiğine dair ifadeleri duymak için kitleler Kutsal Cuma günleri kiliseye gider, çünkü cennete yükselebilmek için önce dünyada ölmek gerektiğini bilirler. Amerika'daki pratik hayata baktığımızda, sanki bu çileli aşamanın ümitsizliğini aşıp doğrudan doğruya yükselmenin coşkunluğunu yaşama isteğiyle hareket ediyor gibi görünürüz. Hiç ölmeden yeniden doğabilecekmişiz gibi davranırız. Amerikan rüyasının ruhani biçimi de budur!

İlahi Komedya, tıpkı diğer pek çok edebi klasik gibi son derece basit illüzyonların doğru olmadığını ortaya koyar. Dante'nin rahatsızlık verici ve örnek teşkil eden bu yolculuğu, psikoterapi süreçlerine dair en önemli vaka çalışmalarından biri olmasının yanı sıra, modern terapinin en iyi örneklerinin yöntem ve amaçlarının mitsel ve çarpıcı bir biçimde ortaya koyulmasıdır.

ONUNCU BÖLÜM

PEER GYNT: İNSANIN SEVME SORUNU

Malapaga'nın, Peer Gynt'in hayallerinin hepsi
artık benim için geçerli gibi.[140]

Yevgeny Yevtushenko

Peer Gynt'e erkeklerin yirminci yüzyıldaki miti denebilir, zira modern erkeğin psikolojik durumunu çarpıcı bir şekilde resmetmiştir. Bu oyunda, çoğu psikoterapistin yirminci yüzyılda yürüttükleri çalışmalarda gördükleri bir desen ortaya konulmuştur. Bize Ibsen'in oyununda bir sanat eseri olarak ortaya koyulan şey, günümüze özgü stres unsurlarının bir ürünüdür.[141]

---

140 *Yevgeny Yevtushenko'nun Şiirleri (The Poetry of Yevgeny Yevtushenko)* kitabında yer alan 'Anlamıyorum (I Don't Understand)' adlı şiirden.

141 Bu da sanat eserlerinde ortaya konulan görüntü ve imgelerin yalnızca temel psikolojik problemleri ortaya koyduğunu değil, aynı zamanda bunları önceden kestirebildiğini de gösteren bir başka örnektir. Ibsen'in oyunu 1867 yılında, Freud'un rüyalar üzerine yazdığı kitaplardan üç yıl önce ve *Muhteşem Gatsby*'den yarım yüzyıl önce yazılmıştır, fakat yine de kişinin kendi kendini bu şekilde yıkması ancak yirminci yüzyılda karşımıza çıkmıştır.

Peer Gynt, iki arzuyla nitelendirilen bir erkeğin miti, yani hayat modelidir ve bu ikisinin arasındaki çelişkide kendi benliği kaybolur. Bu arzulardan biri kadınlar tarafından *takdir* edilmektir, diğer arzuysa aynı kadın tarafından *bakılmaktır*. İlk arzu maço davranışlara yol açar: Övünüp duran biri olarak caka satar ve büyüklenmeci bir tavır takınır. Fakat görünürdeki bu güç, ikinci arzunun tatmin edilmesi için kadını, yani simgesel kraliçeyi tatmin etme çabasına hizmet eder. Dolayısıyla, bu güç bir tür pasifliğe, kadına bağımlılığa yol açarak onu zayıf düşürür. Yani bu iki arzu birbiriyle çatışır. Nihai yargıyı, yani kendisi üzerindeki mutlak gücü elinde tutan kişi kadındır. Farklı kadınların yanında ne kadar böbürlenip durursa dursun, aslında kraliçeye hizmet eden bir köledir. Kendi özgüveni ve kendine dair imgesi onun gülümsemesine, onayına tabidir. Nasıl ki bir saray mensubu şövalye ilan edilmek için kraliçenin gözünün içine bakarsa, onun da varlığı kadının elindedir.

BENLİĞİN KAYBI

Peer Gynt, eski bir İskandinav hikayesine dayanılarak geliştirilmiş bir mittir. Fakat Ibsen'in Norveçli olmasının da ötesinde, bu oyunun bulunduğumuz zaman dilimi için evrensel bir yanı da vardır. Ibsen bu oyunda Peer Gynt'e şunları söyletir: "Herkes kendini Peer Gynt'e yakın buluyor."[142] Ibsen bu oyunu yazdığında, İskandinavya dışında anlaşılamayacağını düşünmüştü. Sonrasındaysa çok geçmeden aslında İskandinavya'da anlaşılmayıp, dünyanın diğer bölgelerinde çok iyi anlaşıldığını gördü. Peer her

---

142 *Peer Gynt*.

yerde ulusal bir prototip olarak karşılandı. George Bernard Shaw şöyle yazdı: "Ibsen'in evrenselliği ve insanlığa dair anlayışı bu oyunun her ulusta karşılık bulmasını sağlıyor ve Peer Gynt bir Norveçli olduğu kadar aynı zamanda bir Fransız da." Japonya'da bile Peer Gynt'in "tipik bir Japon" olduğu ifade ediliyor. Modern Rus şairlerinden Yevgeny Yevtushenko, yazdığı içebakışçı şiirlerinden biri olan 'Anlamıyorum (I Don't Understand)'da kendisinin Peer Gynt *olduğunu* yazmıştır.

Aslında Peer Gynt'in her ulusta karşılığını bulan bir karakter olmasının altında, bu karakter ve mitin Ibsen'in kendisiyle ilgili muazzam kavrayışıyla ilintili oluşu yatar. Bir yazar kendi bireysel deneyimlerinin derinlerine indikçe karşılaştığı şeylerin arketipsel bir yanı olması ve dolayısıyla diğer uluslardaki bireylerle de –Japon, Fransız, genç Rus– bağlantılı olması kaçınılmazdır. Ibsen giriş kısmında şöyle yazar: "Bu şiir, kökleri çocukluğuma dayanan çok şey içermekte." Özellikle de Ibsen'in annesi, oyunda Peer Gynt'in annesi olan Aase için bir model oluşturmuştur.

Bu oyunun bize bu denli hitap etmesinin bir diğer nedeni de, atalarımızın döneminden hemen sonra gelmesidir. 1867 yılında, yani Kierkegaard'dan ve Nietzsche'nin ve Freud'un ortaya çıkmasını sağlayan dönemden hemen sonra yazılmıştır. Nasıl ki bu adı geçen kahinler on dokuzuncu yüzyılın *içinden* yirminci yüzyıla seslenmişlerse, bu oyun da yirminci yüzyıldaki modern erkeğin yüzleşeceği temel sorunlarla ilgilidir.

Ibsen'in oyunu Peer Gynt'in mitsel artalanında, kayıp benlik ve bunu yeniden elde etmek için verilen çetin mücadele yatmaktadır. Ibsen bunu çok iyi dile getirmiştir ve söylediği şeyi tıpkı söyleyiş şekli gibi basit ve etkili bir şekilde kast etmiştir: "Sorun nasıl kendiniz olabileceğinizdir." Bu ifade bize Ibsen gibi İskandinav olan Kierkegaard'ı hatırlatıyor ve hemen Ibsen'in Kierkegaard'dan ne kadar etkilendiğini düşünmemize neden oluyor. Çevirmenlerinden biri olan Michael Meyer, Ibsen'in Kierkegaard'ın çalışmalarının çok azını okuduğunu ve okuduklarının da çok azını anladığını ifade etmektedir. Fakat, diye devam eder Meyer kurnazca, çoğu yazar kısmen anladığı başka yazarlardan bilinçaltı bir düzeyde de olsa etkilenmiştir. Ben burada daha da ileri gidip çoğu yazarın anladıkları yazarlara kıyasla anlamadıkları yazarlardan *daha çok* etkilendiklerini ortaya atacağım, zira anlaşılmayan yazarlar zihinde sürekli kurcalanmaya devam eden sorular bırakırlar. En önemlileri, bizi bir bütünlük olarak, Jung'un kolektif bilinçdışı olarak nitelendireceği seviyede ele geçiren etkilerdir. Kierkegaard yirminci yüzyıldaki herkese o denli yakındır ki, çoğu zaman onu görmek güçtür. Bu oyunun yazıldığı tarihten sadece yirmi yıl önce Danimarka'da doğup yaşayan Kierkegaard'ın insanlar üzerinde içsel, kişisel ve öznel olarak nitelendirilebilecek etkileri vardır. Kayıp benlik de Kierkegaard'ın temel konularından biridir: En büyük eleştirisini "uyumlu vatandaşlar"a yöneltir.

Bu oyunun açılışında, kibirli biri haline gelmiş olan Peer Gynt annesine bir antilop üstünde Gjendin Gölü'ne girdiğini, oradan buzulu aşıp, tepenin üzerinden geçerek uçurumdan indiğini anlatmaktadır. Başlangıçta annesi ona inanır ve endişeye kapılır, fakat sonra Peer'in yine her zamanki gibi böbürlendiğini fark eder.

Sonrasında Peer Gynt, eski bir kız arkadaşının davet edilmediği düğününe doğru yola çıkar. Ibsen daha oyunun hemen başında bize bu tip erkeklerin en önemli özelliklerinden biri olan zarar görmüş özgüvenlerini ve aşağılanmaya karşı savunmasız oluşlarını ortaya koyar.

Düğünün yapılacağı köye doğru ilerleyen Peer yolda kendi kendine şöyle der:

> İnsanlar durmadan arkandan kıs kıs güler,
> Ve içine işleyinceye dek fısıldayıp durur…
> Keşke bende bir şeyden azıcık olsaydı.
> Ya da bu fark edilmeyebilseydi. Keşke beni tanımıyor olsalardı.
> En iyisi bir içki. O zaman kahkahalar acıtmaz.

İnsanların gelip yol kenarındaki otların ardına saklandıklarını duyar. Ellerinde hediyeler olan bazı misafirler düğüne doğru giderken onun hakkında konuşurlar. Adamlardan biri şöyle der: "Babası alkoliğin tekiydi, annesiyse sersem" ve yanındaki kadın atılır: "Onun işe yaramaz olmasına şaşmamalı."

Yüzü öfkeden kızaran Peer kendini zorlayarak başını çevirir: "Eh, bırakalım da konuşsunlar. Konuşmaları beni öldürmez." Sonra otlara uzanıp yaralanan özgüvenini tazelemeye çalışırken bulutlara bakıp hayal kurar:

> Ne tuhaf bir bulut! Ata benziyor…
> Bu annem.
> Bağırarak paylıyor: "Seni canavar! Dur. Peer!"
> (*Yavaşça gözlerini kapar.*)
> Evet, şimdi o da korkuyor. Peer Gynt atını sürüyor.
> Koca bir ordunun önünde. Atının üzerinde bir arma var
> Işıl ışıl parlayan gümüşten ve nalları altından.

Onun ellerinde eldivenler, bir kılıç ve kın,
Üzerindeyse kırmızı ipek çizgili bir cüppe
Yanındakiler cesur ve iyi adamlar,
Ama hiçbiri atının üzerinde onun kadar vakur
durmuyor.

Peer Gynt'i Walter Mitty kalıbıyla karıştırmamak önemli. Bu adamın Walter Mitty'lik hiçbir yanı yok; Peer Gynt tipleri son derece yeteneklidir. Gösterişli ve kibirlidirler, doğru; fakat güçlerini –olduğu kadarını– Peer Gynt örneğinde olduğu gibi vurup, rastgele bir şekilde kullanırlar. Peer Gynt, kendi imgesindeki çatlağa (bu kelimeyi yerin altındaki derin çukur anlamında kullanıyorum) rağmen bize defalarca kez göstereceği gibi, zarar görmüş özgüveniyle konuşup kendini bulmaya çalışan güçlü bir adamdır. Bu gibi adamların asla çok önemli olmamalarının nedeni yeteneklerinin olmaması değil de, *her daim bir yansıma olarak kalmalarıdır*. Mitleri bir tür avuntu şeklinde kurulmuştur. Onaylanmaları kendilerinin değil, başkasının gücü dahilindedir. Motorun sürekli olarak dönüp durduğu, fakat geri kalan aksamla herhangi bir bağlantısı olmayan araçlardan farksızlardır.

Peer Gynt düğün mekanına varınca, orada hala küçük bir kız olan fakat oyunun ilerleyen bölümlerinde bir kahraman olarak yeniden sahneye çıkacak Solveig'le tanışır. Peer bu ilk karşılaşmada tuhaf bir coşkunluk, alttan alta yayılan bir güç hisseder.

Ne kadar da güzel!
Hiç böyle bir kız görmemiştim! Bakışlarını

Ayakkabılarına ve bembeyaz önlüğüne indirdi,
Ve annesinin eteğine sımsıkı tutundu,
Elinde, beze sarılı
Bir ilahi kitabı vardı,
Bu kıza bakmalıyım.

Solveig'e kendisiyle dans etmesi için yalvarırken, oyunun ilk yarısındaki neredeyse tek içten cümlelerini sarf eder. Kız onu reddeder, fakat Peer'e karşı bir yakınlık hissettiği bellidir. Her ne kadar Peer oradaki diğer genç erkeklerin yanına gidip böbürlenmeye devam etse de ("Üzerinizden tıpkı bir fırtına gibi esip geçerim/Cemaat önümde diz çöker!"), Solveig'i oyun boyunca unutmaz. Kişi psikoterapi esnasında ne kadar derin bir nevroz ya da psikoz içinde olursa olsun, herkesin içinde bir yerde bu içten, dürüst, insani tepkiler veren bir yer olduğunu öğrenir; sevebilme yetisinin merkezi. İşte Peer'in ruhunun tam da o noktasına dokunulmuştur.

Düğünde tartışmalar çıkar; genç adamlar Peer Gynt'le demirciyi kavga ettirmeye çalışırlar, fakat demirciden daha birkaç gün önce dayak yemiş olan Peer geri adım atar.

Daha sonra Peer, cinselliği bir tür araç olarak kullanan bu gibi adamların elinden çok iyi gelen dramatik baştan çıkarışlara bir örnek olarak gelinle, yani Ingrid'le kaçar. Onu dağın tepesine kadar taşıyıp, orada baştan çıkarır ama sonra acınası yakarışlarına rağmen onu kendisinden uzaklaştırır: "Of, kapa çeneni" ve "Geldiğin yere geri dön!"

Artık tüm bu yaptıklarının acısıyla orayı terk etmek zorunda kalarak yolculuğuna başlar. Üçüyle aynı anda sevişmesi için onu zorlayarak alay eden üç trol kızla karşılaşır. Peer, "Deneyin de görün!" diyerek bu meydan okumayı kabul eder.

Terapideki hastalarımızda bu tür erkeklerin nasıl sürekli olarak benzer şekilde *baştan çıkar ve terk et* döngüsünü tekrarladıklarını görürüz. Annelerinin evde kendilerini beklediğinden emin olmaya karşı güçlü bir ihtiyaç duyar ve sonra kendilerini ona bağlayan göbek bağını gevşeterek dolaşmaya başlarlar. Peer Gynt gibi erkekler cinsel atletlerdir. Fakat tüm bu cinsel güç sembolik kraliçeye hizmet etmektedir: Trol kızlar emrederse buna uymak zorundadır. Bir ilişki yoktur; zafer kazanılır ve sonra terk ediş gelir. Yevtushenko bu bağlanma eksikliğini şöyle betimler:

> ...insanlar ısrar ediyor ve ben dayanamıyorum,
>
> Beş para etmemem,
>
> Ve hayatla aramda çok az bağ olmasına.[143]

Bu erkekler ilişki istemezler; açık bir şekilde zafer kazanma peşindedirler. Fakat daha açık bir ifadeyle, asıl isteyip de elde etmek için bunca çaba sarf ettikleri şey, kraliçenin hala kendileriyle ilgilenmesi ve ona kendi önemlerini kabul ettirmektir. Kaslarını gerip durmalarının nedeni kraliçeye hala güçlü olduklarını gösterme isteğidir. Sonuçta, ne kadar uzağa giderlerse gitsinler yine de anneye bağımlıdırlar.

Oyunun bu noktasında Peer Gynt bir an için ne yaptığını kavrar, sahtekârlığının ve kendi özgüvenindeki çelişkinin farkına varır.

---

143 'Anlamıyorum.'

Gjendin Nehri'ni aşmak –

Her şey sahteydi ve bir yalandan ibaretti! …

Deli kızlarla kafa bulmak –

Lanet olası bir yalan ve sahtekârlık.

Ama bu gerçekle doğrudan doğruya yüzleşemez. Sürekli olarak zihninden uzaklaştırmaya çalışarak kendini tekrar tekrar büyüklük hayallerine kaptırır.

Peer Gynt sen büyük şeyler başarmak için doğdun

Ve büyük şeyler başaracaksın![144]

Yolculuğuna devam ederken, trol kralın kızıyla karşılaşır ve onu tatlı dille kandırır. Birlikte, "gelinin beygiriymiş" gibi davrandıkları devasa bir domuzun üzerinde trol krallığına giderler. Orada mevcut kral, ileride kraliçe olacak kızıyla evlenirse Trol Kralı olup kızın çeyizi olarak da ülkeye sahip olacağını söyler. Bu, tam da yukarıda anlatmaya çalıştığımız duruma bir örnektir: Adam kendi gücüyle değil de, kraliçeyle olan bağlantısı sayesinde kral olur.

TROLLÜĞÜN ANLAMI

Peer Gynt miti insanlar ve yeraltının karanlığında yaşayıp insan doğasının hayvani yanını temsil eden troller arasındaki dengeden ibarettir. Mitsel yaratıklar olarak troller çoğu zaman cücelerle karıştırılır ve mağaralarda yaşadık-

144 Ibsen, *Peer Gynt*.

ları rivayet edilir. Trol kralı Peer'e sorar: "Trollerle insanlar arasındaki fark nedir?"

PEER: Görebildiğim kadarıyla bir fark yok.

Büyük troller seni pişirmek, küçük trollerse pençe atmak ister.

Cesaret edebilirsek bizim için de farklı olmaz.

TROL KRALI: Doğru. O yönden ve daha pek çok yönden benzeriz.

Ama sabah sabahtır ve gece de gece.

Ama yine de arada farklılıklar vardır.

Sana ne olduğunu söyleyeyim.

Orada, cennetin ışıldayan kapısının altında,

İnsanlar birbirine şöyle der: "İnsan, kendin ol!"

Ama burada, troller olarak kendi aramızda şöyle deriz:

"Trol, kendin *ama sadece kendin* ol."

Tüm fark bu tek kelimede yatar: "Sadece." Trol kralına göre bunun anlamı şudur:

Sınırlarımızın ötesindeki

Dünyaya aldırış etmemek

Gündüzden ve aydınlık her şeyden vazgeçmek.

Oyunun çevirmenine göre bunun anlamı şudur: "Dünyanın geri kalanının canı cehenneme."

Trollerin gözleri şaşıdır; Peer her şeyi olduğu gibi görmekten vazgeçmelidir, çünkü trollerin bakışları yamuktur. Troller karanlıkta yaşar ve Peer'in üzerine binerek trol kampına sürdüğü domuzu bir beygir, arkasındaki kızıysa "kraliçe" olarak görürler. Peer üstüne tutturdukları tuğu kabul ederken, trol kralı talimatlarına devam ederek trollerin salt duyularına göre yaşadıklarını ve "yaşlı Adem'in kapı dışarı edildiğini" söyler. Peer tüm bunları onaylar. Fakat kamptan asla ayrılamayacağı söylendiğinde Peer ciddileşir.

> Bir tuğ aldım, itiraf ediyorum;
>
> Şu ineğin bir kadın olduğuna dair de seve seve yemin ederim:
>
> Ama: Kitapta belirtildiği gibi
>
> Bir daha eve gidemeyecek olmamı…
>
> Asla kabul edemem.

Bunun üzerine kral, kızına karşı cinsel arzular besleyip onu hamile bırakmış olan Peer'den kızıyla evlenmesini ister.

> Siz insanlar, hepiniz aynısınız
>
> Arzuları önemsiz sanırsınız.

Peer itiraz edince, onu öldürmek amacıyla üstüne atılırlar. Aldığı darbeler karşısında pes edip, haykırarak yere düşer: "Yardım et anne, ölüyorum!" Uzakta kilise çanları çalar ve troller çığlık atarak sağa sola kaçışırlar. Peer bir kez daha annesi tarafından kurtarılmıştır.

İlk kuraldaki o önemli kelimeye biraz daha yakından bakalım: "Sadece." Trollerin bu ahlaki kuralı bireyselliğin en uç ifadesidir; Ibsen'e göre modernliğin merkezi mitidir. Bireyselliğin geçmiş yüzyıllarda Avrupa'daki ve özellikle on yedi ile on dokuzuncu yüzyıllar arasında bu ülkedeki anlamından farklı olarak, artık insan hayatının başarısızlığının bir ifadesidir. Yaratıcı oyun yazarı Ibsen'in dehası, geleceği önceden görerek hiper-bireysellik için ölüm çanlarını çalmasında yatar.

İçinde bulunduğumuz dönemin ilk yüzyıllarında soylu bir değer olan ve insanlarda özgüven ve 'sağlıklı' bir bağımsızlık duyguları yaratan bireysellik, modern medeniyetimizin ayaklarımızın altında ufalanmaya başladığına dair endişemiz karşısında, yirminci yüzyılın ikinci yarısında Fritz Perls'in şu sloganına dönüştü: "Ben kendi işime bakarım, sen de kendi işine bak ...ve eğer birbirimizi bulamazsak yapacak bir şey yok."[145] Ibsen bir şair içgüdüsüyle, Ingrid'i baştan çıkaran ve tecavüz ettikten sonra Ingrid ağlayıp ona tutunmaya çalışırken küçümseyen kişinin "yalnız benlik" olduğunu söyler. Bu "yalnız benlik", Yedinci Bölüm'de aktardığımız narsistik kişiliğin özüdür. Trollere özgü olan "sınırların ötesinde olup bitenlere ...aldırış etmeme" ısrarı, içinde bulunduğumuz nükleer çağda dünyamız ve medeniyetimizin yıkımı anlamına gelir. Hıristiyan geleneğiyle ilgili ne düşünülürse

---

145 Perls'in şiirinin tamamı şöyle:
Ben kendi işime bakarım, sen de kendi işine bak,
Ben bu dünyaya senin beklentilerini yerine getirmek için gelmedim.
Sen de benim beklentilerimi yerine getirmek için gelmedin.
Sen sensin ve ben benim.
Eğer tesadüf eseri birbirimizi bulursak bu çok güzel olur,
Ama bulamazsak yapacak bir şey yok.

düşünülsün, trol kralı burada hepsini alaşağı eder, zira tüm kusurlarına rağmen bu gelenek her daim kardeşlik ve sınırlarımızın ötesindekilere dair endişe edebilme anlamına gelmiştir.

"*Sadece* kendin ol" ilkesi benmerkezci benliği, dünyasız benliği, sevgisiz benliği tanımlar. İdeal olan kimseyle bir ilişki kurmamak, rahatsızlık verecek kadar bağımsız olmaktır. *Karşılıklı* bağlılığı olmayan ve özünde narsistik olan bir benliktir. İrade ya da karar ya da sorumluluk olmadan yalnızca istek seviyesinde bir benlik olmaya çalışmaktır.

Troller, psikolojik olarak mitteki arkaik etmenler olan insan altı mitolojik yaratıklardır. Ibsen, oyununa yazdığı girişte, "Troller insanın kendi içindedir" demiştir.

Yazdığım her şey, *kişisel olarak deneyimlememiş olsam bile yaşadığım şeylerle* inceden inceye bağlantılıdır; *her yeni çalışma benim için* bir tür ruhsal özgürleşme ve katarsis sürecinin nesnesini içinde barındırmıştır, zira her insan içinde yaşadığı toplumun sorumluluklarını ve suçlarını paylaşır. Kitaplarımdan birine şu ithaf satırlarını eklememin nedeni de budur: *Yaşamak, kalbimiz ve ruhumuzdaki trollerle savaşmaktır, yazmak kendi kendini yargılamaktır.*[146]

Troll her daim "etrafından dolaşır", asla dümdüz gitmez. Bu da Peer Gynt'te vücut bulur: Oyunun ilk yarısında durmadan şöyle der, "Ben bu durumun efendisiyim" ki bu ifade kişisel güç ya da Viktorya dönemine özgü "Ben kaderimin efendisiyim" ifadesinin bir yankısı gibidir. Fakat gerçekte, kömürle çalışan arabalarla fabrikaları kontrol ettiği gibi kendisini de kontrol etmeye çalışan Viktorya dönemi erkeğine özgü bir ifadedir.

---

146 Ibsen, *Peer Gynt*.

Ibsen, *Peer Gynt*'te şu soruyu da yöneltir: Kişi nasıl insan olabilir? Buradaki sorun, tıpkı herhangi bir miti anlamaya çalıştığımızda karşımıza çıktığı gibi, troller ve arkaik yaratıklarca temsil edilen *geriletici* taraftan geçerek *bütünleyici* tarafa ulaşmaktır. Oyunun ilerleyen bölümlerinde belirtileceği üzere, bu ancak *tepki vererek* gerçekleştirilebilir. Peer Gynt'in tüm bu baştan çıkarmalarına, dünyada dolaşıp durmasına, böbürlenmelerine rağmen yapamadığı şey *bir başka insana tepki vermektir*. Bir ilişki kurmak, empati göstermek ve bunları geliştirmek. Tüm bunlar bir başkasıyla içten bir ilişki kurmanın parçasıdır ve Peer bunu yapamaz.

Oyunu daha detaylı bir şekilde incelemeye girişmeden önce, Peer Gynt'in kadınlarla olan ilişkisine bakalım. Solveig'in kendisini sevdiğini ve en azından daha sonra da olsa onun da Solveig'i seveceğini bilmesine rağmen onun yanında duramaz. İstediği şey aşk değildir. Sürekli evde kendisini bekleyen kadına bağlı olan elastik ve sonsuza dek uzayabilen göbek bağının ucunda dolaşıp duran bir erkek gibi kendini "özgür" hissetmek ister. Müzisyen Grieg, *Peer Gynt* için yazdığı orkestra süitinde, Solveig'i küçük kulübesinde Peer Gynt'i beklerken şarkı söyleyip dans ederken gösterir. Eğer evde beklemese, "olduğu yerde" kalmasa göbek bağı kopar ve sözde "özgürlük" sona erer.

Dolayısıyla, gerçek hayattaki Peer Gyntler asla *kendilerini vererek özgürleşme* paradoksunu çözemezler. Hatta özgürlükleri bir şeyden özgürleşme şeklinde dahi gerçekleşmez: Onlarınki, daima annelerinin kanatlarının altındaki yapay bir özgürlüktür. Dürtüsel davranışlarının nedeni budur: İster yanlarında olsun ister hayallerinde, kadından daima kaçarken öte yandan da ona bir şeyler sunmak zorundadırlar. Kierkegaard'ın deyişiyle, Peer Gyntler kendilerini *seçmeden* kendileri *olmaya* çalışırlar.

Bu ikilem için verilebilecek birkaç ilginç örnek mevcut. Oyunun başlarında, Peer Gynt sanki rüyadaymış gibi Solveig'e şöyle der: "Prensesim! Sonunda onu buldum ve kazandım! Hey! Artık sarayımı sağlam, kaymaz bir zemin üzerine inşa edebileceğim!" ve inşaata başlamak için bir balta kapar. Açıklığa bir kadın gelir ve şöyle der: "İyi akşamlar Peer *Lightfoot*"[147] Lightfoot, Peer'in gemiden gemiye, limandan limana atlayıp dururken asla bir yere ulaşmadığı, herhangi bir yerde konaklamadığı ve hatta hiçbir yere varmadığına atıfta bulunan bir ifadedir.

PEER: Ne? Sen de kimsin?

KADIN: Eski dostuz Peer Gynt.

Kulübem yakında. Komşuyuz.

PEER: Ah? Sizi ilk defa görüyorum.

KADIN: Sen kendi evini inşa ederken, benimki de hemen onun yanında yükseldi.

PEER (dönerek): Acelem var –

KADIN: Hep vardı evlat.

Bu sonu gelmeyen acele etme hali, kadına bağlıyken aynı zamanda ondan bağımsızmış gibi görünme ihtiyacının neden olduğu ikilemin bir ifadesidir. Peer için Boyg şöyle der: "O çok güçlüydü. *Arkasında hep kadınlar vardı.*" Ve

147 İngilizcede çevik, atik anlamına gelen bir ifade. (ç.n.)

Peer, Helga'dan Solveig'e şöyle demesini ister: "Sadece şunu demek istedim; ondan beni unutmamasını iste." Peer Gynt gibilerin asıl istedikleri şey kadınlar ya da aşk değil de arkalarında, göbek bağlarının diğer ucunda, evde onu bekleyen kadınlar olmasıdır.

Bu mite bağlanan kişiler çok yoğun duygular içindeymiş *gibi görünürler*; sürekli duygusal davranırlar. Fakat aslında gerçek duyguları olmadıklarını görmek zor değildir. Peer Gynt, sevdiğini iddia ettiği kadınlardan –Ingrid ve sonra Anitra– bir çırpıda vazgeçiverir. Hayatının hiçbir evresinde gerçek bir ilişki yaşamaz. Duyguları saman alevi gibidir: Önce büyük bir gösteri izleriz, fakat sonra çabucacık sönüverir. Eylemleri boştur: Davranışlarının hiçbiri *duyguya* dönüşmez. Peer Gynt *dünyada dört dönse de, aslında her daim aynı yerdedir.*

Peer Gynt, Ingrid'den geline ve trol kızlara kadar cinsel anlamda istediği herkesi elde ediyormuş *gibi görünür*. Ama şiarı bu tür dürtüsel davranışlar olan kişi dur durak bilmez. Bunun iki nedeni vardır: İlki, dürtüsel davranışlar endişesini yatıştırır. İkinci olarak, kişi yavaşlayacak olsa kendisiyle yüzleşmesi gerekir ve bu da onu iyiden iyiye endişeye sürükler. Buradaki asıl önemli nokta, Peer Gyntler'deki dürtüsel davranışların asla *öyle davranmış olmak için* yapılmadığıdır; *eylem asla keyif, iktidar ya da eğlence* için yapılmaz. Bu, kaçışa hizmet eden bir eylem türüdür; kendisiyle yüzleşmekten kaçıyordur.

Terapinin başlangıcında, Peer Gynt gibi davranan hastaların genellikle cinsel anlamda son derece aktif olduklarını öğreniriz. Fakat bu aktiflik sağlam temeller üstüne oturtulmadığından sürdürülebilmesi imkansızdır: Kraliçeyi bir jigolo olarak tatmin etmekten öteye geçmez. İlerleyen dönemlerde hasta daha sağlam temellere basmaya başladığında iktidarsızlık yaşadığı bir döneme girebilir. Terapistin bu iktidarsızlığı neden olumlu bir işaret olarak gördüğünü anlayamaz. İktidarsızlık, altta yatan zarar görmüş yapının ortaya çıkarılmasıdır ve daha önce mitleri birer yapı olarak ortaya koyduğumuzda belirttiğimiz gibi, hatalı mitin değiştirilmesine olanak sağlar.

Bu şablonun genetik kökeni bebeklik dönemine ve özellikle de anneyle aralarındaki güçlü ilişkiye dayanır. Yol kenarında dedikodu yapanların söylediklerine göre, Peer Gynt'in babası bir alkolikti ve artık ölüydü. Peer Gynt'in babası öldüğünde annesi onu apaçık bir şekilde babanın tahtına oturtmuştu, fakat babası hayattayken aynı şeyi gizliden gizliye yapmıştı. Bu, küçük erkek çocuğun annesi istemesi ya da onu seçmesi bağlamında bir Oedipus şablonu değildir; daha ziyade çocuk prensmiş gibi zorla tahta sürülmüştür. Tacı başına takan kişi annesidir. Fakat bu durum aslında onu köle bir kral yapar. Bu da Adler'in tarif edebildiğinden daha iyi anladığı şablona benzer, yani onun "şımartılmış çocuk sendromu" diye adlandırdığı şablona. Bu ifadeyle aslında hem şımartılmış hem de aynı zamanda hasarlı çocuk demek ister. Daha sonra tekrar değineceğimiz gibi, bu sendroma özellikle Viktorya döneminde rastlanır.

Daha sonra Peer'i zengin ve etkili bir kişi olduğu Fas'ta görürüz. Köle ticareti yapmaktadır ve ilkel uluslara önce putlar ve ardından bu putları alaşağı etmek için misyonerler gönderdiği bir sistem kurmuştur. Putperestlere İncil ve rom gönderir ve bunu tam tadında yapar ki zenginleşmeye devam etmesine engel olacak bir sorun ortaya çıkmasın. Ardından şöyle der: "Tamamen kendim olmalıyım" ve bu ifadeyle ne anlatmak istediği üzerinde düşünmeye başlar.

Benliğim –istekler, arzular, şehvetler ordusu,
Kapris, gösteriş ve talepler denizi…
Göğsümde kabarıp duran
Ve varolmamı sağlayan her şey.

Dolayısıyla, onun için benliği, bireysel isteklerin *arkaik*, infantil seviyesinde varlık bulur. Karmaşık, çarpıcı, zorlu ve her daim yeni olan bu ilişkiler dünyası talepkâr fakat bir o kadar da eli açıktır. Kısaca, insanlarla dolu bu dünya Peer'in hayatından tamamen çıkarılmıştır. Sırrının bağlanmaktan kaçınmak olduğunu söyler:

PEER: …Hayatın sırrı
Çok basittir. Tehlikeli yılanlar girmesin diye
Kulaklarınızı kapatın.
COTTON: Ne yılanı sevgili dostum?
PEER: Son derece davetkâr bir yılan.
Bağlanmanı sağlamak için seni cezbetmeye çalışan bir yılan.
Başarma sanatı hayatın önüne çıkardığı kapanların arasında
Özgür ve bağımsız kalabilmektir.
Arkanda her daim bir köprünün açık olduğunu bilmektir.

Bir sonraki sahnede, Peer sahilde durmuş yatını çalan arkadaşlarını izlemektedir. Bir an için korkunç bir şoka girer. Kendisine yardım etmesi için tanrıya yakarır –önce tanrının adını unutsa da, bir süre düşündükten sonra hatırlar– ve ona şöyle der: "Şimdi beni iyi dinle." Ve tabii ki hiçbir şey olmaz: Arkadaşları yatı alıp kaçar ve Peer sahilde öylece tek başına kalır.

Gösterişli planlarını düşünüp çölde dolaşırken bir imparatorun atlar, mücevherler ve kıyafetlerle dolu kampına rastlar. Tüm bunlara el koyan Peer, bu kez de kendini mesih ilan eder. Bu noktada Anitra sahneye çıkar ve hem oyunda hem de Grieg'in süitinde dans eder. Onu baştan çıkarmaya çalışan Peer, Allah tarafından gönderilen bir peygamber olduğunu söylese de bu kez başarılı olmaz. Atına binip uzaklaşan Anitra da tıpkı arkadaşları gibi onu terk eder.

Bunun üzerine Peer, tipik bir Viktoryan gibi tüm klişeleri yineler:

> Kısacası, bu durumun efendisiyim...
>
> Kendine bir hedef koymak
>
> Ve yorulmak bilmeden ona doğru gitmek ne güzel!
>
> Kendini evine ve dostlarına bağlayan bağları
>
> Kesip atmak.

Peer artık kendi kendine yalan söylemeye başlar ki bu durum tipik bir nevrozun yıkımını önceleyen ortak bir belirtidir. *Gerçekten de Ibsen, on dokuzuncu yüzyılın sonlarında, Nietzsche ve Freud ile birlikte psikanalitik devrimi oluşturan isimlerden biridir.*

Sonra Peer'i Mısır'da, sabah tanrısı Mennon'un heykelinin önünde buluruz. Heykel ona bir şeyler söylemeye çalışmaktadır:

Ey Bilgeliğin Baykuşu, kuşlarım nerede uyur?
Şarkımın bilmecesini çöz ya da öl.

Bilmece, Peer'in ruhunu bağladığı ve hayatına devam edebilmek için bu bağları çözmesi gerektiği anlamına gelir. O ise buna aldırış etmez.

Peer daha sonra bir deliler evine gelir. Hastanede "benliğin peygamberi" olarak tanıtılır; kendi içinde her şey olan bir adam. Müdür onu hastanede dolaştırır ve bundan böyle yeni müdürün Peer Gynt olacağını söyler. Peer Gynt şöyle der: "Anlayabildiğim kadarıyla buradaki olay kendini kaybetmek." Müdür ona yanıldığını söyledikten sonra hastaları şu şekilde tanıtır:

Biz burada alabildiğine kendimiziz;
Kendimiz ve başka hiçbir şey değil.
Benliğin baskısı altında hayatı doludizgin yaşıyoruz.
Her birimiz kendini benliğinin fıçısına kapıyor,
Kendi kendini mayalıyor,
Ve ağzını benlik tıpasıyla kapayıp,
Benliğin kuyusunda yıllanıyor,
Burada kimse başkalarının dertlerine ağlamaz.
Burada kimse başkalarının fikirlerini dinlemez.

Peer Gynt ve akıl hastanesindeki hastaların ortak yanı şudur: Başkalarının dertlerine ağlayamaz, tepki veremez ya da duygudaşlık kuramazlar; başkalarının fikirlerini dinlemeye tahammülleri yoktur. Temel insanlık bağı kaybolmuştur. Yevtushenko çok doğru bir biçimde, Peer Gynt gibilerin "hayatla çok az bağları" olduğunu ifade etmiştir. Kendi mücadelesi ve deneyimlerine dayanarak, diğer tarafı da şu şekilde aktarır:

> Ama bunca şeyle bir ilişki kuruyorsam,
> Temsil ettiğim bir şey, yani,
> Bir değerim de olmalı?
> Ve eğer temsil ettiğim hiçbir şey yoksa,
> O halde neden acı çekiyor
> Ve ağlıyorum?[148]

Hastanede, sırtına mumya bağlı bir fellah[149] vardır. Anne anlamında değil de,[150] ölü benliğin –'Kral Avis'– mumyası anlamında bu adamı hala bırakmayan geçmişi temsil eder. Fellah, Peer'e insanların *kendisinin* Kral Avis (yani sırtına bağlı ölü, arkaik eleman kendisidir) olduğunu anlamalarını nasıl sağlayabileceğini sorar. Peer Gynt, öldüğünde mumyaya benzeyeceğini düşünerek "Kendini as" diye yanıtlar. Fellah gidip dediğini yapar. Peer bir başkasına, "Boğazını kes" der ve o da dediğini yapar. Tüm bunlar, *yalnızca kendin olarak diğer herkesin keyfinin kurbanı olursun* ifadesinde vücut bulan gerçeğin apaçık bir göstergesidir. Gerçekten de güçlü bir paradoks!

Peer Gynt çılgına döner. Bu insanların "kendileri oldukları ve başka da hiçbir şey" olmadıklarını görüp, ha-

---

148 'Anlamıyorum.'

149 Mısırlı çiftçi. (ç.n.)

150 Burada bir kelime oyunu yapılıyor. İngilizcede anne anlamına gelen mommy ve mumya anlamına gelen mummy aynı şekilde okunur. (ç.n.)

yatı boyunca ulaşmaya çalıştığı şeyin bu olduğunu anlar. Oyunda Peer'in gerçek anlamda bir aydınlanma yaşadığı ilk sahnedir. En sonunda kendisinin boş benliğin uç noktası olduğunun farkına varır; hayatının merkezinde yer alan en temel mitin iflas ettiğini anlar.

Şöyle haykırır: "Kimsenin üstüne bir şey yazmayacağı boş bir kağıdım" ve "Ne isterseniz oyum." Başkaları tarafından takdir edilip bakılma güdüsüyle kendi olma uğraşının altında yatan ikilem, kişiliğin başkalarının istek ve talimatları doğrultusunda şekillendirilmesidir. Bu da çemberi tamamlar: Peer en sonunda şöyle der: "Ne isterseniz oyum."

ÜMİTSİZLİĞİN DEĞERİ

Psikoterapide genellikle bu tip insanlarla işte tam da bu noktada karşılaşırız. Ibsen'in burada Peer Gynt'i akıl hastanesine getirmesi boşuna değildir. Peer Gynt'in inşa ettiği mit yerle bir olurken, çıkan çatırtıyı neredeyse birebir duyarız. Kendi ifadesiyle o ana kadar sürdürdüğü yaşam "sahte ve yalandır." Kendine ait bir benliği, bir merkezi olmadığının farkına varılmasıyla yaşanan ümitsizlik, şizofrenide benlik-dünya ilişkisinin çöküşüne benzerdir. Bu korkunç bir deneyimdir ve bu ümitsizlik duygusuna herkesin belli bir seviyeye kadar maruz kalıyor olduğu gerçeği yaşanan deneyimi daha az dehşet verici kılmaz.

Peer Gynt en sonunda kendisinin efendisi olmadığı gerçeğini kavrar. Bu noktada birinin kalkıp, "Nil nehrine atla ve boğul" dediğinde bu denileni pekala yapabileceğini bilir. Tillich'in varolmama korkusu olarak nitelendirdiği ümitsizlik ve boşluk hali işte böyle bir şeydir.

Peer'in oyunun başlangıcındaki ihtişamını anımsadığımızda, üzücü bir görüntüyle karşı karşıyayızdır; "kaderinde büyük şeyler olan, ışıl ışıl parlayan gümüşten ve nalları altından bir at süren, üzerindeyse kırmızı ipek çizgili bir cüppe olan" bu adamdan geriye posası kalmıştır. Karşımızda, asla işe yaramamış bir mitin acınası cesedi durmaktadır!

Ümitsizlikle bu yüzleşmenin ardından Peer'i Norveç'e dönen bir gemide görürüz. Kendisiyle birlikte gemide olan denizcilerin farkına varan Peer, bir anda fakir denizcilere para vermek ister; başkalarının ihtiyaçları karşısında gösterdiği ilk içten tepkidir bu. Fakat bu denizcilerin evde onları bekleyen eşleri ve çocukları olduğunu öğrenir, oysa "yaşlı Peer Gynt'i bekleyen kimse yoktur." Kaybedilen zaman için ağlamaya başlayan Peer'in içinde kin ve kıskançlık duyguları yükselir.

> Masadaki mumlar! Hepsini söndüreceğim!
>
> [çünkü] beni düşünen biri hiç olmadı.

Kin sorunu özellikle ilginçtir, zira içinde acı veren nefret, saldırganlık ve denizcilerin bağlarını koparma arzusu uyandırır; "sevgilerinin yok olmasını!" ister. Kendisine hiçbir zararı dokunmamış kişilere karşı beslediği bu nefret ve saldırganlık hisleri şaşırtıcı görünebilir. Fakat en azından içtendir, hatta Peer Gynt'in oyun boyunca beslediği ilk içten duygudur. Bu öfke bize, Peer Gynt'in en sonunda bir şeyleri farklı hissettiğini gösterir.

Bu durumla, böyle ümitsizlik ve boşluk duygularıyla psikoterapiye gelen hastalarımızda da sık sık karşılaşırız. Öncelikle içlerinde, başkalarının sevgi ve mutluluklarına karşı şaşırtıcı yoğunlukta bir kin ve kıskançlık başlar (çoğunlukla kinizm gibi karmaşık bir şekilde ortaya konulur). Elbette ki, bu konuda hastaya ahlaki nutuklar çekmenin faydası olmaz. Kin ve kıskançlıkla *doludurlar*, hata her kimde olursa olsun onlar *aldatılmışlardır*. Burada ortaya koyacağımız ahlaklı tavır yalnızca etkisiz ve yıkıcı olmakla kalmayıp, daha önemli bir açıdan da hatalıdır. Ne de olsa hastanın kin ve kıskançlığı olumlu ve yapıcı bir şekilde kullanılabilecek bir şeyin başlangıcıdır. Öncelikle *içten* bir duygudur; üstelik de çok *güçlüdür*. Oyun devam ettikçe, Peer Gynt'te de tıpkı hastalarımızda olduğu gibi kin ve kıskançlığın daha yapıcı başka duyguların öncülü olabildiğini görürüz ve kinle kıskançlık, Peer Gyntler'e daha önce sahip olduklarının farkına varmadıkları bir güç kazandırır. Hastayla birlikte geçirdiğimiz zaman içinde hepsinden önemli şu soruya ulaşırız: "Evde bekleyenin olmadığı gerçeğinde senin ne kadar payın var?"

Elbette ki, Peer Gynt'in kendisini evinde masadaki mumu yakmış bekleyen kimse olmadığına dair ümitsiz inanışı doğrudan doğruya kendisiyle alakalıdır. Ümitsizlik, öznel tavırlarındaki çelişkiyle bağlantılıdır ve sonrasında doğrudan dış dünyaya yansıtılır. Çünkü nesnel bir şekilde hatalıdır: Peer Gynt'i en azından sezgisel bir düzeyde bekleyen biri vardır: Solveig.[151] Ancak Peer Gynt bu gerçekliğin bilinç düzeyine çıkmasına izin veremez, yani Tillich'in özlü ifadesiyle "Kabullenmeyi kabul edemez."

Fırtınada kayalara çarparak batmış bir geminin enkazının yanından geçerler ve Peer Gynt gemideki adamları

---

151 Çevirmen, oyunun gemi enkazı görmeleriyle başlayan bu son bölümde ölümden sonrasının anlatıldığını düşünebileceğimizi ifade ediyor, sanki Peer Gynt'in hayatı kısa sahneler şeklinde gözünün önünden geçmektedir. Fakat anlatılanların dramatik manasından bağımsız bir şekilde, bu miti Ibsen'in hayatta karşımıza çıkan şablonun gelişimi ve anlamına dair açıklaması olarak görebiliriz.

kurtarmak için güçlü bir istek duyar. Kaptan, boğulmakta olan adamları kurtarmak için gemisinin rotasını değiştirmeyi reddedince, Peer Gynt denizcilere rüşvet vermeyi dener. Bu noktada yalnızca içten bir endişenin ortaya konulmasıyla kalmayan, aynı zamanda aktif bir bağlılığa da tekabül eden bir ifade duyarız. Peer, hemen yakınlarında batmakta olan gemiden yükselen çığlıkları duyar:

İşte yine bağırıyorlar. Fırtına yine biraz dindi!

Hey aşçı! Dener misin? Sana para veririm![152]

Peer en sonunda başkalarının acılarını hisseder, "başkalarının acıları için ağlar." Diğer gemi batarken, Peer Gynt kendi kendine konuşur: "Artık insanların içinde inanç diye bir şey kalmamış." Bu hikaye içinden son derece etkileyici bir yakarışın yükselmesine neden olur: "Böyle gecelerde tanrı tehlikelidir."

Bu noktada, şeytani olan şiddet ve yıkıcılığa değil de şaşkınlık ve hayranlık duygularına hizmet eder. Fas'ta, tanrıdan kendisiyle ilgilenmesini istediği andan çok farklı bir ruh halindedir. Yaşam ve ölümün önemi ve güçlerinin olağanüstülüğü karşısında hayranlık içinde kalakalan bir insandır artık. Ölüme bu kadar yaklaşmasıyla birlikte dürüstlük ortaya çıkar; artık yavanlıklara sığınılabilecek bir durum yoktur. Peer'in bu hayranlık ve şaşkınlıkla birlikte Varlık'a karşı böyle bir saygı duyabilmesi, birkaç satır sonra insani bağlarını kabullenebilmesini sağlar:

...insan asla denizde kendi başına olamaz.

Diğerleriyle birlikte yüzer ya da batar.

---

152 Ibsen, *Peer Gynt*.

TUHAF YOLCU

Daha sonra "Tuhaf Yolcu" adında bir karakter Peer Gynt'in yanına gelip ona bir soru yöneltir: "Diyelim ki, bir kayaya çarpıp karanlıkta batıyoruz." Peer korku içinde yanıtlar: "Böyle bir tehlike var mı?" Tuhaf Yolcu yanıt verir: "Tam olarak ne demem gerektiğini bilmiyorum" fakat Peer'e ölümün kaçınılmazlığını anımsatmaya devam eder. Peer itiraz edince Tuhaf Yolcu şöyle der:

> Ama sevgili efendim, şöyle düşünün. Bu sizin avantajınıza.
>
> Sizi açıp ışığın içinizi aydınlatmasını sağlayacağım.
>
> Rüyalarınızın kaynağını keşfetmenizi istiyorum.
>
> Nasıl bir araya getirildiğinizi öğrenmenizi istiyorum[153]

Tuhaf Yolcu gerçekten de tuhaf bir karakterdir. Peer öfkeli bir 'direnç'le onu "korkunç bir bilim insanı ...lanet olasıca özgür düşünür!" diyerek kovalar. Tuhaf Yolcu burada psikanalistin rolünü üstlenmemiş midir? Konuşması bile, kısmen Ibsen'in ifadeleri gibi olsa da, psikanalizin bir öncülü gibidir.

Fakat hepsinden önemlisi, Tuhaf Yolcu aslında Peer'in kendi kendisiyle konuşmasıdır. Bu çarpıcı sahne, Peer Gynt'in bunu bir tür yeniden bütünleşme sürecinin başlangıcı olabileceği umuduyla bilincinde olup bitenlere dair farkındalığını gösterir.

---

153 Bu oyunun 1867 yılında, yani Freud'un rüyalar üzerine yazdığı kitaptan otuz yıl önce yazıldığına dikkat edin.

Burada, uzun zamandır arzulanan bütünleşmeye dair kararsızlıkların sembolik bir ifadesiyle karşı karşıyayızdır. Bir sahnede Peer Gynt'i ormandaki bir kulübeye doğru sürünürken görürüz; bu, daha önce terk ettiği kulübedir. Kendi kendine şöyle der: "Yaşlı oğlanın sürünerek annesine dönmesi gerekti." Daha sonra, aslında kendisi olan bir soğanın kabuklarını teker teker soyduğu bir sahne gelir:

...seni yaşlı sahtekâr!

Kral falan değilsin. Soğanın tekisin.

Pekala küçük Peer, şimdi seni soyacağım...

Şu, batan geminin güvertesindeki adam...

Ve onun içinde altın arayan defineci var;

Ve işte Mesih, taze ve leziz:

...yalan kokuyor...

...rahatlık ve keyif için yaşıyor...

Yakında kalbine ulaşırım?

Hayır; kalbi yok ki! Kat kat kabuklardan ibaret.

Sürünerek ulaştığı kulübede Solveig'le karşılaşır. Şöyle bir şarkı söylemektedir: "Seni bekleyeceğim aşkım." Fakat Peer Gynt henüz böylesine içten bir ilişkiyi kabul etmeye hazır değildir; ayağa kalkıp şöyle der: "Biri hatırlar ve biri unutur."

Ve oyun asla tekrar oynanamaz!

Ah, işte krallığım ve tacım!

Bir daha geri dönmeden önce kendini iyice toparlaması gerektiğinin bilinciyle oradan uzaklaşır.

Sonrasında, sahneler boyunca kayıp benliğe dair semboller görürüz. Bir düğme kalıpçısı, kullandığı kalıpta Peer Gynt'i eritmek ister. O ana dek hiçbir şey olmayan Peer Gynt düğme kalıpçısına yüklenir, o halde neden eritilmemelidir? Peer Gynt bağırıp itiraz eder: "Ben asla bir günahkâr olmadım" ve düğme kalıpçısı keyiflenir: "Sorun da bu zaten."

> Sen gönül rahatlığıyla tam bir günahkâr
>
> olarak nitelendirilebilecek biri değilsin.
>
> Hatta ucundan kıyısından bile geçmiyorsun…
>
> …erdemli de değilsin
>
> *İnsan günahkâr olmak için güce ve bir amaca ihtiyaç duyar.*

Şeytani olanı ifade eden bu son etkili cümle Nietzsche'nin çok hoşuna giderdi. Peer Gynt gerçek bir günahkâr olsa çok daha değerli olurdu. Şimdiyse bu yargıların doğruluğunu kabul etmek zorunda: "Ben hep yüzeyde debelenip durdum… Asla bir şey... Neredeyse güleceğim!" Ve düğme kalıpçısı tüm bunları tek bir ifadeyle özetler: "Kendin olmak, kendini öldürmektir."

Ümitsizlikten dibe vurduğu bu noktada, Peer Gynt'e bir hiç olduğu söylenir. "Tek başına kendin olma" söylemi bir hiç olarak son bulur. Bu mit günümüzde Ibsen'in yaşadığı dönemde olduğundan çok daha gerçektir ve tüm bu narsistik benmerkezciliğin önünde sonunda kendi kendini yok etmeye vardığı anlamına gelir.

Ancak bu en dip noktada bile hayat, İsimsiz Alkolikler'de olduğu gibi benliğin yeniden canlandırılmasına uzanan yolu gösterir.

> ...İnsanın kendisi olması için iki yol vardır.
> Bir doğru ve bir de yanlış yol.
> Paris'teki bir adamın
> Güneşi kullanarak
> Fotoğraf çekmenin yöntemini keşfettiğini biliyor olabilirsiniz.
> Kişi doğrudan doğruya bir resim ya da ister negatif dedikleri şeyi elde eder.
> Negatif adı verilende aydınlıkla karanlık yer değiştirmiştir;
> Ve sonuçta sıradan gözlere çirkin gelen bir görüntü ortaya çıkar.
> Fakat orijinal görüntü onun içinde bir yerdedir.
> Tek yapılması gereken onu banyo etmektir.

Uzun dönemde negatif de pozitif için gereklidir; orijinal olan ve her ne kadar zorlu olsa da banyo edilmesi gereken öz onun içindedir.

Trol kralıyla karşılaşınca geçmişte kalan bir hesabı kapatmak isteyen Peer, "Troll, kendin ol; sadece kendin!" şiarına göre hareket etmeyi başardığına emin olur. Ne zaman trollüğü yücelten bir gazete yazısı yazılsa, diye ekler trol, "Dünyanın geri kalanının canı cehenneme!" ifadesine gerçekten inanan kişiye en iyi örnek olarak kendisini gösterdiklerini söyler. Peer bu kez trollüğü pek fazla ciddiye almaz ve Solveig'e doğru ilerlemeye devam eder.

Cennetin boşluğunu deneyimlediğinde kayan bir yıldız görür ve heyecana kapılır:

Bir an için çakarız ve sonra
Işığımız söner,
Sonsuza dek kayboluruz…
Boşluğun içinde.
O boşlukta kimse yok mudur?
Cennet'te kimse yok mudur?

Yavaş yavaş kendini sakinleştirir ve ardından oyunun en güzel pasajlarından biri gelir:

Nasıl da tarif edilemeyecek kadar zavallıdır
Sisin içinde kaybolup yok olan bir ruh!
Ey güzel dünya, bana sinirlenme
Yemyeşil çimenliklerinde amaçsızca dolaştığım için.
Ey güzel güneş, boşa harcadın altın ışıklarını
Bomboş bir kulübenin üzerinde.
Kimse yoktu içinde rahatlatıp ısıtacak.
Artık biliyorum, sahibi asla evde olmadı…
Bırak karlar üzerimi kapasın,
Ve üzerine şöyle yazılsın: "Burada kimse yatmıyor."
Sonrasındaysa, bırak dünya dönmeye devam etsin.

SEVGİ VE TOPARLANMA

Narsistik benlikten vazgeçmek, özgün kişiliğin başlangıcıdır. Son bir sahne için tekrar ortaya çıkan Boyg, Peer Gynt'e şöyle der: "Hep dolaşmaya devam." Fakat Peer artık kararlıdır: "Ah! Hayır! Bu kez dümdüz geçip gideceğim."

En sonunda Solveig'in yanına geri gider. Oyunun sonunda aralarında geçen diyalog bu noktada bizim için çarpıcıdır:

> PEER: Söyle bana o halde!
>
> Benim benliğim, benliğimin tamamı, gerçek benliğim nerede ydi?
>
> Tanrının mührünü üzerinde taşıyan benliğim?
>
> SOLVEIG: Benim inancımda, umudumda ve sevgimde.
>
> ...
>
> PEER: Annem! Karım! Ah, saf kadın!
>
> Beni sevginde sakla! Sakla beni! Sakla!
>
> SOLVEIG: Uyu, uyu benim sevgili oğlum.
>
> Seni sarıp sarmalayacağım. Seni koruyacağım.
>
> Uyu, uyu benim aşkım, neşe kaynağım.
>
> Uyu şimdi ve dinlen.

Bazı okurlar için bu son biraz problem yaratacaktır. Peer Gynt annesine mi geri dönmektedir? Bu da çıkarılabilecek sonuçlardan biridir elbette, fakat çok yüzeysel bir sonuçtur. Burada Solveig'in onunla ve onun Solveig'le ilgilenmesi, daha önce annesiyle arasındaki ilişkiden farklıdır. Solveig onu *kendi seçimi ve kararlılığıyla bekler, oysa annesi bir tür ihtiyaç duygusuyla ona sarılır.* Solveig onun hazır olduğunda, yaşaması gereken deneyimlerden geçtiğinde gelmesine izin verir. Bu deneyimler onun en sonunda Solveig'i sevebilmesini sağlar.

Solveig, Peer Gynt'in insani bağ ve sevgiyi deneyimlemesini sağlayacak o özel kişinin varlığına dair bir semboldür. Böylelikle kendisi de benliğine kavuşabilir. Tıpkı Tuhaf Yolcu gibi, Solveig de gerçek iyileştirici rolünü tamamlar. Peer'in en nihayetinde kendini bulup deneyimleyebileceği kişilerarası ilişkilere dayalı bir dünyanın kapıları açılır. Bu dünya, tutarlılığıyla tanımlanır ve içinde Peer'in reddedişlerini geri çekilmeden kabul edebilecek, öfkesini karşılık vermeden kabullenebilecek ve ona kendi değeri için kıymet verebilecek kişiler vardır.

Varlık adını verdiğimiz şey de bu özelliklerin birleşimidir. Gemideki Tuhaf Yolcu Peer'in gelişiminde varlığın dip noktasını temsil etmekteydi; Peer'le birlikte benliğin kaybının uç noktasıyla, yani ölümle yüzleşmeye hazırdı. Bu miti piskoterapiye uyarlayan terapistin işlevi, hastanın yalnızca ben-sen ilişkisinin kutupsallığını kavramakla kalmayıp, aynı zamanda bunu bizzat yaşamasını sağlayacak insani bir dünyanın yerine geçebilen bir varlık yaratmaktır.

Oyunda Solveig'in işlevi bu varoluş ile birlikte böyle bir dünyanın yaratılabilmesidir. Nasıl ki Dante araftaki uzun yolculuğu sağ salim atlatıp, yoluna Beatrice'le tanıştığı cennette devam edebildiyse, Peer Gynt de Solveig'e olan aşkı sayesinde insani tutarlılık ve mutluluğa doğru çıktığı yolculuğa devam edebilir.

ON BİRİNCİ BÖLÜM

DİKENLİ GÜL[154], YENİDEN

Bu masal bir bakıma kişinin sevebilmek için önce hissedebilmesi gerektiğini anlatıyor; bu hisler olumsuz dahi olsa hiçbir şey hissetmemekten iyidir. Başlangıçta prenses tamamen kendisine odaklıdır; onu tek ilgilendiren kendi topudur. Kurbağaya verdiği söz nedeniyle geri dönmeyi planladığında hiçbir şey hissetmez, bunun kurbağa için ne anlamı ifade edebileceğini düşünmez. Kurbağa fiziksel olarak ona yakınlaştıkça onun hisleri güçlenir, ama böylece giderek daha fazla insan olur. Gelişiminin uzun bir dönemi boyunca babasına itaat eder, fakat bu hisleri de giderek güçlenir; sonra, en nihayetinde babasının emirlerine karşı gelerek kendi bağımsızlığını ilan eder. Böylece tıpkı onun gibi kurbağa da kendi olur; prense dönüşür.

Bruno Bettelheim,
Sihrin Kullanımları (The Uses of Enchantment)

154 Grimm Kardeşler tarafından yazılan bu masalın orijinal adı 'Briar Rose'dur. (ç.n.)

Burada aklımıza gelen ilk soru, nasıl olup da bu masalın adının toplumumuzda 'Uyuyan Güzel'e dönüştüğü? Grimm'in masallar toplamına baktığınızda, bu isimde bir masal bulamazsınız. Grimm Kardeşler bu masalın adını *Dikenli Gül* koymuşlardır ve bunun da geçerli bir nedeni vardır. Bu iki başlığın çağrıştırdıkları arasında büyük farklar mevcuttur. 'Uyuyan Güzel' bize Hollywood ve on yıllar öncesine dayanan bir Amerikan eğilimi olarak gelişen kızı romantikleştirmeyi çağrıştırırken, 'Dikenli Gül' aslında kızın masalda aktarıldığı kadar sömürülmeye açık olmadığını işaret eder.

Zira 'diken' bir tür dişil koruma ve gücü temsil eder. Kız çocuğunun 'diken'leri, hazır olmadığında onu zorlayacak olanlara karşı bir uyarı niteliğindedir. 'Gül'ü de vajinanın bir sembolü olarak görebiliriz; zarif katları, gizli vaatleri ve kestirilemeyen derinliğiyle gül seçilen talip için çok kıymetlidir. Gül sembolü katedrallerde bulunan ve büyük maceralara açılan semboller olarak kabul gören gül şeklindeki pencereler gibi pek çok vajina benzeri yaratının ortaya çıkmasına yol açmıştır. Bu masal bir edilgenlik durumunu anlatmanın aksine, bu bölümün ilerleyen sayfalarında 'yaratıcı bekleme' olarak nitelendireceğim durumu gerektiren iddialı bir ifadedir.

Kadınların, erkeklerin arzularına pasif bir şekilde karşılık verirken aynı zamanda biyolojik anlamda kendi bedenlerine tutsak olmalarından yüzyıllar sonra, Amerika ve Batı Avrupa'da iddialı bir şekilde haklarını aradıkları bir çağda yaşıyoruz. Günümüzde kadınlar doğum kontrol hapları sayesinde çağlar boyunca karşılaştıkları hamilelik korkusuna kapılmadan bedensel doyuma ulaşabiliyorlar. Ve ortaya attığı ciddi ahlaki sorulara rağmen, kürtaj sayesinde kadınlar kimin çocuğunu taşıyacaklarına dair seçim yapabiliyorlar. Günümüzde kadınlar kendi başlarına da aile kurmayı seçebiliyorlar; kadının kendi seçtiği bir erkekten ya da sperm bankası aracılığıyla hamile kaldığı ya da evlat edindiği tek ebeveynli aileler gibi. *Dikenli Gül,* dikenleri sayesinde doğal bir korumaya sahipti; bu dikenler, yetişkinliğe geçmekte olan kız çocuğunun korumasıydı.

Aynı şey, kadınların sevgililerinin ilişkilerine karşı verdikleri tepkiler için de geçerli. Bir zamanlar erkekler tıpkı sabit bir yerde duran birçok çiçeğe konan arının anlatıldığı *Kral ve Ben* şarkısında olduğu gibi çok sayıda ilişki yaşayabiliyorlardı. Günümüzde kadınlar da cinsel partnerleriyle ilgili seçim yapabiliyorlar. Bu bağlamda, 'Dikenli Gül' bu mit için her daim en uygun başlıktı ve az önce ortaya attığımız gibi, kadınların pasifliğine dair klişelere uyması için yüzyıllar sonra değiştirildi.

MASAL VE MİT

Henüz bilinçle donatılmamış olan 'Dikenli Gül' masalına dönelim. Grimm Kardeşler'in yazdığı şekliyle okuduğumuzda mutlu bir sonu vardır ve kimsenin herhangi bir güçlük aşması gerekmez; bu da masallarla mitler arasındaki farklardan biridir. *Masallar, kendimize dair bilince erişmeden önceki halimizin mitleridir.* Âdem ve Havva'nın mitsel düşüşünden önce, Cennet Bahçesi'nde yalnızca masallar vardı. Bu bağlamda, mitlerin masallara varoluşsal bir boyut kattığını söyleyebiliriz. Mitler kaderimizle, ölümümüzle, sevgimizle ya da neşemizle yüzleşmemiz için bize meydan okurlar. Evrensel bir boyut katarlar, zira her yetişkinin sevgi ve ölümde kendi kaderiyle yüzleşmesi gerekir. Masallar da kimi zaman –kadın ya da erkek olalım, hepimiz için geçerli olan sevgideki özgürlük ve pasifliğe dair bu masalda olduğu gibi– mite dönüşebilir. Ancak her ne kadar 'Dikenli Gül' hala masal olsa da, insanın mücadelesi ve bilincinin bazı veçhelerinin ortaya çıkmaya çabaladığını görürüz.

Derslerime giren öğrenciler, kültürümüzde Dikenli Gül'e örnek gösterilebilecek çok sayıda erkek varken Peer Gynt olarak nitelendirilebilecek çok az sayıda kadın olduğunu söylerler (ki ben de buna katılıyorum). Hepimiz, ister Peer Gynt gibi kaçarak ister Dikenli Gül gibi kendimizi karşı cinse kapatarak olsun, kendi özgürlük ve sorumluluklarımıza dair problemlerle yüzleşiriz.

Bir uyanış hikayesi olarak Dikenli Gül, filizlenen dişiliğin neden olduğu değişiklikleri anlatarak başlar. Bu, böyle bir gelişmeye kaçınılmaz olarak eşlik eden sorunlar ve dinamiklerin bir sunumudur. Hikayedeki çelişki ve çatışma, büyümekte olan küçük kız Dikenli Gül'ün gelişmek istemesi, ancak gelişimi için gerekli gücün bir başkasına, yani gelip onu öperek kadınlığa adım atmasını sağlayacak prense verilmiş olmasından kaynaklanır.

Bunu psikolojik bağlamda inceleyecek olursak, aslında Peer Gynt'ten farklı değildir. Dikenli Gül kendi gücünün, özellikle de cinsel kapasitesinin ortaya çıkacağı ana doğru ilerlemektedir, ancak bu ilerleyiş bir başka varlığa, kendinden dışarıdaki bir güce, yani hayal edilen prense bağlıdır. Bu fenomenin –hikayeyi masal değil de bir mit olarak kabul edersek– modern kadınlar ve dişiliklerinin gelişmesi bağlamında çok ciddi bir çelişki yarattığına inanıyorum. Geçmiş yıllarda içinde bulundukları kültür, onlardan artık bunu üretmeyen bir süreç aracılığıyla kendi gelişimlerini kendilerinin yaratmasını, yani beyaz atının üzerinde çıkagelip, kılıcıyla dikenleri keserek onu kurtaracak bir prense bağımlı kalmasını bekliyordu.

Dikenli Gül masalını daha detaylı bir şekilde incelemeden evvel, psikanaliz seanslarına katılan ve bu ikilem için iyi bir örnek teşkil eden bir vakayla ilgili bazı örnekler vereceğim. Kendisine Sylvia diyeceğim otuz yaşlarındaki bu kadın evliydi ve üç yaşında bir kızla konsültasyona başladığımız dönemde yeni doğmuş bir oğlan annesiydi. Hayatı boyunca yaşadığı ve onu her daim rahatsız eden güçlükler doğallık eksikliği, sosyal ilişkilerde hissiyatsızlık ve kendini bir kadın olarak deneyimleme güçlüğüydü. Bunlara bir de cinsel bir sorun eşlik ediyordu –cinsel tutkusu yoktu– ve dolayısıyla derin bir duygusal yetersizlik hissine kapılmıştı. Kocası evlilik dışı ilişkiler yaşıyor, sekse karşı soğukluğu ve ilgisizliği nedeniyle boşanmayı düşünüyordu. Gerçekten de psikanaliz seanslarına kocası ve ailesinin ısrarları sonucunda gelmeye başlamıştı.

Tıpkı masaldaki Dikenli Gül gibi, o da geç gelişmiş ve on yedi yaşına kadar regl olmamıştı; dolayısıyla, göğüsleriyle vücudunun diğer kadınsal yanları da geç gelişmişti. Üç abisi vardı ve ailedeki konumu itibariyle kendini küçük prenses gibi hissetmesi için çok nedeni vardı. Bu gibi durumlarda sıklıkla karşılaşıldığı üzere, annesi babasını mazoşist davranışlarla kontrol eden aciz bir kadındı.

Sylvia şablonu büyük bir pasiflik, bir atalet ve uykuya dalma eğilimiyle kendini gösteriyordu. Özellikle trenlerde bir sorunla karşılaştığında olabildiğince cenin pozisyonuna girmeye çalışıyordu. Bu eğilim, psikanaliz seansları esnasındaki uykulu haliyle birlikte dramatik bir şekilde ortaya çıktı. Çarpıcı geçen bir seans esnasında, aslında rüya içinde rüya olan bir rüyasını anlattı: "Orville Johnson'la yüzleşemedim." Orville Johnson yedi ya da sekiz yaşlarındayken erkek arkadaşı olan çocuktu.

O bir saat boyunca bana uykuya dalmayı bir tür "içine kıvrılıp cenin haline gelme" şeklinde tanımladı. "Uykuya dalmak bir şekilde başlangıca dönmek, yeniden doğmak; çarpıtılmak değil, yeniden doğmak." Daha sonra kendisi ve kızının mutfakta olduğu bir rüya gördüğünü anlatarak korkusunu şöyle dile getirdi: "Büyüyemeden yaşlanacağım." Bu da benzer durumdaki kadınlarda sık rastlanan bir durumdur. Bu rüyayı gördüğü geceden sonraki akşam, bu kez içinde benim de bulunduğum bir rüya gördü: "Siz ve ben aynı odada uyuyorduk. Kar yüzünden mahsur kalmıştık. Siz kanepedeydiniz, bense çocuk karyolasında. Uyandığımızda çok huzurlu bir şekilde uyuduğumu söyleyerek bana iltifat ettiniz." Bu rüyada, terapi seanslarının, içinde dünyaya gelmeyi beklediği ve terapistinden son derece "çocuksu" olduğu şeklinde bir iltifat aldığı bir rahim olarak görülebileceğini söyledi.

Bu basit ifadelerde de aslında Dikenli Gül masalındaki dramatik kişiliği görüyoruz: O tatlı tatlı uyuyor, adam (ben) aynı odada, tabii bu kez beni onu uyandırırken değil de uyurken görüyor. İltifat etmem onu biyolojik olarak bütünleme etkisi yaratıyor. Burada asıl önemli olan şey, pasif olmanın da olumlu bir işlevi olabileceğini görmek; bu da bir dönüştürme yöntemi olabilir.

Sylvia erkekler tarafından "taşınma", yükseltilirken aynı zamanda da cinsel hisleri deneyimleme duygularına kapılıyordu. "Taşınma" kelimesini bir yerden bir yere götürülme ve kendini kaptırma anlamlarında kullanıyordu; kişi aşk, cinsellik ve hazla taşınır. Aynı zamanda, trenler tarafından da taşınırız ve Sylvia trene bindiğinde küçük bir kızken babası tarafından kaldırılıp taşındığında hissettiği keyif ve cinsel heyecanı hissediyordu. Bu tür deneyimler esnasındaki hislerini sorduğumda, "Bu konuda konuşmak ya da bunları detaylıca incelemek istemiyorum, kaybetmekten korkuyorum" demişti. Terapinin bu bölümünde çoğu zaman huysuzdu; gül olmadan 'diken'i hissediyor gibiydim.

Bu noktada bir ara verip Dikenli Gül masalına geçelim ve sonrasında bu masalın altında yatan dinamikleri keşfetmek için yine Sylvia'ya dönelim.

Masal şöyle başlar:

> Çok uzun bir zaman önce, bir kral ve kraliçe yaşardı ve her gün şöyle derlerdi: "Ah, keşke bir çocuğumuz olsa!" ama hiç çocukları olmadı. Günlerden bir gün, kraliçe banyo yaparken bir kurbağa suların arasından çıkıp ona şöyle dedi: "İsteğin gerçekleşecek; bir yıl geçmeden bir kızın olacak."[155]
>
> Kurbağanın söyledikleri gerçek oldu ve kraliçe öyle tatlı bir kız çocuk doğurdu ki, kral neşe içinde kendinden geçerek büyük bir ziyafet yapılmasını emretti. Yalnızca kendi akrabalarını, dostlarını ve yakınlarını değil, aynı zamanda çocuğa karşı nazik ve iyi davranmaları için bilge kadınları da davet etti. Krallığında bunlardan on üç tane vardı, fakat kendilerine sunabilecek yalnızca on iki altın tabağı olduğundan içlerinden birinin evde kalması gerekiyordu.
>
> Bilge kadınlar büyülü hediyelerini bebeğe sundular: İçlerinden biri erdem, diğeri güzellik,

---

155 Bu masalı tartıştığım feminist bir grup, kraliçenin banyo yapmaya giderken bir başka erkek tarafından hamile bırakıldığını ortaya atmıştı. Bu kesinlikle olası bir yorum ve daha önce modern kadınların atacakları adımları seçmeleri, gerekirse erkeklerden intikam almak için onları aldatabilecekleri konusunda ifade ettiklerimizi yansıtıyor.

> üçüncüsü zenginlik verdi ve bu süreç dünyada herkesin isteyebilecekleri verilinceye dek devam etti.
>
> On biri de bu şekilde sözler verdikten sonra, aniden on üçüncüleri içeri girdi. Davet edilmediği için intikam almak istiyordu ve hiçbir şey söylemeden, hatta kimseye bakmadan yüksek sesle şöyle bağırdı: "Kralın kızı on beş yaşına geldiğinde eline bir iğne batacak ve o an düşüp ölecek." Ve tek kelime daha etmeden arkasını dönüp odadan çıktı.
>
> Herkes şaşkınlık içindeydi, ancak halen iyi dileklerini sunmamış olan on ikinci bilge kadın öne çıktı ve az önce sarf edilen kötü cümleyi tamamen tersine çeviremeyecek olsa da, biraz olsun hafifletmek adına şöyle dedi: "Prenses ölmeyecek ama yüz yıl sürecek derin bir uykuya dalacak."

Masalı buraya kadar çok iyi biliyoruz. Pek çok okur bu masalın alışılagelmiş biyolojik ve psikanalitik yorumlarından haberdar. Şöyle ki; prensesin elinin batan iğneyle kanamasının sembolize ettiği regl döneminin başlangıcından bahsetmesi, bunun sonrasında bir bekleyiş sürecine girmesi ve bir erkeğin öpmesiyle birlikte cinsel heyecan duyarak cinsel farkındalığa kapılması… Bu biyolojik yorumda doğruluk payı vardır, ancak fazlasıyla basitleştirilmiştir; sadece biyolojinin bakış açısıyla kabul edilebilir.

Fakat burada bizi asıl ilgilendiren nokta, olayı daha geniş bir perspektife oturtmak ve yalnızca bu çocuğun biyolojik bir organizma olarak nasıl geliştiğini değil, aynı zamanda nasıl bir *insan* haline geldiğini de sormaktır. Bu, *varoluş* sürecinde Dikenli Gül *olmanın* hikayesidir. Bu, pasifliğin kıskacına kapılan fakat kendi hayatıyla ilgili sorumluluk alması gereken bir kızın hikayesidir. Arayışımız, özgürlüğünün onaylanması ve sorumluluk sorununu açıklığa kavuşturmaktır.

Hikaye bir dilekle başlar. Bir bakıma her hikaye, her mit, kişinin gelişimindeki her yeni etmen bir dilekle, varoluşa dair yeni bir olguyla, tamamlanmaya dair bir arzuyla başlar. Burada aynı zamanda bir *yapma* hali söz konusudur. Pek çok şey yaparız: Plan, sanat eseri, bebek.

Doğum arkaik bir unsur, yani kurbağanın ortaya çıkışıyla öngörülür. Grimm Kardeşler'in masallarında ve mitolojide pek çok kez karşımıza çıkan kurbağa, bir ayağı önceki evrimsel gelişim alanımızda, yani suda olup, bir ayağı da karada olan bir yaratıktır. Soğuk ve yapış yapışlığının yanı sıra, her ne kadar ilkel olsalar da sert bir ifadeyle bakabilen iri gözleri arkaik unsurların birer temsilcisidir. Kurbağa burada insan atalarımızın bataklık ve çamurdan çıkarken suyun içinde yaşamaya devam etme olasılığını da alaşağı etmedikleri bir evrimsel dönemi temsil etmektedir.[156] Kimileri kurbağayı cinsel ilişkinin bir sembolü olarak kabul ederek, kraliçenin banyo yaptığı yerde bir erkekle buluşup, kralı aldattığı sonucunu çıkarırlar. Grimm Kardeşler'in masallarında kurbağa bu tür cinsel bir rol üstlendiğinden, bu da son derece olası bir yorumdur.

Sonrasında çok önemli olan bilge kadın karakterleri ortaya çıkar. Bunları, büyümekte olan kız çocuğun kendini özdeşleştirmek zorunda olduğu kadınlar olarak göre-

---

156 Su ve çamurun Freud ve Jung aracılığıyla bilinçdışının seviyeleriyle olan ilişkisi barizdir.

biliriz. Büyümekte olan çocuğun annesiyle, teyzeleriyle, okuldaki öğretmenleriyle ve daha sonra bu mitte ortaya konulacağı üzere anneannesiyle özdeşleşerek, ona erdem ve beceri edinmesi için yardım edilecektir. Bunlar ve diğer kadınlar –gerçek hayatta bilge kadınlarla karşılaşacağını umarak– kızın/çocuğun üzerinde eğitici bir etkisi olacak şekilde, belli başlı erdem ve becerileri ortaya koyarak yaşamlarını sürdürürler. Süregelen bu özdeşleşme hali normaldir ve gelişim sürecinin sağlıklı bir parçasıdır.

Ancak burada iki önemli noktayla ilgili uyarı yapılması gereklidir. Bunlardan ilki, özdeşleşmeye mümkün olabildiğince yüksek bir farkındalığın eşlik etmesi gerekliliğidir. Özdeşleşme her daim devam edecektir; ancak bu durumun kör ve dürtüsel bir şekilde gerçekleşmeyip, ilgili kişinin farkındalık seviyesinde de, bilinçdışı seviyesinde de süregelmesi önemlidir.

Bu masalın ilerleyen bölümlerinde kritik bir hal alan diğer noktaysa, bu kız çocuğunun bu kadınlarla özdeşleşmekle kalmayıp, aynı zamanda kendini onlardan özgür kılması gerektiğidir. Çok çeşitli masal ve mitlerde karşımıza çıkan göbek bağı paradoksu işte bu *özdeşleşme* ve aynı zamanda *özgürleşme* halidir. Bireysel insan gelişiminin temel sorunudur: Herkes *kendi benliğini kazanabilmek ve sonrasında onu aşarak* daha farklılaşmış bilinç düzeylerine erişebilmek için biyolojik bağlarıyla yüzleşmelidir.

Tam da dramatik esnada kötücül unsur ortaya çıkar, ne de olsa kötülüğe en açık olduğumuz an yeni adımlar attığımız andır. Bu durum, şeytanın bizi tam da ruhani bir iyilik yapacağımız esnada en güçlü şekilde ayartmaya çalıştığı eski dinsel mitlerle daha kolay açıklanabilirdi. On üçüncü yaşlı kadın, birazdan göreceğimiz üzere çoğu zaman bir arada bulunan belli bir tür kötülük, *kin* ve *kıs-*

kançlığın vücut bulmuş halidir. Dikenli Gül'ün on beş yaşına gelmeden öleceğine dair savurduğu lanette, kendisinin tam bir kadınlığa erişemeden ölecek olması önemlidir.

Tam bu esnada ortaya on ikinci iyi kadın çıkar –bu rakamların, yani on iki ve on üçün sembolik anlamlar taşıdığı da açıktır– ve bu nihai kaderi ölümden yüz yıllık bir uykuya taşıyabilir. Yüz yıl bir asırdır: bunu, kızın bir çağdan diğerine ya da diğer deyişle bir yaşından diğerine kadar uyuyacak olması şeklinde algılıyoruz. Yani Sylvia'nın "Orville Johson'la yüzleşmesi" gereklidir.

> Sevgili çocuğunu her tür kötülükten uzak tutmak isteyen kral, krallığında ne kadar iğne mevcutsa hepsinin yakılmasını ister. Bu esnada bilge kadınların genç kıza verdikleri hediyeler yavaş yavaş ortaya çıkmaya başlar ve kız son derece güzel, alçakgönüllü, iyi huylu ve bilge biri olarak herkesin görür görmez sevdiği biri haline gelir.

Kral burada her baba gibi kızını gereğinden fazla korur. Onu ölümden korumak için gizler: Tillich'nin nevroz tanımına başvuracak olursak, yokluktan kaçmak için varlığı inkar etmeye başlar. Yokluktan korktuğumuzdan dolayı varlığımızı iyiden iyiye küçültürüz. Kral, kızının büyümesine engel olarak onu koruyacağını düşünür: Tüm dikiş makinelerini (spindle) yakarak, her tür eylemi durdurarak ve onu kalenin içine hapsederek. Ancak elbette ki bu küçültme hali asla işe yaramaz ve Dikenli Gül'ün son derece insani ve belki de sağduyulu bir şekilde dünyayı keşfetmek üzere kalenin diğer odalarını dolaşmaya başladığını görürüz.

> Kilitte paslı bir anahtar vardı ve bunu çevirip kapıyı açınca, ufak bir odada dikiş diken yaşlı bir kadınla karşılaştı. "İyi günler yaşlı teyze, burada ne yapıyorsun?" dedi kralın kızı. "Dikiş dikiyorum" dedi yaşlı kadın ve başını salladı. "Bu güzel güzel dönüp duran şey de nedir böyle?" diye sordu Dikenli Gül ve iğneyi alıp kendisi de denemek istedi. Fakat daha dokunur dokunmaz lanet gerçekleşti ve iğne eline battı.

Burada büyüyen kızın dünyaya açıldığını görürüz. Her ne kadar babası onu gereğinden fazla korumaya çalışsa da, önünde sonunda olacağı gibi bunu tek başınayken yapar. Burada 'tek başına' kısmı özellikle önemlidir, zira bu tür bir gelişim, böylesi bir özgürlük sıçrayışı her daim tek başına yapılmalıdır ve kişinin kendi attığı adımlar için sorumluluk alması gerekir. Dünyaya açılan kız, dikiş dikmek gibi kadınlara özgü beceriler hakkında bilgi edinmek ister. Sonra kanama gerçekleşir, yani daha en başından beri yeni bir varoluşa evrileceğinin habercisi olan biyolojik regl dönemi. 'Olmak' artık hamile kalabilmektir.

Sonrasında bu masalda zaman durur. Regl ya da diğer bir ifadeyle menstrüasyon, Latincede 'aylar' anlamına gelen *menses* kelimesinden türetilmiştir ve gerçekten de zamanla ilintilidir.[157] Konuşma dilinde regl 'dönemi' dememizin nedeni de budur.

---

157 Zaman, varoluşsal yazarlar için son derece önemlidir. Heidegger, *Varlık ve Zaman*'ı yazmıştır. Eugène Minkowski *Yaşanmış Zaman (Le temps vécu)* adlı kitabı yazmıştır. *Varoluşun Keşfi* başlıklı kitabımda ben de 'Zaman ve Tarih Üzerine' başlıklı bir bölüm yazmıştım.

Ve eline iğnenin battığını hisseder hissetmez kendini yatağın üzerine bırakıp derin bir uykuya daldı. Ve bu uyku tüm sarayı kapladı. Kısa bir süre önce saraya giren kral ve kraliçe de uyumaya başladı ve tüm saray eşrafı da onlarla birlikte uykuya daldı.

Ama kaleyi çevreleyen dikenli çalılar büyümeye devam etti ve her geçen yıl daha da yükselerek en nihayetinde tüm kaleyi çevreledi; öyle ki, artık kalenin üstündeki bayrak dahi görünmez olmuştu.

Zaman bu şekilde durduğunda doğa bile sessizleşir ve olduğu yerde kalır. İnsanın gelişimi engellendiğinde olan da budur: Büyüme durur, gelişim seviyesi sabitlenir. Fakat büyümenin tamamen durması imkansızdır: Bu durma halini etkilemek üzere nevrotik bazı savunma biçimleri ortaya çıkar ve böylelikle kısır bir döngü oluşur. Mecazen ifade edersek, doğa, kızın savunmasını devralarak her geçen yıl kalenin etrafını daha yüksek dikenli çalılarla çevreler; yani nevrotik şablon giderek daha belirgin bir hal alır.

Nevrozda kendi içine kapanma hali bu masalda kalenin etrafını çevreleyen dikenli çalılarla sembolize edilmiştir. Çalı yalnızca Dikenli Gül'ü değil, diğer insanları da saklar ve kaleyi öyle bir sarıp sarmalar ki çatıdaki tek bir tuğla dahi görünmez. Sarayın kimliği kaybolmuştur. Artık yalnızca bir anıdan ibarettir.

Ama uyuyan güzel 'Dikenli Gül' masalı dört bir yana yayılır; öyle ki, kralın oğulları zaman zaman gelip dikenli çalıyı aşarak kaleye girmeyi denerler. Fakat etrafı çevreleyen bu dikenlere bir kez yakalanan gençler sanki görünmez eller tarafından tutuluyormuşçasına kendilerini kurtaramayıp feci şekilde can verirler.

Gençler dikenleri alaşağı edip, Dikenli Gül'ün uykuda kalacağı süre dolmadan ona ulaşmaya çalışırlar.

Psikanalitik bir açıdan baktığımızda, Dikenli Gül'ün bu şekilde hayattan tamamen izole edilmiş olduğu için öfkeye kapılacağını varsayabiliriz. Bu öfkenin, kalenin etrafındaki dikenli çitlerin *genç talipleri* öldürmesiyle kendini gösterdiğini ileri sürüyorum. Her nevrotik şablonda etraftaki kişiler de bu öfkeden dolayı –bu durumda Dikenli Gül'ün öfkesi– acı çekerler. Dikenli Gül gibi 'tatlı' bir kızın öfkesinden bahsetmek kulağa tuhaf gelebilir, ancak bu durum nevrotik şablonların kişilerin dünyasında sebep oldukları beklenmedik bir etkisidir.

Prensler, *karşılığı olmadan istemeyi* temsil eder. İstemek, karşı tarafın ihtiyaçları ve içinde bulunduğu durum göz önünde bulundurulmadığı ve tam manasıyla kişiler arasında karşılıklı bir anlayış olmadığı vakit inatçı bir başkaldırıya dönüşebilir. Çalıya yapılan bu saldırı, kızdan bağımsız olarak yalnızca prenslerin kendi ihtiyaç ve arzularıyla ilintilidir. Bu davranışlarıyla Dikenli Gül'ü zorlarlar, yani karşılıklı sevgiden ziyade bir tecavüz yaklaşımı söz konusudur. Davranışları Dikenli Gül'ü sevilecek bir kadın değil de, elde edilecek bir nesne olarak gördüklerini imler. Bizim *şeytani* olarak adlandırdığımız şeyi temsil ederler: Yoldan çıkmış bir şeytaniliğe kendilerini kaptırmış durumdadırlar. Prenslerin Dikenli Gül'ün savunma hattına takıldıkları doğrudur; ancak aksi takdirde kız onların arzularının kurbanı olacaktır. Beden hazır değilken zorla açıldığı vakit ciddi bir travma yaşanabilir ve hatta bir daha bedenin asla kendi isteğiyle açılmama olasılığı da söz konusudur.

> Bu noktada hikayede yeni bir gelişme yaşanır.
>
> Pek çok genç prens içeri girmeyi denemiş, ancak bunu hep dikenli çalıları aşarak yapmayı denediklerinden, sıkışıp acınası bir şekilde ölmüşlerdir. Sonra geç adam şöyle dedi: "Ben korkmuyorum, gidip güzel Dikenli Gül'ü göreceğim." İyi kalpli yaşlı adam onu vazgeçirmek için dil döktüyse de prens dinlemedi.

Burada *ilişki cesaretinin* başlangıcına tanıklık ediyoruz. Bu, Tillich'in deyişiyle "olmak cesareti"nin bir veçhesidir. Prensi vazgeçirmeye çalışan yaşlı adam, bize meşhur Oedipus oyunundaki Jocasta'yı anımsatır. Nasıl ki Jocasta dinlenmesi, kendini zorlamaması ve "kendine hazır olma" konusunda ısrarcı olmaması adına Oedipus'a yalvardıysa, yaşlı adam da mantık çerçevesi dahilinde prensi ikna etmeye çalışır. Ancak prens bu öğütleri reddeder: "Korkmuyorum. Gidip güzel Dikenli Gül'ü göreceğim."

> Fakat artık yüz yıl geçmiş ve Dikenli Gül'ün uyanacağı gün gelmiştir. Kralın oğlu dikenli çalıya yaklaştığında, bunun rengarenk çiçeklerle çevrildiğini ve kendi kendine açılarak zarar görmeden geçmesine izin verdiğini görür.

Bu, harika bir sonuçtur: Dikenler tekrar gül olur ve bu 'yaratıcı bekleme' süreci sayesinde çalılık çiçeklerle çevrili bir hal alır. Masalda bunun sadece bekleyerek gerçekleştiği anlatılır. Benim farklı bir görüşüm var: Bu durum içsel büyümeyle, *kairos*'un[158] dış dünyada kendini ortaya koymasıyla gerçekleşir.

Zamana dair mitsel yaklaşım, zamanın 'yarın ve yarın ve yarın'dan ibaret otomatik bir akış olduğuna dair alışılagelmiş –ve sıkıcı– bir şekilde 'gündeliğin olağan hızı'na yüklenen anlayışa terstir. Bu durum da, bu büyük değişikliğin prensin mükemmel özellikleriyle alakalı olmadığını gösterir (diğerleri de en az onun kadar cesurlardı, fakat yine de dikenlerin arasında öldüler). Bu prensin *kairos*'u, yani 'tüm yaratının titreyip kımıldandığı' o anı hissettiğini varsayıyoruz.

Prens biçimindeki erkek gelip onu uyandırıncaya kadar Dikenli Gül ve onun dünyasındaki her şey uykudaydı ve sonrasında dikenleri, kendi başlarına birbirlerinden ayrılan güzel çiçeklere dönüştüler. Bu da kızlık zarı ve kızı cinsellikten koruyan şeylere dair anlamlı ve çarpıcı bir semboldür ve bu korumalar artık kendi içlerinde tam aksi bir yapıya bürünmüşlerdir. Doğru zaman geldiğinde dikenler çiçeğe, hayal edilebilecek en uygun ve güzel vajinal sembol olan güllere dönüşür. Mitolojide ve kültürel tarihte, bu şekilde çiçeklerin koparılmasının kadınların bekaretlerinin ilk cinsel ilişkiyle birlikte bozulması anlamında kullanıldığını unutmamalıyız. Benzer bir sembol 'My Wild Irish Rose (Yaban İrlanda Gülüm)' gibi şarkılarda da mevcuttur.

> Günün birinde yalnız benim için
>
> Yaban İrlanda gülümden
>
> Bir tane almama izin verebilir.

---

158 Doğru zaman anlamına gelen Yunanca bir kelime. (ç.n.)

Bu masal sembolik düzeyde bu deneyimin yalnızca biyolojik anlamını değil, aynı zamanda psikolojik anlamını da birbirine bağlar. Kızın hazır olduğu vakit geldiğinde, prens orada *mevcuttur*. Masalda şöyle denir: "Bakışlarını kaçıramadı" ki bu da kaleye saldıran diğer gençlerin tavırlarına kıyasla çok daha farklı bir kişisel ilişki ortaya koyar. Prens kızı öper ve kız uyanır; cinsel manada uyanır, fakat biz burada uyanmayı tüm anlamlarıyla alabiliriz.

Artık iki kişi arasında bir ilişki vardır. Anlatılanlara bakılırsa aşk vardır; birleşerek yeni bir varlık oluşturma kapasitesi ve tıpkı diğer tüm masallarda olduğu gibi mutlu bir son vardır. Evlenirler ve sonsuza dek mutlu yaşarlar.

Ancak bu noktada *Üç Kuruşluk Opera* ve onun çarpıcı hicivsel şarkısı 'Mutlu Son' ve 'Üzülerek Söylüyorum ki Asla Böyle Olmamıştı' adlı bir başka şarkısını anımsatır. Şimdi üzülerek söylüyorum ki, gerçek hayatta hiçbir kadının gelişimi ergenlik öncesi dönemde uykuya dalıp, bir prensin öpücüğüyle uyandırıldıktan sonra sonsuza dek mutlu yaşamak şeklinde ilerlemez. Gelişim sürecindeki değişimler ve bireyleşme bu yaşlarda, hepimiz bir bakıma duygusal olarak hasara uğramış kişilerken ve özellikle içinde bulunduğumuz psikolojik uzaklaşma sürecinde çok zordur.

Yine de, bu masalda miti masaldan daha fazlası kılan derin boyutlar da mevcuttur. Öncelikle *mevcudiyet* olgusunu görüyoruz.

Mevcudiyet kaybı, kendimiz ve dolayısıyla da başkaları için tam anlamıyla hayatta olmadığımız anlamına gelir. Dolayısıyla, bu mitteki merkezi sorun Dikenli Gül'ün kendisi için mevcudiyetidir. Modern Batı medeniyetinde, kendimiz için bu mevcudiyet kaybının sözcüleri Kierkegaard ve Nietzsche'dir; onlar kültürümüzden, arkadaşlarımızdan ve özellikle de hayatın manasından uzaklaşmanın sonuçlarını çok önceden gören yalvaçlardır. Kendi içimizde donuk, boş ve güçsüz oluşumuz Nietzsche'yi çok ilgilendiriyordu. Bu mitte, kaleye henüz vakit gelmeden saldırıp, dikenli çalılardan güç kullanıp geçmeye çalışarak başarısız olan genç erkeklerin içinde bulundukları aşamayı temsil etmektedir.

Bir sonraki aşama, uyuyan kızın mevcudiyetinin ancak beklemekle kendini toparlayabileceği aşamadır. Bu aşamanın temsilcisi de Heidegger'dir, çünkü –eğer teolojik bir bağlamda ele alacak olursak– tanrının ölümünün farkındadır ve bu mevcudiyetin kaybolduğunu da bilir. Beckett'in oyununun başlığını ödünç alacak olursak, Heidegger Godot'nun nasıl bekleneceğini biliyordu.

Kişi kullanılan bu dili ve örnekleri beğense de, beğenmese de *mevcudiyet* kavramının bu masal ve miti anlamak için faydalı olacağını kabul etmelidir. "İnsan ancak varlığı anladığında insandır" diye yazar Heidegger, ki bu da masalda olup bitenlerin daha evrenselleştirilmiş bir ifadesidir. Kadın ancak gerçek varlığını anladığında kadındır. Duyguları, tutkuları ve becerileri yalnızca kendisinin değil, diğer insanlar ve içinde yaşadığı topluluk tarafından da değerlendirilebildiğinde (burada 'kullanıldığında' ifadesine yer vermek istemedim) kadındır. Aynı şey W.H. Auden'in 'Endişe Çağı (The Age of Anxiety)' şiirinde de vardır:

> ...çünkü ego bir rüyadır
>
> ta ki bir komşunun ihtiyacı
>
> onu yaratıncaya dek.[159]

---

159 Rollo May, *Kendini Arayan İnsan.*

Tüm bunlar, insan ilişkilerinin temel bir özelliğinin, yani benliğin doğumu ve gelişiminin kişilerarası bir alanda gerçekleştiğinin altını çizer. Birbirimize seslenir, birbirimizi uyandırır ve birbirimiz için orada oluruz; ister kitaplar aracılığıyla, ister sanat ya da ilişkiler aracılığıyla…

YARATICI MEVCUDİYET

Şimdi, daha önce kısaca değindiğimiz bir konuya dönüyoruz; *yaratıcı mevcudiyet*. Dikenli çalılara saldıran ve 'feci şekilde ölen' prematüre gençlerin *kairos*, yani Dikenli Gül'ün uykusunun tamamlandığı anı bekleyecek kapasiteye sahip olmadıklarını görmüştük. Burada ister bir bebek, bir fikir, bir buluş ya da sanatsal bir görü olsun, bir şeyin doğmaya hazır olmasını beklemeyi kast ediyorum. Bu bekleyiş pasif ve boş değildir; bekleyen kişi bu gebelik döneminin aktif bir katılımcısıdır. Bilinçli *niyete* –Dikenli Gül masalında prematüre taliplerin aktif bir şekilde ısrarcı davranmaları– yapılan gereğinden fazla vurgu bekleme kapasitesini engeller. *Niyetlilik*, yani her şeyin farkındalığımız tarafından verilen bir anlamı olması durumu ancak bu şekilde yaratıcı bekleme kapasitesine sahip olduğumuzda mümkündür.

Masaldaki Dikenli Gül'ün bekleyişini, 'Çorak Ülke'de Eliot'ın ortaya attığı, zengin ve güzel olmasına rağmen bezgin olan ve sevgilisiyle yaşamasına rağmen cinsellik de dahil her şeyden sıkılan hanımefendiyle kıyaslamak son derece çarpıcıdır. Her ikisi de beklemektedir. Bezgin hanımefendiye şöyle der: "Peki ne yaparız yarın? Ve her günü tanrının?"[160] İkisi de birer dilek ifadesidir. İkisi de "kapının

160 T.S. Eliot, 'Çorak Ülke'.

vurulabileceğine" dair bir umut olduğunu ima eder.[161] Fakat Dikenli Gül masumiyetin, rüya görmenin beklenmesidir; uyumaktadır, göz kapakları kapalıdır. Eliot ise bize anlattığı hanımefendinin "kapaksız gözleri"nden bahseder; gözleri açıktır, onları kapatamaz. Artık endişe halindeki kişinin gözlerinin iyice açıldığını, tehlike karşısında öylece kalakaldığını klinik olarak biliyoruz. Sanatçılar da bunu gözlemlemiştir; Michelangelo'nun endişe içindeki kişileri ortaya koyduğu heykel ve resimlerinde gözler belermiş ve öylece kalakalmıştır.

Dikenli Gül farkındalık öncesi bir dönemdeydi; Eliot'ın hanımefendisiyse farkındalık sonrasında... Onun trajedisi farkındalığa erişememek değildir, aksine onu *kaybetmiş* olmasıdır. Dikenli Gül için farkındalığa ulaşma fırsatı henüz gelmemiştir ve ancak prensle birlikte gelecektir; hanımefendi içinse farkındalık olanakları vardır, ancak gözleri iyice açık olmasına rağmen bunları göremez. Masumiyet değil de ümitsizlik halindedir; Çorak Ülke'dedir. Dikenli Gül bilinci olmadan uykudadır. Hanımefendiyse cinsel olarak serbest kalmıştır, "özgür"dür ve teknolojiyle kültürün tüm zenginliği parmak uçlarındadır; ancak deneyimlediği şey memnuniyet yerine seks ve iştahın doyumu olur. Eliot, bizi farkındalığın daha yüksek bir seviyede ortaya çıkacağı ana, yani *kairos*'a ulaştıracak olan gebeliğin gerçekleşmesi için endişe çağının geçmesinin beklenmesi gerektiğini söyler.

Mit, belirttiğimiz gibi *yaratıcı beklemeyi* ortaya koyar. Bu ve psikoterapide yapıcı olmayan pasif bekleyiş arasındaki fark, beklenen *nedir* sorusunun yanıtında yatmaktadır. İster terapi seanslarına katılan bir hastadan ya da Eliot'ın

---

161 Beckett, *Godot'yu Beklerken*.

hanımefendisinden bahsedelim, *beklenen* şeye dair sorumluluk alınmadığı taktirde bekleme özyıkımcı bir sürece, bir tür boşalmaya dönüşür.

Klinik olarak ifade etmemiz gerekirse, hastanın beklediği şeyi dikkate almayı reddetme şablonunun, çocuksu bir dileğin gerçekleşmesini beklediği durumlar için geçerli olduğuna inanıyorum: "Annem önünde sonunda kapıyı çalacak." Aynı zamanda, kişi ne bekliyor olduğuna dair bir soru yöneltme cesareti göstermeden önce yüzleşilmesi gereken yoğun bir endişeyi de içinde barındırmaktadır. Eliot'ın şiirinde bekleyen hanımefendiler pek çok modern sanat ve oyundaki soruna benzer: Yeni bir anlam ortaya çıkıncaya dek nihilizm ve doygunluğun geçmesini beklemek.

Bu bölümün başlangıcında, Dikenli Gül motifinin modern bir örneği olan Sylvia'nın bazı rüyalarını aktarmıştık. Sylvia'nın analizi ilerledikçe, hiç de uyandırılmayı bekleyen tatlı prenseslere benzemeyen birtakım şablonlar belirmeye başladı. Peter Pan'ın inatçı haykırışı olan "Büyümeyeceğim!" ifadesini farklı biçimlerde dile getirdi. Bu, masal ortamının dışından bakıldığında muhalif bir ifadedir. Ancak bu muhalefet dahi ortaya çıkacak çok değerli öngörülerin habercisi olabilir.

Sylvia şu rüyaları aktardı:

> Sen [terapist] ve ben bir seanstaydık. Bir tür sanatoryumdaydık. Çok zeki ve tatlı olduğumu söyleyerek bana iltifat ettin. Rüyada zeki ve tatlı olmam kısmen doğaldı, kısmense öğrenilmiş bir şeydi. Seni yanağından öpüverdim. Üzerimde gecelik vardı. Sonra sen gittin. Aynaya bakınca

kabakulak olduğumu ve yüzümün şiştiğini gördüm. Sonra benim için üzülmüş olman gerektiğini düşündüm.

Bu rüyayla ilgili bağlantıları anında ortaya koyuldu: Fındıkkıran efsanesi. Bu hikayede, tıpkı rüyada Sylvia'nın durumunda olduğu gibi bir prensesin yüzü şişkin çenesi nedeniyle deforme haldedir ve onu yalnızca asla tıraş olmamış ve hep çizme giymiş bir adam kurtarabilir. Çok geçmeden bu genç adam gelir ve prenses onu öper öpmez tüm bu deformasyondan kurtularak güzel bir kadına dönüşür. Ancak bu kez adamın çenesi şişer ve kız onunla görüşmek istemez.

Bunun cinsel ve öfkeli bir rüya olduğu bariz. Kadın gecelikli ve beni öpüyor. Ancak kurduğu bağlantılarla deformasyonlarını bana aktarıyor. Kimse becerilerinin elinden alınması ya da Sylvia'nın durumunda olduğu gibi özgürlüğü ve diğer yeteneklerine el konulması –bunların tümü uyutulmasıyla ilgilidir– karşısında öfkeye kapılmadan edemez. Peki ya bu öfkesi kime yöneltilmelidir? Elbette ki, bunun önemli bir bölümü büyüyü bozmak için onu öpmeye yazgılı kişilere yönelir ("Prensim neden bu kadar gecikti?"). Terapideyse bu öfke anlaşılır bir şekilde terapiste yöneltilir. Güdülerden bağımsız olarak bu tür bir hasta kendini kandırılmış hisseder. Başka şablonlar kendisince erişilebilir olsa kimse bunu seçmezdi, ancak –Sylvia'nın durumunda olduğu gibi– bu size dayatıldığında doğal olarak öfkelenirsiniz.

Bu durum ciddi bir ikilem oluşturmakta. Dikenli Gül'ü kötü kaderinin elindeki çaresizliğinden kurtarması gerekenler, yani onu bir kadın ve kendini bulmuş bir kişilik olarak doğrulayacak olanlar güçlerini onun zorlamasından alırlar. Deformasyonlarının kendilerine yöneltilmesi yangına intikamcı ve sadist rüzgarlar üfleyen bir körüğe dönüşerek, kısırdöngünün devam etmesine neden olur.

Bu da Peer Gynt'te gördüklerimizle bir çelişkidir; kendini, aynı zamanda yıkıcı bir şablonla doğrulamıştır. O halde, bu gibi bir şablon nevroza neden oluncaya dek daha özyıkımcı bir hal almaya devam eder.

Erkeklere karşı bu öfkenin kökenine indiğimizde, erkeğin onu kindar kadının elinden kurtarmamasına karşı duyulan bir öfkeyle karşılaşırız. Prenses/Fındıkkıran rüyasını anlattığında, Sylvia'ya bu yorumumdan bahsedince yanıtı şöyle oldu: "Annemin beni kıskandığını yeni fark ettim. Kadının rolünü şiddetli bir şekilde reddetmişti ama işte ben zeki ve tatlı bir şekilde orada, önündeydim."

Peer Gynt masalında, Peer'in evlerinde bekleyenleri olan denizcilere karşı beslediği öfke ve kıskançlığı hatırlayalım. O zaman da tıpkı şimdi olduğu gibi, kişinin kendi kendini olumlamaya başladığının ilk göstergelerinin kıskançlık ve öfke gibi kusurlu fakat dürüst duygular olduğunun altını çizmiştik. Bunlar boş hisler değil, sonradan ortaya çıkacak daha kabul edilebilir duyguların habercileridir.

Nörotik bir duygu olarak bu, kişinin gerçekleştiremediği potansiyellere sahip olduğu durumun bir ifadesidir. Kıskançlık, tam anlamıyla gelişmemiş kişilere özgü bir özelliktir. Dolayısıyla, kadınlığın gelişiminin hikayesinde kıskançlığın bir sorun teşkil etmesi anlaşılır bir durumdur. Kıskançlığa, tam da gelişmenin önünü kesen davranışlarla –kişinin gelişimine dair ipleri başkasının eline vermesi– kendini geliştirmeye çalışanlarda rastlanır. Dikenli Gül duygularını kendisine aitlermiş gibi yaşamaz; cinselliği kendisi yaşıyormuş gibi deneyimlemez; üreme ve anlık farkındalık becerilerini yok sayarak, kendini sürekli kıskanç bir anneye borçluymuş gibi hissederse, kaç prens tarafından öpülürse öpülsün güçsüz olacaktır.

Ancak son analizde kıskançlığın kızın, yani Sylvia'nın kendi içinde olduğu fikrini ortaya atıyorum. Masalın sorunu nesnelleştirdiğini, kişiden uzaklaştırarak bunu saf bir masumiyetle ortaya koyduğunu gördük. Fakat mit bunu kişinin içine yerleştirir; son derece önemli nesnel bir boyut katar ve bu miti bir oyun olarak hayal edebilirseniz, kıskançlığı çevreleyen mücadele ve çatışmanın Sylvia'nın kendi içindeki kin olduğunu varsaymanız gerekir. Yeterince gelişmemiş olan kendisidir ve tıpkı hepimizde olduğu gibi, içindeki kıskançlık artarak ortaya çıkan nörotik yapının hem kendi hem de bizim gelişimimize ket vurduğu bir duruma sebebiyet vermiştir. Sylvia, kendi içinde yeterince gelişmemiş potansiyellerin nörotik bir çarpıtması bağlamında kıskançlıkla tanımlanır. Bu çatışmanın dışavurumu olarak, sahip olduğu potansiyel salt güç olarak kendini diğerlerine komut verebildiği ölçüde doğrulayan, olumsuz ve yıkıcı bir hal almıştır. Bu durum önce erkeklere (Fındıkkıran rüyasında bana karşı) ve ardından kadınlara karşı tutumunda ortaya çıkar. Dikenli Gül şablonuna uyan kişilerin terapilerindeki merkezi sorunlardan biri de despot davranışlar sergilemenin olumlu gücünü keşfedip, bunu deneyimlemelerine yardımcı olmaktır. Sylvia gerçekten de çocukluk yılları boyunca kardeşlerini ve belli bir yere kadar babasını da kontrol edebilmiş olduğundan, bir tür haz duyarak önemli olduğunu hissetmiştir. Kıskançlıkla birlikte gelen olumsuz, kırıcı ve yıkıcı gücün, kendi özgürlüğü ve sorumluluğu için istediklerini ve ihtiyaç duyduklarını alabilmesine yardımcı olacak şekilde yapıcı olarak isteme ve arzu etmeye dönüştürülmesi gereklidir.

Terapi bu şekilde devam ederken, Sylvia bir konser komitesi toplantısında ilgisini çeken bir adamla tanıştı. Yüksek mevkide biriydi ve anlatılanlara bakılırsa gerçekten etkileyiciydi; ten rengi Sylvia'nınkinden farklıydı. Sylvia ayarlayabildiğinde ve o da sorumluluklarından vakit bulabildiğinde birkaç kez buluştular. Bu ilişkiyle ilgili çarpıcı noktalardan biri de Sylvia'nın güçlü bir cinsel enerjiye sahip olduğunu ortaya çıkmasıydı. Sabaha kadar uyumadan seviştikleri tutku dolu geceler yaşadılar. Bu durumun evliliğine herhangi bir etkisi olmadı; kocasına anlatmayıp bu deneyimi kendine sakladı. Fakat evde daha rahattı. Yaşadığı bu deneyim, Sylvia'ya aslında bir erkeğe yoğun bir şekilde karşılık verebildiğini ve kendini kösnül bir ilişkiye bırakabileceğini gösterdi. Kadınlığını çok farklı açılardan onaylamış oldu.

Terapinin sonlarına doğru Sylvia şu rüyayı anlattı:

> Yazar bir kadın vardı. O ve kocası, öğle yemeği servis edilen bir tezgah işletiyorlardı. Kocası tezgahta dururken kadın ocağın başındaydı. Kocası siparişi alır almaz, kadın bunu anında duyup pişirmeye başlıyordu. Bu da, her şeyi tek tek açıklamak durumunda kaldığınızda hizmetlilerin aslında ne kadar gereksiz ve yapmacık olduklarını ortaya koyuyordu. Kadın, bir hizmetli olarak görüldüğünden çok daha zeki ve etkiliydi.

Sylvia, kadının siparişi bir tür telepati vasıtasıyla "duyduğunu" ve sonrasında da hemen harekete geçtiğini açıkladı. Dikenli Gül motifine göre değerlendirdiğimizde, bu rüya son derece aydınlatıcı bir hal alır. Kadın, etkin bir şekilde odanın diğer ucundan verilen siparişi duyarak, aslında kendi hayranlığını kazanır.

Bu rüya sanki kadının en sonunda biricik katkısını, kendine has becerisini, bir erkekle arasındaki ilişkinin dişil yanını bulabildiğini ortaya koymakta. Kadınlar, belki de çocuk doğurma ve onları anlamaya dair biyolojik rollerinden ötürü, telepatik yöntemlerle iletişim kurma konusunda erkeklere kıyasla genellikle çok daha iyidirler. Bu rüya da Sylvia'nın bir kadın olarak kendi becerilerini, kendine özgü kapasitesini keşfettiği gerçeğini işaret ediyor. Aynı zamanda kadının yazar olduğuna da dikkat çekiyor. Bu rüyayı gerçek anlamda bir ilerlemenin işareti olarak sessiz bir sevinçle karşıladım.

Uyuyan Güzel masalında, ergen asla ergenlikten çıkmayan kişidir; kendi kendini uyandırmadan uyandırılmak isteyen kişi. Bunun da çoğu genç insanın sosyal hayatını ifade eden 'çıkıyor olma' birlikteliğiyle bir paralelliği vardır. Çok hızlı bir şekilde birbirlerinin mevcudiyet kaynağı haline gelirler ve dolayısıyla bu durum içeriksiz bir mevcudiyet haline dönüşür. Cinsel anlamda erken bir uyanış, cinselliğin aynı zamanda benliğin diğer tüm seviyelerindeki uyanıştan kaçınmak amacıyla da kullanılabileceği anlamına gelir. Bizler –ister ergen, ister yetişkin olalım– genellikle ilişkinin *anlamıyla* yüzleşmekten kaçınarak, çok hızlı bir şekilde cinselliğe geçiş yaparız. Böyle bir durumda birliktelik kısmi bir gelişim gösterir; genç kız ve erkeğin üstlendiği roller uyandırılmamış olarak kalır. Uyanışı yalnızca bir kişiyi tanımaktan ibaretse –ve şimdi özellikle ergenleri kast ediyoruz– kişi dünyadaki insanların geri kalanına dair fazla gelişmemiş ve yarım kalmış bir perspektife sahip olacaktır.

YENİDEN DİKENLİ GÜL

Uyuyan Güzel masalını bir mite dönüştürdüğümüze göre artık kendimize bundan sonra ne olacağını sormalıyız. Ibsen ya da Arthur Miller bu durumu yazacak olsa, ortaya nasıl bir şey çıkardı? Yaşanan son savaş esnasında bombalanan bir Alman kentinin yıkıntılarının arasında küçük bir not defterinin bulunmasıyla ilgili anlatılan ve Theodore Reik'e minnet duymamızı gerektiren bir hikaye var. Defter epey zarar görmüştü ve geriye kalan tek sayfasındaki metni okumak da neredeyse imkansızdı. Ancak Dikenli Gül masalının son sayfası gibi görünüyordu. Şöyle yazıyordu:

> ...ve sonsuza dek mutlu yaşadılar. Birkaç ay geçti ve kralın oğlu huzursuzlanıp sıkılmaya başladı. Yeni maceralar peşinde koşmak için kaleden çıkmak istiyordu. Öperek uyandırabileceği yeni uyuyan güzeller olmalı, diye düşünüyordu. Ve nasıl gözlerini açıp –ki onları zaman zaman mavi, zaman zaman ela ya da kahverengi gözlü olarak hayal ediyordu– ona tatlı tatlı bakacaklarının hayalini kuruyordu. Günlerden bir gün, kalenin etrafında dolaşırken eskiden çiçeklerin oluşturduğu çitin yerini yine aşamayacağı kadar yüksek ve kalın dikenli otların kapladığını fark etti. Her gün gizli bir yan kapıdan kalenin dışına çıkıp, bu çalıların arasında geçebileceği bir aralık bulmaya çalıştı. Her gün çalılar daha da yükselip sıklaştı. Bir gün eline kılıcını alıp dikenleri kesmeyi denediyse de, çalılar kenetlenmiş eller gibi geçit vermedi.
>
> En sonunda genç prens vazgeçip karısı Dikenli Gül'e döndü. Kadın ona aşçı ve kahyayla

yaşadığı sorunları, baş uşağın çamaşırcı kadına neler söylediğini, çamaşırcı kadının ne yanıt verdiğini ve kendisinin oda hizmetçisine söylemek isteyip söylemediği şeyleri anlattı.

Kadın konuşurken genç prensin gözleri gitgide ağırlaştı ve karısıyla saray mensuplarının tüm çabalarına rağmen yüz yıl sürecek bir uykuya daldı.

Bu mitsel masalın sonuna Theodore Reik'in yanıtı böyleydi. Herkesin kendine göre bir son yazmaması için hiçbir neden yok:

> ...ve birkaç yıl mutlu yaşadılar. Fakat zamanla kraliçe giderek kaledeki yaşantısından sıkılmaya başladı. Kimse kale bahçesinden dışarı çıkmıyordu ve kaleye teslimat yapan erkeklerden başka gelen giden kimse yoktu.
>
> Bir sabah kalenin etrafında yürürken, uyuduğu zamanla ilgili anlatılan hikayelerde kaleye girmeye çalışan diğer erkeklerin kimler olabileceğini düşünmeye başladı. Hepsinin öldüğüne dair söylenenler gerçek olamazdı; çoğunun hala hayatta olduğunu, hatta birkaçının yakındaki köyde yaşadığını, diğerlerininse ülkenin farklı köşelerine dağılmış olduklarını biliyordu. Üzerine pantolon ve kazağını geçirip, köye giderek bunlardan biriyle barda tanıştı. Tanıştığı adam masal yazarı olmuş ve tüm ülkeyi dolaşmıştı; çok da ilgisini çekti. Bunun üzerine, kaleye dönüp bahçıvanı çağırdı. "Şu dikenli çalıyı kes" dedi. "Ve köye kadar

uzanan bir bahçe yapalım. Burada sıkışıp kalmaktan sıkıldım!"

Köyde, eski taliplerinden biri olduğu anlaşılan bir ressamla tanıştı. Ondan birkaç ders aldı ve resme karşı yeteneği olduğunu keşfetti. Köy meydanında sergiler açtı ve iki eski taliplisiyle daha tanıştı. Bunlardan biri usta bir piyanistti. Akşamüzeri matineleri düzenleyerek, köydeki tüm arkadaşlarını müzik dinletileri için saraya davet etti.

Günlerden bir gün, bu suarelerden biri esnasında kral gelip arka sıralardan birine oturdu. Ama piyanist tam bir Chopin noktürnü çalmaya başladığı sırada kral başını sallayıp uyumaya ve çok geçmeden de horlamaya başladı!

Kraliçe onu görüp kendi kendine güldü: "Bu kafesten kurtulduğum için tanrıya şükürler olsun!"

ON İKİNCİ BÖLÜM

FAUST: ATAERKİL GÜÇ MİTİ

> Günümüzde mitlerin ne olduğuna dair bir fikrimiz yok; çünkü kişinin kendi benliğine bir şeyler aktarmasının estetik anlamda keyif veren bir yolundan ziyade, uyanık durumdaki bilincimizin her köşesini tutup, varlığı temelinden sarsan capcanlı gerçekliğin bir parçasından ibaret.
>
> ...[Mitler] her daim etrafımızdaydı. Göz ucuyla görünürlerdi. Kanıtlamayı düşünmenin dahi saygısızlık addedildiği bir inançla bağlıydık.
>
> ...Eskiden insanlar "mitlerden keyif almazlardı." Hemen arkalarında ölüm beklerdi.
>
> Oswald Spengler, *Batının Çöküşü*, Cilt 2

Etkili Faust miti, Orta Çağ'dan Rönesans ve Reform'a geçiş sürecinde Avrupalıların derin psikolojik ve ruhani ihtiyaçlarını tam olarak karşılıyordu. Faust, Kuzey halklarının mitsel anlatısı halini aldı. Bu mit çok farklı biçimlerde yeniden yazıldı: Marlowe'un 1591 yılında yayımlanan *Doktor*

Faustus'u; Goethe'nin, ilk yarısı Goethe kırk yaşındayken, ikinci yarısıysa 1832 yılında seksen yaşındayken yayımlanan *Faust*'u. Thomas Mann, İkinci Dünya Savaşı sırasında, 1947'de kendi *Doktor Faustus* romanını yazdı. Bunun yanı sıra, mit opera, felsefe ve çok çeşitli yaratıcı yazı biçimlerinde defalarca kez hayat bulmuştur. Mozart'ın *Don Giovanni* eseri Faust efsanesinin müzikal bir temsilidir. *Muhteşem Gatsby* de Faust'u andıran bir romandır. Benét'nin *Şeytan ve Daniel Webster (Devil and Daniel Webster)* adlı eserinin yanı sıra, daha sonra *Lanet Yankee'ler (Damn Yankees)* adlı müzikale dönüşen *Yankee'lerin Flamayı Kaybettiği Yıl (The Year The Yankees Lost the Pennant)* adlı eseri de başka örneklerdir.

René Dubos, *İçimizdeki Tanrı (A God Within)* kitabında şöyle yazar: "Modern çağın medeniyete katabildiği tek mitin Faust olması çok üzücü."[162] Ancak Faust oyunlarının önemine dair en güçlü ifadeler, Oswald Spengler'ın 1918'de, yani Birinci Dünya Savaşı'nın sona erdiği yıl yayımlanan *Batının Çöküşü* eserindedir. Spengler, ansiklopedik zihnini kullanarak modern Batı kültürünü Pers ve Arap kültürleri gibi farklı kültürlerle kıyaslarken, *Apolloncu* ve *Faustçu* olarak iki kategori kullanmıştır. Yunan miti Apollon'dan gelen Apolloncu ifadesi akıl, uyum, denge ve adaletle tanımlanan kültürleri temsil eder. Apolloncuğun sembolü *çemberdir*.

Faustçuluğun sembolüyse sürekli ilerleyen ve modern inancımızı temsil eden *düz çizgidir*. Ancak buradaki ikilem, bu ilerleyişin yalnızca teknik anlamda olmasıdır; daha iyi otomobiller, bulaşık makineleri ve nükleer bombalar geliştiririz. İlerleme kavramı, klasik Apolloncu çağlarda oldu-

162 René Dubos, *İçimizdeki Tanrı (The God Within)*.

ğu gibi din, felsefe, sanat ve edebiyat alanlarında geçerli değildir. Spengler, rekabet ve mağrur materyalizme olan tutkumuz bağlamında Batı'nın (burada özellikle Avrupa ve Amerika kast edilmektedir) Faustçu olduğunu iddia eder.

Spengler'ın kitabı tüm kesimler tarafından dehşetle karşılanarak reddedildi. Fakat eğer İkinci Dünya Savaşı'nı yaşayıp atom bombasının Nagasaki'yi yerle bir etmek için kullanıldığını görseydi, Batı'ya dair öne sürdüğü bu Faustçuluk ifadesinin altını daha fazla çizerdi.

Nükleer başlıklarla çevrelendiğimiz bu çağ, en uç manada Faustçu olarak ifade edilebilir. Geçmiş çağlar gizemli kapıyı yalnızca çalmakla yetinmişken, biz binaya zorla girmiş durumdayız. Bizim sonumuz da Marlowe'un *Faust*'unda olduğu gibi kendi kendimizi yok etmemizle mi olacak? Yoksa Goethe'nin *Faust*'unda olduğu gibi bir tür *deus ex machina*[163] durumu yaşanacak ve öldürücü çan gece yarısını vurmadan önce nedamet getirme imkanımız olacak mı?

Nükleer fizikçiler keşfedilmesine ön ayak oldukları tehlikelerin farkındalar. Cornell'de görev yapan Dr. Hans Bethe, yüz yüze geldiğimiz Faustvari tehlike hakkında konuştu. Los Alamos nükleer laboratuvarı direktörü Dr. Alvin Weinberg, içinde bulunduğumuz durumu tanımlayacak bir kelime bulmaya çalıştığında Faust mitine sarıldı. Savaş başlıklarımız ve dünyanın büyük bölümünü bir saat gibi kısa bir sürede yerle bir edebilecek olduğumuz gerçeğinin yanı sıra, nükleer atıkların imha edilmesindeki güçlükler, üzerinde yaşadığımız toprakların gelecek nesil-

163 Bir roman ya da tiyatro oyununda, kahramanın tepeden inme ve doğaya aykırı şekilde son anda tehlikeden veya ölümden kurtulması. (ç.n.)

ler için de tehlike teşkil edeceği anlamına geliyor. Dr. Weinberg, Faust'un yaşadıklarının üzerinde düşünmüş. 'Faustçu Pazarlığımız' makalesinde, olası çıkış yolumuzun "sonsuz teyakkuz" olduğu sonucuna varmış.[164] Gerçekten de Spengler'ın neden "mitin ardında ölüm var" dediğini anlayabiliyoruz.

FAUST HİKAYESİ

On beşinci yüzyılda, Orta Çağ'ın sonunu ve Rönesans'ın başlangıcını imleyen birtakım önemli psikolojik ve ruhsal gelişmeler yaşandı. Bunu yine en iyi şekilde Dante'nin *İlahi Komedya*'sında, Rönesans'ta ortaya çıkacak mitte, yani Faust'ta görebiliriz. Dante, *İlahi Komedya*'yı Cehennem ve Araf'tan geçip, en sonunda İlahi Aşkın zirvesinde mutlak kutsanmışlığa erişerek, Cennet'e ulaşma çabasının bir ifadesi olarak kaleme almıştır. Dante'nin metninde bir huzur, bir inanç hissi, ilahi bir kutsanmışlık ve saf aşk vardır. Tüm bunlar, Kilise'nin en güçlü olduğu dönemde yaymaya çalıştığı iyi özellikleri kendinde toplayan Beatrice aracılığıyla aktarılır.

Orta Çağ'da Kilise kadınları el üstünde tutardı. Tanrı ve İsa'yla birlikte üçgeni tamamlayan tanrının annesi Meryem'e Orta Çağ boyunca sayısız "Hail Mary" duasıyla tapınılmıştır. Notre Dame gibi katedraller adlarını kadınlardan almıştır.

Fakat Almanya ve İngiltere'deki Reform esnasında bu kutsal üçlü "Tanrı, İsa ve Kutsal Ruh" şeklinde değiştirilmiştir. Ve çekici, renkli, hatta zaman zaman şatafatlı Kato-

---

164 Weinberg, 'Our Faustian Bargain: Social Institution and Nuclear Energy,' *Science* (Aralık 27, 1971), s. 27.

lik kiliseleri yerlerini Reform dönemindeki Protestan kiliselerinin eril sertliğine bırakmıştır. Bu yeni bir dünyaydı ve bu dünyadan korkan köy ve kasaba sakinleri yeni bir baskın mit arayışındaydılar.

Mirandella, Rönesans döneminde insanlara birey olarak kendilerini istedikleri şekle sokacak güçleri olduğunu anlattı. Ve on beşinci yüzyılın başlarında da Nicolaus Cusanos onlara her bireyin evrenin merkezi olduğunu söylemişti. Rönesans insanının bireysel güçlerini yücelten daha başka pek çok sözcü olmuştur. Calvin ve Luther dinde özgür olduklarını ifade ederken, Kepler, Kopernik ve Galileo yıldızların nasıl hareket ettiğini göstermekteydi. Manevi anlamda köklerini kaybetmeye başladıklarını hissedip, yeni bir mite ihtiyaç duymalarına şaşmamalı!

Rönesans dönemindeki bu heyecan dolu insanlara uyan mitse Faust anlatısıydı. Manevi ve psikolojik bir çalkantının içine doğan ve dört bir yanda cereyan eden gelişmeler sıradan insanlara büyü gibi göründüğünden, büyüyle elde edilebilecek bilgiye açlık duyan biri anlatılıyordu. Bu mitsel Faust, bilgiye olan açlığını dünya üzerinde geçireceği yirmi dört yıllık şehvetli bir iktidar döneminde yaşayacak, fakat bunun karşılığında ölümsüz ruhunu Lucifer'e satarak sonrasında sonsuza dek cehennemde acılar içinde kıvranacaktı. Bu mit, sıradan vatandaşların umutlarıyla korkularını temsil eden Faust'u, ilahi gücü paylaşma mücadelesinde başarıya ulaşırken göstermeliydi. Yani bu mit, yirmi dört yıllık büyülü iktidarının sonrasında Faust'un ceza almasıyla birlikte vatandaşların korku ve suçluluk duygularını azaltacak bir arınma (katarsis) sağlamalıdır.

Faust miti, on altıncı yüzyılın ortalarında Kuzey Almanya'da yaşamış ve hayatı boyunca etrafındakilere büyülü şakalar yapmış John Faustus adlı bir adamın maceraları şeklinde başlamıştır. Hayatının bir kısmını hapiste geçiren bu adamın öldükten sonra cehenneme giderek, orada sonsuza dek alevler ve kükürtle çevrelenmiş bir şekilde acı çektiği anlatılır. Almanya'da 1587 yılında yayımlanan küçük bir kitapta, Faustus'un bir erkeğin sonsuza dek cehenneme mahkum edilmesi için yeterli bir günah olan Truvalı Helen'le cinsel ilişki yaşamış olması gibi sözde günahları detaylı bir şekilde anlatılıyordu. 'Dr. John Faustus'un Lanetli Hayatı ve Hak Edilmiş Ölümü (The History of the Damnable Life and Deserved Death of Doctor John Faustus)' adlı bu küçük kitapçık, Orta Çağ'ın sonlarına doğru bir anda parlayıverdi ve gezici bir ahlak oyununa dönüştürüldü. Bilgi açlığını (gerçekliğin içinde çoğu zaman büyülü görünen) suçluluk duygusu, ceza, korkulan cehennem ateşleri ve sonsuz işkenceyle birleştiriyordu.

Kitapçığın dilini bilmemelerine rağmen, Hollanda ve Belçika'da yaşayan insanlar cehennem alevlerini görebiliyor ve yanık et kokularını alabiliyorlardı. Böylelikle çaresizlik içinde ihtiyaç duydukları kıyamet ve arınma hislerini yaşayabiliyorlardı. Bosch'un cehennem ve lanetlenmeyle, Grunewald'ınsa ölenlerin cezalandırılmasıyla ilgili resimlerini görmüşlerdi. Bu mitin sahnelendiğini görmek ve sonsuz acılar içinde kıvranan lanetlilerin yakarışlarını dinlemek kendi bilinçli ve bilinçsiz korkularıyla yüzleşmelerini sağlıyordu. Bu korkular, cezalandırılan Faustus'un kıvranması ve yakarmasının sağladığı arınma hisleriyle birlikte yatıştırılıyordu. Bu capcanlı mit, onlara dolaylı bir kefaret sağlıyordu. Faustus gözlerinin önünde acı çekerken, onlar da içinde bulundukları bu yeni çağın büyüsü olarak algıladıkları şeyi kabullenmekte özgür kalıyorlardı.

MARLOWE'UN FAUST'U – ŞATAFAT VE TRAJEDİ

Kendisi de Rönesans döneminde yaşamış olan Christopher Marlowe'un değişik olaylarla dolu bir kariyeri vardı. O da Shakespeare gibi 1564 yılında doğmuş, bir süre Oxford'a devam etmiş ve henüz yirmi sekiz yaşındayken bir kavgada öldürülmüştü. Ancak öldüğünde, her biri ona ölümsüzlük sağlayabilecek güçte birkaç oyun yazmıştı bile. *Doktor Faustus*, bir eleştirmenin deyişiyle "korkutucu bir güzelliğe" sahiptir.

Oyunun başlangıcında, saygın bir profesör olan Dr. Faustus'u çalışma odasında hayatının müthiş sıkıcılığından dem vururken görürüz. Her ne kadar tıp, felsefe ve teoloji alanlarında eğitim almış olsa da, *büyülü* bir bilginin açlığını çekmekte ve Rönesans'a özgü bir tutkunun pençesinde kıvranmaktadır.

Felsefe iğrenç ve anlaşılmaz,
Hukuk ve fizikse küçük beyinlilerin işi,
İlahiyat bu üçünden de bayağı,
Zevksiz, kaba, aşağılık ve adi;
"Beni meste edense büyü, işte bu büyü!"[165]

Faustus özellikle Orta Çağ'da çok önemli olan ilahiyatı yerden yere vurarak, onu "kaba, aşağılık ve adi" olarak nitelendirir. Marlowe'a göre, Faustus da İkarus gibidir:

Hinlik ve kendini beğenmişlikle şişinceye dek,
Mumlu kanatları erişebileceğinin ötesine uzandı,
Ve eridi, gökler onu alaşağı etti!

---

165 Marlowe, *Doktor Faustus.*

Bu, kendini Sonsuz Karanlık'a teslim eden bir adamın gurur, açgözlülük, şehvet ve ümitsizliğinden çıkan bir bilinç mitidir. İnsana erdem katan inanç, pişmanlık (tövbe) ya da tanrının merhameti ve sevgisine karşı mücadele eder.

Lucifer'e kendini teslim etmeyi planlayan Faustus şöyle haykırır:

> Gayretli zanaatkâra vaat edilen dünya,
> Nasıl da kar ve keyifle,
> İktidar, onur ve mutlak bir güçle dolu!
> Sessiz kutupların arasındaki her şey
> Benim emrime girecek…

Faustus basit bir insan olmayı kabullenemez. Tanrı gibi olmayı, hatta tanrının *kendisi* olmayı ister.

> Ama sen yine de hala Faustus'sun ve insansın.
> İnsanların sonsuza dek yaşamalarını sağlayabilir
>   misin?
> Ölüleri kaldırıp onlara yeniden can verebilir misin?

Böylelikle Faustus insanlığından vazgeçerek tanrı olmayı dener. Mefisto'yu çağırıp, ona Lucifer'in safına geçmeye karar verdiğini söyler. Faustus cehenneme atılmadan önceki hayatını sorduğunda, Mefisto –yani şeytanın temsilcisi– oyunun en etkili pasajlarından biriyle yanıt verir:

...Sanıyor musun ki, tanrının yüzünü gören
Ve cennetin sonsuz mutluluğunu tadan ben,
Bu ebedi saadetten mahrum kaldığım için
On bin cehennemin acısını çekmiyorum?

Böylelikle roller tuhaf bir şekilde değişirken, *şeytan Faustus'u Lucifer'e katılma planlarından vazgeçirmeye çalışır.* Ancak Faustus kararlıdır ve Mefisto'ya gidip, "bu haberi Lucifer'e ulaştırmasını" söyler, böylelikle Faustus, "yirmi dört yıl boyunca şehvet dolu bir hayat sürecek ve Mefisto onun emrinde" olacaktır.

Ne kadar muhteşem biri olacaktır!
...Dünyanın mutlak hakimi olarak,
Havaya bir köprü kuracağım
Adamlarımla okyanusları aşmak için:
Afrika kıyılarını birleştiren tepelere ulaşacağım
Ve bu kıtayı hem İspanya'ya
Hem de kendi krallığıma bağlayacağım.[166]

Böylelikle Faustus hem doğaya hem de insana hükmedecektir.

Marlowe'un mitini ortaya koyan bu ahlaki oyunu görmek üzere salonları dolduran yüzlerce insan, içten içe kendilerinin de böyle bir gizli arzu taşıdıklarını hissettikleri için bu sözler üzerine irkildiler. Bu yeni güç hissi, kontrol,

166 Marlowe'un burada sonradan olacakları bilmiş olması ilginç; gerçekten de uçaklarımız havadaki köprülerin işlevini görmekte.

mutlak egemenlik, tanrısallığın rakibi ve dünyanın sınırlarını dahi değiştirme gücü onları korkuturken, aynı zamanda sahip oldukları muazzam gücün de farkına varmalarını sağlamıştı. Çünkü artık Kopernik ve Galileo'nun yeni dünyasında yaşıyorlardı ve bu bilgi açlığı onları her yönden özgür kılıyordu. Özellikle de, "şehvetli bir hayat sürmek" ve kötülüğün zirve yapması onlar için cezbediciydi.

Bu oyun, Faustus'un yapmalı mı yoksa yapmamalı mı sorusu karşısında verdiği mücadelenin anlatısıdır. Sonrasında Lucifer'e ruhunu vermesini sağlayacak imzayı atmak üzere kolunu kesip kanatır, fakat bedeni onun emellerine ortak olmaz; kanı akmamaktadır: "Kanım pıhtılaşıyor ve artık yazamıyorum." Ve sonunda bunu bir psikosomatik işaret olarak algılar:

> Yoksa bu anlaşmayı imzalamamı istemiyor mu?
>
> Neden imzamı atabilmem için akmıyor?
>
> "Faustus ruhunu sana teslim ediyor"
>
> Ah, işte orada kalıyor.

Bu mit, terapide ve kendimizde gördüğümüz üzere, bilinçli zihin ile bilinçaltının birbirleriyle *tamamlayıcı* bir ilişki içinde olduklarına dair fenomeni ortaya koyar. Carl Jung bunu açık bir şekilde görmüştür: Kişi neşeyle kendinden geçtiğinde, bilinçaltında bir uyarı mahiyetinde tam ters bir eğilim oluşur. Homoseksüelliğin ciddi bir tabu olduğu dönemlerde, aynı zamanda teoloji okuyan homoseksüel bir öğrenci, kilisesinde düzenlenen büyük bir törende papaz ilan edilmesi üzerine çok memnun olmuştu. Ancak hemen aynı akşam bu törenin ardından, homoseksüel bir ilişki yaşamak için birini bulmak üzere Central Park'a gitmişti. Ertesi gün terapi esnasında, göze aldığı yakalanma riskinin büyüklüğü karşısında suçluluk duygusu ve dehşete kapılmıştı. Tıpkı bu adamın papaz ilan edilmesinde olduğu gibi, kişi için önemli bir olayın ardından tam aksi bir başka olay gerçekleşmesi alışılmadık bir durum değildir.[167]

Marlowe, büyük şairlerden beklenen muazzam bir kavrama gücüyle bedeninin ruhunu teslim etme konusunda "isteksiz" olup olmadığını sorar. Ve Mefisto da bu tamamlayıcı karakter halini alır: Kötülüğün hizmetkârı olduğu halde Faustus'un belgeyi imzalamasına *karşı* gelmektedir! Daha sonra iyi meleklerle kötü meleklerin mücadelesini ortaya koyan Marlowe'un zekasından etkilenmemek mümkün değil. Yaşlı bir adam da (kendisini terapist olarak düşünebiliriz) Faustus'u basit bir insan olduğu eski kaderine döndürmeye çalışır. Fakat Faustus bu uyarıları ve hatta kendi kanının pıhtılaşmasını dahi dikkate almayarak, o dönemde herkesin kalbinde yattığı şekilde davranır: "Lakayt ve şehvet düşkünü olmak istiyorum."

Bunun üzerine Faustus Mefisto'ya şöyle bir soru yöneltir: "Söylesene, insanların cehennem dediği yer nerede?" Şeytan yanıtlar:

> Bu tabiat güçlerinin kalbinde,
>
> Cehennemin sınırı yoktur...
>
> ...çünkü biz neredeysek cehennem oradadır
>
> Cehennem neredeyse biz de hep orada olmak
> zorundayız.

---

167 Köktendinci vaizlerin –Jimmy Swaggart ve Jim Baldker– cinsel istismar suçu işlediklerini kabul etmeleri de günümüzden verilebilecek örneklerdendir.

Bu da bize Sartre'ın yirminci yüzyıldaki "Cehennem başkalarıdır" sözünü anımsatır. Ancak Faustus bütün bu soruları cinsellikle bir kenara atıverir. Şöyle der:

Almanya'daki en güzel kız,
Çünkü ben ahlaksız ve şehvet düşkünüyüm.

Sonra Mefisto'dan bir büyü kitabı ister:

...Dilediğim zaman ruhları diriltmemi sağlayacak
Tüm büyülü ve efsunlu sözleri
Bulabileyim diye.

Mefisto bu isteğini de yerine getirdiğinde bu kez şöyle bir talepte bulunur:

evrendeki tüm gezegenlerde ne kadar insan varsa
hepsini görüp davranış ve doğalarını
bilmemi sağlayacak bir kitap.

Melekler bile bu insan ruhunun psikolojik ve ruhani mücadelesine katılır. Faustus bizim anladığımız şekilde kötü değildir; Goethe'nin Faust'u gibi kimseyi öldürmez, trajik acımasızlıkta davranışlarda bulunmaz (Goethe'nin Faust'unun Gretchen'e yaptığı gibi) ya da başarılarını onların kulübelerinin bulunduğu yerden izleyebilmek için iki yaşlı insanın yanarak ölümüne neden olmaz (yine Goethe'nin Faust'unun yaptığı gibi). Marlowe, sahnede yalnızca seyircilerin arasındakilerin de kendi içlerinde mücadele ettikleri arzuları ortaya koyar. Rönesans'ın içinde barındırdığı tüm o fırsatlar ve büyük kötülüklerin arasında yaşayan vatandaşlar olarak, tüm bu insanların kendi hayatları boyunca hissettikleri psikolojik ve ruhani şüphe, dehşet ve çelişkileri sahneler.

Trajediye neden olan şey Faustus'un tanrıyı inkar etmesi, kendini tanrının karşısında konumlandırmasıdır. Bu da Thomas Mann'ın bu mitle ilgili daha ilerleyen tarihlerdeki yorumlamasına benzer; Faustus salt yaptıklarıyla değil, düşünceleri ve tanrıvari bir kontrol arzusuyla lanetlenir. Kalabalık seyirci topluluklarının oyuna karşı bu denli tepki vermelerinin nedeni buydu, zira içten içe herkes benzer kötücüllükte gündüz düşleri kuruyordu. Tıpkı Freud'un daha sonra ortaya koyacağı üzere, nevroza neden olan şey eylemler değil, isteklerdir.

Mefisto'nun nasıl Faustus'un anlaşmayı imzalamaması için çabaladığını gördük. Ve anlatı boyunca kötü meleklerin yanı sıra, Faustus'un hala vakit varken pişmanlık duyarak vazgeçmesini sağlamaya çalışan iyi melekler de vardır. Faustus içinde bulunduğu ikilemi akla uygun bir hale sokarak Mefisto'yu kendisini baştan çıkardığı için suçladığında, bu ruhani mücadele de farklı bir açıdan görülebilir:

> Gök kubbeye baktığımda pişmanlık duyuyor
>
> Ve seni lanetliyorum kötücül Mefisto,
>
> Çünkü beni tüm bu mutluluktan mahrum bıraktın.

Ancak Mefisto haklı olarak şöyle yanıtlar: "Bu kendi arayışının sonucuydu Faustus, kendine teşekkür et." Ardından şeytan cennetin mükemmel olma fikrini sorgulayarak, şaşırtıcı bir şekilde *insanlarla* aynı safta yer alır!

> Sana şunu söyleyebilirim ki Faustus,
>
> Cennet senin ya da bu dünyada nefes alan herhangi birinin yarısı kadar bile güzel değil.

Bu ifade, Rönesans döneminin müthiş hümanizmasını ortaya koyar. İnsan hayatta olduğu, dünyaya neşe içinde bakabildiği için iyi hissediyordu ve tüm bunlar Giotto'nun tablolarında ya da Brueghel'in buğday toplamanın, paten kaymanın veya sadece hayatta olmanın mutluluğunu resmettiği tuvallerinde gösterilmiştir. Bu Faustus mitleri tanrısal olanı kıskanırken, aynı zamanda insan hayatının en iyi yönlerini de ortaya koymaya çalışmıştır. Hümanizm o dönemdeki korkunç mücadelenin çevrelediği bölgenin içinde, yani özgürce sorgulayan bilim ve mutlak dinsel iktidarın güçlü kalıntılarının arasında kalır.

İyi melek bir kez daha Faustus'a pişmanlık duyarak vazgeçmesi için yalvarırken, kötü melek Faustus'a yaptığı anlaşmaya sadık kalması gerektiğini söyler; tanrı ona acımayacaktır. Ve Faustus şöyle yanıtlar:

> Kalbim taş kesti;
>
> Artık vazgeçemem.

TAŞ KESEN KALP

Bu "taş kesen kalp" sevgi duyamayan bir kalptir. Rönesans döneminde güç, hırs ve kendi kendini ortaya koymanın peşinde koşan adamların sahip oldukları enerjinin ataerkil yanını temsil eder.

İyi melek ve kötü melek defalarca kez geri dönerler; aslında Faustus'un kalbi hiç taş kesmemiştir. Pişmanlık duyup kendini tanrının merhametine bırakabilecek midir? Seyircilerin üzerinde bu denli güçlü bir etkiye sahip olmasının nedeni, bu sorunun oyun boyunca canlı tutulmasıdır.

Sonrasında Mefisto, Faustus'u bir yolculuğa çıkararak büyülü güçlerini ortaya koyar. Fakat peşinde koşulan bu güç artık neredeyse karikatürize bir hal almıştır. Faustus Papa'ya şakalar yapar, burnunu kıvırır; Papa'nın oturduğu masadan şarap çalarken kendisi aynı masada görünmezdir.

Tüm bunlar olurken, Faustus öleceği anın giderek yaklaştığının farkındadır. Düşüncelere dalar:

> Sen Faustus, ölüme mahkum edilmiş birinden başka nesin ki?
>
> Sonun giderek yaklaşıyor;
>
> Çaresizlik düşüncelerimi ele geçiriyor.

Yaşlı bir adam sahnede belirerek şöyle yalvarır: "Ey nazik Faustus, bırak şu lanetli işleri, ruhunu cehenneme götürecek şu büyüleri."

> Başının üzerinde bir melek görüyorum
>
> Üstelik elinde rahmet dolu ufak bir şişe,
>
> İçindekini boşaltmak istiyor ruhunun içine;
>
> O halde kurtul kederden ve bağışlanmayı dile.

Bu yaşlı adam terapistin rolünü üstlenmiş gibidir.

Faustus son isteğini söyler; Mefisto'dan Truvalı Helen'le birlikte olmasını sağlamasını ister.[168]

---

168 Yunan kültürü bağlamında Helen, tıpkı Dr. Richard Wiseman'ın kendi

Sevgili uşağım, izin verirsen bir ricam olacak senden
Yanıp tutuşan yüreğimin arzularını doyurmak için;
Geçenlerde gördüğüm göksel Helen
Sevgilim olsun benim;
Güzel kolları, beni yeminimden ayıran
Düşünceleri kafamdan silip atacak,
Lucifer'e verdiğim sözü tutmama neden olacaktır.[169]

"Göksel Helen" zorlu kararlardan kaçmaya çalışan modern erkeklerin sıklıkla sığındıkları bir fantezidir. Çoğu erkek, "Keşke güzel bir kadına sahip olsam!" diyerek hayallere dalmıştır. Ancak Faustus'un gücünün ataerkil doğası bu çözüme olanak vermez. Zira asıl amacı sevgiye değil de güce ulaşmak olan bir kişi nasıl içtenlikle sevebilir ki? Sevmek incelik gerektirir.

Helen aynı zamanda müthiş dizelerin mihenk taşıdır. Marlowe önceki sahnelerde ortaya koyduğu ilhamı dahi aşarak, şu çok bilinen ve sıklıkla atıfta bulunulan dizeleri yazar:

Binlerce geminin denize açılmasına
İlium'un göklere değen kulelerinin yanıp yıkılmasına
Demek bu yüz neden oldu!
Sevgili Helen, bir öpücükle ölümsüz kıl beni;
Dudakları ruhumu emiyor, bak nerede uçuyor ruhum?

---

kişisel konuşmalarında belirttiği gibi, "formların formudur." Form, en mutlak ve sonsuz şekilde güzelliğin ta kendisidir.

169 Marlowe, *Doktor Faustus.*

Haydi Helen, haydi; ruhumu geri ver bana.

Burada yaşayacağım ben; çünkü cennet bu
dudaklarda.

Helen olmayan her şey de anlamsız.

Ah, akşam rüzgarından daha güzelsin sen,

Binlerce yıldızın güzelliğine bürünmüşsün!

Kısa bir süre önce tanıştığımız yaşlı adam yakında durup öylece izler. Ardından bu ahlaki oyunu izleyenlerin bildiği şeyi, yani insanın bir şeytanla birleştiğinde cennette girme hakkını doğrudan kaybettiğini dile getirir. Helen artık ölü bir ruh, yani bir şeytandır.

On altıncı yüzyılda cinsellik ve aşkın kullanımı, Orta Çağ'da Dante'ninkine kıyasla ne kadar da farklı! Burada bir araçtır, ona yeniden ruhunu vermek için Helen kullanılır. Cinsel aşk güçle omuz omuzadır. Tüm Faust mitlerinde, cinsel aşk kişinin suçluluk duygusu ve kederinden kaçınmak için kullandığı bir mekanizmadır. Fakat Dante'de sevgi inayettir; Beatrice her daim cennetle ilişkilendirilmiştir. Dante'de sevgi kutsanmıştır.

Son yaklaşırken, Faustus'un üzgün arkadaşları ona veda etmek üzere toplanırlar. İyi meleği bile ondan ayrılmak zorundadır, çünkü "Cehennem ağzını açmış seni bekliyordur." Seyirciler gerçekten de ağızları açık bir vaziyette kalmış olmalılar, çünkü bu mucizevi oyunda cehennem açık bir şekilde sahnede ortaya konulmaktadır:

Ama tüm bunlar hiçbir şey göreceksin,

On binlerce daha beter işkenceye tanıklık edeceksin.

Ve Faustus'un tek söyleyebildiği şudur: "Ah, bana işkence edecek yeterince şey gördüm!"

Saat on biri vurur ve Faustus, güzelliği ancak alıntı yapılarak yansıtılabilecek dizelerle içinde bulunduğu ruhani acıyı dile getirir:

> Yıldızlar hala hareket ediyor, zaman akıp gidiyor, saat çalacak,
>
> Şeytan gelecek ve Faustus lanetlenecek.
>
> Ah, sıçrayacağım tanrıma! Kim beni aşağı çekiyor?
>
> Bak, bak gökyüzünde İsa'nın kanı akıyor!
>
> Ah, parçalama yüreğimi İsa'nın adını andığım için.
>
> Yine de yakaracağım ona; Ah Lucifer, acı bana!
>
> Kan nerede şimdi? Yok oldu. Bak tanrı elini uzatmış, kaşlarını çatmış öfkeyle!
>
> Dağlar, tepeler, gelin, gelin yıkılın üstüme.
>
> Saklayın beni tanrının korkunç öfkesinden.
>
> Hayır mı! Hayır mı!
>
> Öyleyse gömeyim kendimi toprağın içine;
>
> Toprak, açıl! Hayır, kabul etmiyor beni.

Mit sonuna yaklaşırken, oyunun etkisini ve izleyicileri ne denli derinden etkilemiş olması gerektiğini anlarız:

> (Saat on ikiyi vurur)
>
> Ah çalıyor, çalıyor! Bedenim, şimdi karış havaya.

(Gök gürler, şimşek çakar)

Ah, ruhum, küçük su damlacıklarına dönüş,

Düş okyanusa, asla bulunama.

Ah, tanrım, tanrım öyle kötü bakma bana!

Şeytanlar gelip Faustus'u cehennemin yılanlarıyla engereklerine götürür. Faustus'un son sözleri şunlar olur: "Yakacağım kitaplarımı; ah Mefisto!"

Olay kitaplardan edinilen gizli bilgilerdir! Bilimin özgürce sorgulayışıyla Kilise'nin buyurucu iktidarının kalıntıları arasındaki mücadele halen canlı ve aktiftir. Faustus'un yakararak verdiği bu son söz gerçekten de o günlerde kötülüğün önemli bir parçası olduğu düşünülen öğrenme tutkusuna yapılan bir göndermedir. Rönesans bu tutkuya kendini öyle bir kaptırmıştı ki, kitapların yakılması Rönesans'a gücünü veren en önemli etmen olarak görülmüştü.

Yunan mitlerini örnek alan koro şöyle haykırır:

Dümdüz büyüyebilecek dal kırıldı;

Bir zamanlar bu bilge adamın içinde yeşeren

Apollo'nun defne dalları kurudu.

Faust mitinin bu yorumunda ortaya konulan kötülük, bir insanın mutlak güce sahip olarak tanrının konumunu almaya çalışmasıdır. Bu durum aşırı bir böbürlenmenin, nahoş bir kibrin, alçakgönüllülük ve pişmanlığın küçümsenmesidir. İşlenen suç, *insan rolünü üstlenmeyi reddetmektir* (ki Mefisto'nun bunu cennetten bile daha değerli bulduğunu söylediğini unutmayalım!). Aksine istek, kişinin kendisinin tanrı olmasıdır. Yunanlılar bu günahı hepsinin üstünde tutuyordu: Hatırlayacağımız üzere, Agamemnon Truva'ya döndüğünde, kazandığı zaferle ilgili olarak kibirli davranılmaması gerektiğine dair bir uyarıda bulunan koro tarafından karşılanır. Sokrates de farklı farklı yerlerde kişinin kendi sınırlarını kabul etmesinin gerekliliğinden dem vurur. Fakat bilgi edinmenin tadını alan Rönesans insanı, henüz bu bilgiyi bilgeliğe nasıl dönüştürebileceğini öğrenememiştir.

Faustus oyunda iki kez "*sadece*" bir insan olmayı kabul edemeyeceğini haykırır:

> Yine de sen sadece Faustus'sun, bir insansın
>
> Faustus, nesin sen ölmeye mahkum bir adamdan
> başka?

İnsanlığın ortaya koyulmasını takdir edecek olan Mefisto, yani şeytanın elçisidir. Bilincin gelişmesinin tuhaf bir sonucu olarak kendimizi görebildiğimiz gerçeğinin yanı sıra, durumumuzun bilincinde olmamızla birlikte, bu bilincin içinde kibir günahı da mevcuttur. Bu durum özellikle önemli kişilerin yaşadığı bir sorundur; aşırı gurura kapılma eğilimleri daha yüksektir ve çoğu zaman bu günahı işlerler. Faustus'un suçu en başından beri buydu; dolayısıyla hikaye bizi hemen hemen hiç merakta bırakmıyor, zira daha başından nasıl sona ereceğini biliyoruz. Bizi bu mitin muazzam gücü ve Marlowe'un dramatik vizyonuyla şairane dili sürüklüyor.

MİTİN KATARSİSİ

Bu mit bize Faustus'un ölümünün oyunu izleyenler üzerinde nasıl bir etki yapacağını hayal edebilmemiz için zengin imkanlar sunuyor. Bu güçlü fiziksel ve duygusal deneyim, izleyicilere sanki kendilerinin de dolaylı da olsa aynı deneyimi yaşadıklarını hissettirir. Aynı düzeyde olmasa da, Faustus'un sahnede hissettiklerini hissedeceklerdir. Her biri duygusal ve ahlaki bir boşalma yaşayacak, ruhlarını büyü ve güç için satma arzusuna kapılacak ve Faustus'un yaptığı pazarlıkla ruhlarımızı satarken, kendi cezasını çekecektir.

Mitlerde, yani hepimizi çevreleyen ruhani dünyada, sahnedeki oyuncularla kendimizi ilişkilendirerek katarsisi deneyimleriz. Vekaleten de olsa cehenneme inen seyirciler kendilerini arınmış hissederler. Mitin açıklığı da bundan kaynaklanır: Kollarını açar ve içine aldığı herkes katarsisin gücünün bir kısmını alacaktır. Katarsiste aynı zamanda sosyal etki, toplumun arınması da söz konusudur. Bir 'id' deneyimini paylaşmışızdır; artık aramızda bir bağ vardır.

Mitin katartik deneyimi, bizi Faustus'un yaptığını yapma ihtiyacından arındırır. Bunu bizim için *o* yapmıştır. Çarmıha gerili İsa'nın yaşadıkları da mitin bu tür bir şekilde ortaya konuluşunun etrafında şekillenmiştir; İsa'nın bizim için öldüğü söylenir, yani çarmıha gerilmesinin her birimiz için içsel bir gücü vardır. Bu oyunda da Faustus'un izleyiciler üzerinde benzer bir mitsel etkisi vardır. Faustus tüm bunları onlar için yapmıştır ve böylelikle bizim aynı şeyi yapma güdümüz ortadan kalkar. Bu da bir müşterekliğin yanı sıra, mitlerin iletişim kurma gücünü ortaya koyar.

Faustus'un yılanlarla engereklerin arasına sürüklenerek yakılması ve cehennemdeki diğer işkencelere maruz kalmasını izleyenler yalnızca korkmakla kalmayıp, aynı zamanda oyundan *rahatlamış* bir şekilde çıkarlar. Tüm bu içsel faaliyet ahlaktan daha derin bir seviyede cereyan eder. Altta yatan bu deneyim de mitin katartik gücüdür.

ON ÜÇÜNCÜ BÖLÜM

GOETHE'NİN FAUST'U VE AYDINLANMA

Faust: Sineklerin, ahlaksızların, yalancıların
Tanrısı olarak yaftalandın.
Söylesene, kimsin sen o halde?
Mefisto: ...Her daim kötülük eden ve her daim iyilik eden
O gücün bir parçası.

Goethe, *Faust*

Günümüzde 'Faust' adını duyduğumuzda hemen Goethe'nin bu büyük oyununa gönderme yapıldığını düşünürüz. Bu başyapıt, Aydınlanma Çağı'nda Almanya'da yaşamış olan Goethe'yi hayatı boyunca meşgul etti ve onu ancak seksenli yaşlarının başında tamamlayabildi. Bu iki edebiyat devinin arasında geçen ateşli yazışmalarda, Schiller'in ısrarla üzerinde durduğu gibi, bu onun kaderini belirleyecek bir yapıttı. Mitin bu anlatımının mükemmel olmasının nedeni, harika bir şairane üslupla ortaya konulmasıdır; herkes estetik anlamda kazanılan bir zafer olan bu yapıttan alıntılar yapmaktadır.

Bu oyunun mükemmel olmasının bir diğer nedeni de nasıl yaşamamız gerektiğine dair çarpıcı ve asla eskimeyen sorunlarla uğraşmasıdır. Faust, hayatın ne olabileceğini –arzuları, yıkımları ve neşeleri– merkeze alan felsefi bir şiirdir. Goethe şu derin sorulara yanıt arar: Hayat nedir ve lanetlenmeyle kurtuluş nedir? Büyük bir hümanist olarak, her an insan olmak ne anlama gelir?

Goethe'nin *Faust*'u, insanların ilerleme tanrısının –büyük makinelerin, engin teknolojilerimizin, uluslararası şirketlerimizin ve hatta şimdi de nükleer silahlarımızın– bize olumlu etkileri olacağına ve insanlığa sonsuz fayda sağlayacağına inandıkları modern çağımızda güçlü bir ifadesidir. Goethe de tıpkı Aydınlanma ve Sanayi Devrimi esnasındaki meslektaşları gibi kendini bu ikileme kaptırmıştı. Sahip olduğu bu büyük umutların göstergesi olarak, masasında yeni buhar motoruyla Liverpool'dan Bath'e uzanan demiryolunun birer maketini bulunduruyordu.

Bu mit günümüzde de insanların zihinlerini meşgul etmektedir, çünkü kukla oyunlarında Marlowe'un sert lanetini bir tür edebi cehennemde ortaya koyarken, Goethe'nin şiirinde iyiye dönüşen kötücüllüğün bir ifadesidir. Bu çarpıcı güç gösterisiyle Goethe'nin oyununun başlarında, Faust Mefisto'nun kim olduğunu öğrenmek istediğinde karşılaşırız. Şeytan, kötülük yapmak isteyen fakat her defasında iyilik yapan bir ruh olduğunu söyler. Evet, Şeytan çatışmanın, yoğun bir faaliyetin, hatta acımasızlığın öncüsüdür, fakat Goethe'nin buradaki ifadesine göre önünde sonunda tüm bu ölümlerin ardından yine iyiliğe varır.

Avrupa entelijansiyası, Goethe'ye salt unvandan ibaret bir lider olarak saygı duyuyordu. Hatta Matthew Arnold onun ölümünün ardından şöyle yazmıştır:

> Goethe'nin ölüm haberi duyulduğunda şöyle dedik:
> Avrupa'nın en bilge beyni artık yok demek,
> Goethe kutsal yolculuğunu tamamladı.
> Demir çağının hekimi.[170]
> İnsan ırkının acılarını sırtladı,
> Her bir yarayı, her bir zayıflığı alenen gördü;
> Ve her birini işaret ederek,
> "Buran rahatsız ve buran!" dedi.
> Avrupa'nın kesintili rüyası ve hummalı gücünün
> Ecel saatini izledi.[171]

Faust oyunu Paskalya Yortusu'ndan hemen önce başlar. Goethe bu dönemi tasvir ederken insanlar:

> ...Tanrının canlanmasıyla bayram ederler
> Çünkü kendileri de yeniden hayata dönmüşlerdir,
> Kurtulmuşlardır çalışmanın zincirlerinden,
> Daracık rafları andıran evlerden,
> Boğucu çatılardan ve tavan aralarından,

---

170 Burada Matthew Arnold'a göre Avrupa'nın "demir çağı"nı yaşadığına dikkat etmeliyiz. Bu da yine on dokuzuncu yüzyılın başlarındaki sanayi çağını işaret etmektedir.

171 *The Norton Anthology of English Literature*, cilt 2, s. 1343.

Boğucu kalabalıklarla dolu kent sokaklarından,
Kilisenin rahibi geceden,
Aydınlığa yükseltilmişlerdir.[172]

Goethe'nin, endüstriyelleşmenin neler getirebileceğine dair bu muazzam vizyonu, döneminin çok sayıda yazarı tarafından paylaşılmıştı. Hayatını, yaşamak için kıskanılası bir yer olan Aydınlanma Çağı Almanya'sında geçirdi. Mozart hala hayattaydı. Beethoven altın çağını yaşıyordu; Kant, Schelling ve Schopenhauer gibi önemli filozoflar vardı. Bağımsızlık Bildirgesi Amerika'da yazıldığında, Goethe yirmi yedi yaşındaydı. Aynı dönemden politik bildirgemiz olarak şu ifadelerin de çıkması gerçekten de çok heyecan verici: "Bütün insanlar eşit yaratılmışlardır; yaradanları tarafından bağışlanmış, belli bazı vazgeçilemez haklara sahiptirler; yaşam, özgürlük ve mutluluğa erişme hakları da bunların arasındadır." Faust oyununu okumak, kötülüğün yorumlanarak önünde sonunda iyilikle neticeleneceğine inanan çok sayıda insanın yaşadığı bir döneme katılmak anlamına gelir.

Faust daha sonra iyiliksever bir tanrı tarafından yönetilen bir dünyada kötülüğün anlamına dair o kadim soru üzerine düşünür. Yaratıcı çaba, kaçınılmaz olarak yıkımla sonuçlanan bir mücadeleyi de beraberinde mi getirir? Bu, Job'ın kadim sorunudur: En korkunç acıları çekmesine rağmen, tanrıya sadık kalabilecek bir kul olabilir mi? İnsanın varoluşuna dair bu temel soru üzerinde neredeyse tüm hassasiyet sahibi kişiler düşünmüştür, yakın zamandan bir örnek olaraksa C.G. Jung ve kitabı *Job'a Yanıt (Answer to Job)* verilebilir.

---

172 Goethe, *Faust.*

TANRI VE MEFİSTO

Oyun, tanrının Mefisto'yu sorguladığı göksel bir konseyle açılır ve bu esnada tanrı şu dostane giriş cümlesini sarf eder: "Senin ırkından asla tiksinmedim." Peki Mefisto dünyadaki şeylerle ilgili ne düşünmektedir? Şeytan, "insanların perişanlıklarının neden olduğu acılarını paylaştığını" ve insanların "akıl" sahibi oldukları için "tüm yaratıklardan daha vahşi" olduklarını söyler. Tanrı da insanların çok çabuk gevşedikleri konusunda ona katılır; her ne kadar "insan çabalarken hata yapsa da" tetikte olmaları gerekir. Tanrı insanların "her daim faal" olmalarını ve "yaratıyı yaşamalarını" salık verir.

Açılıştaki bu satırlar, Goethe'nin oyunu için büyük önem taşıyan temayı da belirler: Faaliyet, mücadele, çaba. *Faal eylem* her daim insan varlığının diğer biçimleri üzerinde egemenlik sağlar. Goethe, Faust'u bir İncil alıntısı olan "Başlangıçta söz vardı" üzerine düşündürür ve Faust bunun üzerine başını iki yana sallar; "söz" fazla entelektüeldir. Duygusallığın işe yarayabileceğini düşünerek, "Başlangıçta duygu vardır" önermesinde bulunur. Fakat buna da itiraz edilir. En sonunda şöyle der: "Başlangıçta eylem vardı." İşte bu! Faust eylem ve sonsuz mücadeleyi nihai olarak kabul eder.

Mit –ya da oyun– devam ettikçe, kendimizi terapistin danışma odasında buluruz. Bu durumda, söz konusu hasta yine şikayetlerini aktarırken, aslında hayatında yerle bir olmuş mitlerden bahsettiğini bir kez daha ortaya koyar. Faust burada konum, itibar ya da servet kazanma konusundaki başarısızlığından yakınır ve bunun kendisine neler hissettirdiğini şöyle ifade eder:

Her sabah çaresizlik içinde uyanıyorum
Yeni bir günün daha başladığını
Gözyaşları içinde görüyorum...
Yatmaya korkuyorum, vahşi görüler yükleniyor
Rüyalarıma ve uyandırıyor kutlu olmayan tepkileri
Varoluş tiksinti dahi duyulamayacak bir ağırlık gibi görünüyor
Ölüm arzulanan, hayatsa nefret dolu bir oyun.
Onu intiharı düşünmeye sevk eden bu hastalıklı ilençleri özetler:
İnanca lanet! Umuda lanet!
Hepsinden öte de, sabra lanet![173]

Daha sonra Mefisto belirip, onu çok daha farklı bir hayatla cezbeder:

Bıktım bakmaktan senin,
Zihnini akbaba gibi kemiren çaresizliğine.

Anlaşma yapılmıştır. Faust sonsuza dek doyumsuz, sonsuza dek hareket halinde ve sonsuza dek çabalar durumda kalmayı kabul eder.

---

173 A.g.e. Bu son derece psikanalitik bölümde, Faust çoğu insanın bu tür bir depresyonla mücadele ederek kendini para, uyuşturucu ve cinselliğe kaptırdığı modern hayat tarzımızı küçümseyerek bir kenara iter:
Lanet olsun Mammon'a, cüretkâr eylemlerle
Dolu hazinesi bizi kışkırtıp dururken...
Lanet olsun üzümün balsamına!
Lanet olsun aşıkların en büyük ödülü köleliğe!

Günün birinde rahat bir yatağa uzanırsam eğer,
O an benim sonumu getirsin!
Yaltaklanarak beni uyuşturduğunda
O gün benim son günüm olsun!
O zaman ayaklarımı prangala,
Oracıkta yok olup gitsem gam yemem!

Faust bu anlaşmayı bir damla kanıyla imzalayarak şöyle der:

Keyif ve sıkıntı
Başarısızlık ve başarı
Akıllarınca birbirlerini takip eder
İnsan ancak rahatsızken faaldir.

Goethe burada modern insanın davranışlarının özünü yansıtır: Nadiren huzurlu, sürekli bir arayışta, her daim bir işten bir diğerine atlayan ve buna da ilerleme adını veren. Bu mit bize Faust'un uğruna ruhunu sattığı yaşama biçimini gösterir.

Faust'un ilk macerası "çiçek açan" masum bir kız olan Gretchen'e aşık olmaktır ve onu hamile bırakır. Modern dünyanın erkeği Faust'la masallardaki perileri andıran kız arasında geçen bu ilişkiyi aslında Mefisto kulisten yönetmektedir. Goethe kendi kararsızlığını da ortaya koyar, ne de olsa kalbi hamileliği esnasında üzüntüden ve köy halkının suçlamalarından ötürü aklını kaçıran Gretchen'ledir. Kötülük üstüne kötülük yapan Faust, daha sonra Gretchen'i korumak üzere savaştan dönen asker abisi Valentine'le dövüşür. Mefisto bu dövüş esnasında abinin kılıcını saklayınca, Faust onu soğukkanlılıkla öldürür. Valentine ölürken zavallı Gretchen'e lanet okur.

Her ne kadar ona olan aşkını ifade etse de, Faust'un lanetlenmesi için Gretchen'le arasındaki ilişki bile yeterlidir. Goethe'nin kadınlarla arasındaki ciddi sorun ortaya ilk kez böyle çıkar ve oyun boyunca da görünür; bu gerçekten de *ataerkil güce* dair bir mittir. Hamile bıraktığı bu peri kızının çektiği acılar, Faust'un lanetleneceğinin ilk habercisidir. Ancak Faust bu peri kızının acıları karşısında üzüntüye kapıldığında, Mefisto'nun şu buz gibi ifadesiyle daha da öfkelenir: "O ilk değil." Faust haykırır:

> Bu tek kişinin acısıyla paramparça oluyorum;
>
> Sense binlercesinin kaderi karşısında
>
> Kaygısızca sırıtıyorsun.

Her ne kadar yetersiz olsa da, Faust'un Gretchen'e karşı bir sevgi beslediği açıktır ve doğumu hapishanede gerçekleştirmek zorunda kalması Faust'u derinden yaralar. Ancak Gretchen sadece Faust'un onu eskiden olduğu gibi tutkuyla öpmediği için ağlar.

Hapishanenin anahtarlarını bulan Faust çıkması için ona yalvarır. Gretchen "kendi isteğiyle" hapisten çıkabilir, fakat çıkmak için bir istek duymuyordur; hamileliğinin sorumluluğunu üstlenir ve cezasını çeker.

Son sahne düğüm noktasına doğru ilerlerken, gerginlik iyiden iyiye artar. Gretchen hapisten haykırır: "Şimdi gidiyor musun? Ah, Heinrich,[174] keşke ben de gidebilsem!"

---

174 Faust'un ön adı.

FAUST: Yapabilirsin! İste, yeter! Bak, kapı açık.

GRETCHEN: Olmamalı; benim için umut yok. Kaçmanın ne faydası var? Yine de pusu kurmuş seni bekliyorlar...

FAUST: Ah aşkım, saçmalıyorsun! Bir adım atsan kendi isteğinle gidebilirsin!

Fakat Gretchen yaşadığı zihinsel yıkım nedeniyle o günü hem düğün hem de idam günü olarak görür. "Bugün benim felaketim!" diye haykırır. Mefisto ise ancak alaycı bir tavırla dudak bükmekle yetinir: "Kadınsı mırıldanmalar! Manasız mırıltı ve homurtular!" Gretchen göz ucuyla Mefisto'yu görünce, onun kendisini cehenneme götürmek üzere gelen şeytan olduğunu anlar, fakat Faust bir kez daha onu modern terapiyle bağdaştıran bir cümle kurar: "Bütünleneceksin!"

Bu durum nasıl çözülecektir? Goethe bu yaratığa ve onun başına açtığı sorunlara karşı son derece duyarlıdır, ancak yine de metnin yazarı olarak bütünlüğü bozmamak adına onu cezaya çarptırmak zorundadır. Mefisto'ya şöyle dedirtir: "O suçlu."

Ancak Goethe, "Bedeli ödendi!" haykırışını da araya sokar. Notlarından anladığımız kadarıyla bu kelime metnin ilk halinde yokmuş, fakat daha sonraki edisyonlardan birinde eklenmiş. Ve mantıklı olup olmasından bağımsız bir şekilde, "Kefaret" diye bağıran bir ses de ekler. Böylelikle Gretchen aynı anda hem suçlanır hem de kurtarılır.

İlk kitap şöyle bir sesle biter: "[içeriden, uzaklaşarak] Heinrich!"

Sonsuz güç miti Goethe'yi insana dair en büyük karmaşıklıklardan birinin içine iter. *Faust*'tan bir başka dize anımsadığını hayal edebilir ve bu dizelerin hem kendisine hem de oyuna uygun düşüp düşmediği üzerine düşünebiliriz:

Ruhlar söyler,
Keder! Keder!
Sen yok ettin,
Bu güzel dünyayı,
Sıkı yumruğunla.

Ortega bu yüzden mi Goethe'nin kendini asla tam olarak bulmadığını, kendine özgü bir biçim almadığını, hayattaki gerçek kaderini yaşamadığını yazmıştır?

MİTSEL ACI

İkinci bölüm, birinci bölümün yayımlanmasından sonraki kırk yıl içinde yazılmıştır. Goethe bu miti zihninde evirip çevirirken aklından neler geçtiğini merak ederiz. Bu miti nasıl tamamlayacaktır?

Bu ikinci bölümde, temel olarak cinsellik ve güç sorunlarına eğilir. Mefisto'nun eğip bükerek dev bir fallusa dönüştürdüğü büyülü altını kullanarak, kadınları şaşırtıp tehdit ettiği bölüm gibi bazı bölümler abartılı ve gülünçtür. Ancak daha derin bir seviyede güç ve cinsellik Faust mitinin olmazsa olmaz yanlarıdır. Seks büyük ölçüde bir güç ifadesi halini almıştır. Bu durum günümüzün pornografi, seksi pazarlama, şehvetli sarışınlarla dolgun vücutlu kumralların rol aldığı reklam anlayışımızda görülebilir. Toplumumuzun bir tarafta güce ve diğer tarafta cinselliğe olan tavırları arasında tuhaf bir ilişki vardır.

Sanayi Devrimi'nde işçilerin elleriyle ürettikleri ürün ve işçinin bu ürünü kullanan kişilerle ilişkisi arasında radikal bir ayrım oluşmaya başladı. Gerçekten de normal şartlar altında işçi, üretilmesine katkıda bulunduğu ürüne dair kendi küçük katkısı dışında hiçbir şey görmüyordu. Emeğin bu şekilde yabancılaştırılması, insanların hem kendilerinden hem de diğer insanlardan yabancılaşmalarını hızlandırdı. Kişilikleri kayboldu. Sanayi ve burjuvazinin gelişmesiyle birlikte seks insanlardan ayrıldı; kişinin cinsel tepkileri de tıpkı el emeği gibi alınıp satılır oldu.

Faust, sevgili olarak güzellik ve aşkta üst düzey tatminin sembolü olan Truvalı Helen'i ister:[175] Mefisto için Helen'i çağırmanın daha kolay olacağını düşünür.

> FAUST: Bu tek bir mırıltıyla yapılabilir, biliyorum,
>
> İki kaş göz ederek onu buraya getirebilirsin.

Ancak Mefisto'nun bakış açısı çok farklıdır. Faust, Goethe'nin oyunu yazdığı dönemden bu yana çok sayıda soru sorulmasına yol açmış tuhaf bir grup olan Annelerden geçmelidir. Görünüşe bakılırsa, Mefisto'yu tehdit edip korkutabilecek güce yalnızca Anneler sahiptir.

> MEFİSTO: Yüce bilmeceleri kurcalamaktan nefret ediyorum
>
> Tanrıçalar, muhterem bir yalnızlıkla tahtalarında oturuyorlar,

---

175 Bu ilişki, insan hayatının en zorlu sorunlarından birini ortaya koyar. Biçimin seksle olan ilişkisi dişil güzellikle ortaya konulmaktadır. Bu da insan ırkının evrimsel olarak hayatını devam ettirmesine mitolojik anlamda hizmet ederken, daha ilerleyen satırlarda göreceğimiz üzere sanatla ve cinsiyetlerin arasındaki ilişkilerle bağlantılıdır.

Etraflarında bir hiçlik, zamansa hiç yok;

Adları bile ızdırap veriyor.

Onlar – Anneler.

FAUST (sesini yükselterek): Anneler!

MEFİSTO: Şaşırdın mı?

FAUST: Anneler! Duyulmamış bir his uyandırıyor.

MEFİSTO: Öyle de olmalı. Kutsallıkları ölümlülerce lekelenmemiş tanrıçalar,

Adları bizim gibilerin ürküsünden gelen.

Git ve onların ortamlarına dal;

İş buraya geldiği için sadece kendini suçla.

FAUST: Yol nerede?

MEFİSTO: Yol yok! Tahttan indirilene,

Erişilmeze; asla minnet edilmeyene,

Minnet edilemeyene. Nasıl hissediyorsun?

Burada duruyoruz, çünkü yukarıdaki satırlar, özellikle de "Nasıl hissediyorsun?" ifadesi tam da psikoterapi seanslarından alıntılanmış gibi. Bizi doğuran, bize daha en başından biçim veren, ırkının devamını rahminde taşıyan anne... Bundan daha önemli bir konu olabilir mi? Sevmeyi öğrenirken her hasta, kendisinin ya da annesinin damgasının psikolojik kalıntılarıyla yüzleşmelidir. Mefisto, Faust'un kendi endişe ve sıkıntısına dair sorumluluk almasını sağlayarak, bu duruma iyice dikkat çeker: İş buraya geldiği için sadece kendini suçla.

Goethe bu miti kendi suçluluk duygusundan arınmak için mi yazmıştır? Peki bu pasajın kendi çağının suçluluk duygusunu bastırmakla nasıl bir ilgisi olabilir? Bu tanımda Annelerin düşmanca göründükleri doğru. Goethe'nin, her ne kadar annesinin yaşadığı Frankfurt'a sık sık yolu düşse de, kendi annesini yirmi beş yaşından onun ölümüne dek görmeye gitmediğini öğrendim. Aynı zamanda kadınların Goethe'yi, Goethe'nin de kadınları büyülediğini biliyoruz. İlişkilerine fırtına gibi başlayan Goethe, kadınları kullanıp ardından onları terk ediyordu. Hayatı boyunca güzel dizeleri neden ancak kadınların varlığında yazabildiği üzerine düşünmüştür. Geç bir yaşta evlendi ve sonra kendisine uygun son insan olan metresine "yatak tavşanım" lakabını taktı. Kendisinden on altı yaş küçük, hayat dolu bir kadındı; ne çok güzel ne de çok zekiydi, fakat son derece doğaldı.

Ve şimdi Helen'e geri dönelim.

Helen'in bu üç farklı yorumda da (Marlowe, Goethe ve Mann) mitsel bir özelliği olduğunun altını çizelim. Goethe'nin metninde, Helen Akhilleus'la ilişkisiyle ilgili sorguladığında şöyle der:

> Bir mit olan ben bir mit olarak onunla özdeşleştim
>
> Bu bir rüyaydı, kelimeler ortada.
>
> Silinip gidiyorum, kendi kendimin miti oluyorum.

Bu bize Helen'in tarihte de bir mit olduğunu ve Truva Savaşı'nda Yunanlıların önemli bir mit, yani nihai biçim miti için savaştıklarını gösteriyor. Helen dişil biçimi temsil ediyor, cinsel anlamda değil (her ne kadar bu rol kendisine sıklıkla biçilse de); adının Yunan kültüründe temsil ettiği tüm ideal özellikleriyle birlikte Helenik bir *arete* bağlamında.[176] Dolayısıyla "biçimlerin biçimi" ifadesi tam olarak uymakta. Bu ifade, ahlaki bir seviyeye yükseltilen, eski Yunanlıların çok değer verdiği, *arete* erdemini geliştirmek için bir hedef halini alan dişil güzelliği işaret etmektedir. Mefisto'nun bize daha önce söylediği gibi, Helen'e uzanan yol ancak Annelerden geçer, yani ancak kendi anne sorunlarıyla yüzleşenler tarafından takip edilebilir.

Annelerden bahsettiğinde Mefisto şöyle der: "Şaşırdın mı?" Faust'un şaşkınlığı derin bir çelişkiye temas edildiğinin göstergesidir.

Bunun üzerine Mefisto Faust'a bir anahtar vererek, "İzle onu, in peşinden aşağı: Götürür Annelere o seni" der. Faust, terapiye devam eden her duyarlı hasta gibi irkilir:

> FAUST: Annelere mi! Alıyorum yeni bir darbe her duyuşumda bu sözü!
>
> Nedir bu işitmek istediğim kelime?
>
> MEFİSTOFELES: Kısıtlı mı aklın bu kadar ki, rahatsız ediyor yeni bir kelime seni?
>
> FAUST: Aramıyorum mutluluğumu yine de uyuşuklukta:
>
> Ürpermek, insanlığın en iyi yanı;

---

176 Marlowe'un Faust'unu ele aldığımız On İkinci Bölüm'de modern Batılılar'ın güzellik ve cinselliğe bakış açılarında Helen sembolünden radikal bir şekilde ayrıldıklarından bahsettik. Yunan mitolojisinde ilaç konusunda derin bilgi sahibi bir yarı insan-yarı at olan Chiron da Goethe'nin Faust'undaki şu sözleriyle bunu destekliyor:
Peh! Donuk bir resimdir çoğu defa
Konmaz karşı cazibeye,
Aynı taşıdığım Helen gibi.

Bastırsa da dünya istediği kadar bu hissi,

Büyülenince ancak, hissedersin olağanüstü şeyleri.

MEFİSTOFELES: İn o zaman derinlere! Yüksel de demiş olabilirdim sana! Çıkar ikisi de aynı kapıya.

Gerçekten de Anneler öyle önemlidir ki, kişinin onlara inerek mi yoksa çıkarak mı ulaştığı fark etmez. Faust artık anahtarı aldığına göre, artık onları "uzaklaştırabilir." Ve aniden bir coşkuya kapılır: "İyi! Tutarken anahtarı elimde, hissediyorum yeni bir güç kazandığımı, Genişliyor yüreğim büyük hedefe doğru." Mefisto şöyle der:

Anlayacaksın nihayet kor halinde sacayağını[177] görünce.

İndiğini en derinlere, ulaştığını dibe

Göreceksin onun ışığında Anneler'i:

Oturur bir kısmı, durmakta ayakta veya yürümekte diğerleri,

Artık nasıl olursa. Oluşma, değişme

Sonsuz aklın sonsuz eğlencesi bu işte.

Ardından Faust'a şöyle der: "İneceksin tepinerek aşağı ve çıkarsın tepinince tekrar yukarı." Faust ayaklarını yere vurur ve ortadan kaybolur.

Bir sonraki sahne kıskançlık içinde, hazırcevap sözlerle karşılıklı konuşan insanların olduğu bir balo salonunda

---

177 Delphi mabetinde kehanette bulunan rahibe Pythia'nın sacayağına gönderme yapılmaktadır. (ç.n.)

geçer. Mefisto aniden şöyle bağırır: "Ey anneler, anneler! Bırakıverin artık Faust'u." Yoksa Faust'ta annelere karşı tuhaf bir bağ olduğunu mu hissetmiştir? Ve Faust Annelerin arasında Helen'i aramaya devam ederken, Mefisto haykırır: "Anneler! Anneler! Bunu siz yapabilirsiniz!" Yani Helen'i elde etmenin ötesinde, "Anneleri" çok önemli kılan başka şeyler olmaktadır. Biçimlerin biçimi, ırkın üremesine katkıda bulunur. Leonardo'nun tuvalindeki Giaconda'nın gülümsemesinde de bu vardır, ancak onun iç görüsü sanatçının elinden resme geçmiştir. Rahminde hayatın yaratıldığı, yeni yaşamları taşıyanların da sezgi gibi bilgiyle büyü arasında gidip gelen güçleri vardır.

Bu noktada, Goethe'nin büyük bir şair olarak bir önseziye, yani içinde bulunduğu toplumun bilinçaltının derinliklerinden söz söyleme gücüne sahip olduğu gerçeğine yaslanmak durumundayız. Şairler de toplumlardaki diğer sanatçılar gibi bize aslında bilinçli olarak bildikleri şeylerin çok ötesine geçen mitler anlatırlar. Bu bağlamda, onlar geleceği öngören kahinlerdir. Dişil büyücüler olarak onlar (Anneler) biçime yardım edip, yeni bir kültürün biçimlendirilmesi için kurtarılmalıdırlar. İşte Anneler de da doğalarından gelen ırklarını devam ettirme becerisi gereği, farkında olsalar da olmasalar da ya da sorumluluğunu alsalar da almasalar da bunu yapmışlardır. Nasıl ki hamilelik döneminde cenine rahimlerinde şekil veriyorlarsa, dönüşümü sağlamanın anahtarı da onların elindedir.

Ancak içinde bulunduğumuz Sanayi Çağı ataerkil bir güç çağıdır. Böyle bir güç rakiplerin üstesinden gelerek elde edilir; hücum, saldırı ve mekanikleşmiş faaliyetlerle işler. Sanayi Çağı'nın çirkin yanı atölyeler, hayatları bitiren üretim bantları, kadın ve çocuk işçiler, Liverpool ve Detroit'teki dumanlı gökyüzü ve tüm o rekabetçi, birbirine düşman sistemlerdir. İdeal anlamda dişil özellikler saldırganlıktan ziyade hassasiyet, yıkımdan ziyade duyarlılık ve yaratmadır.

Goethe burada ilerlemeye tapınmanın ve sanayiyle ilgili yaşadığı aydınlanmanın kefaretini mi yerine getirmektedir? Görünüşte bu ataerkil hakikate inanıyordu ve bunun iyi mi yoksa kötü mü olduğuna dair ruhunun derinliklerinde süregelen bir mücadele vermekteydi. Faust'un daha sonra "milyonlara can vermek" için inşa ettiği suyolu da bu inançların hayata geçirilmesinin bir biçimidir.

Güç, saldırı, zorlama... Her ne kadar klişe de olsa, tüm bunlar eril ve ataerkil ifadelerdir. Goethe de içinde bulunduğumuz yirminci yüzyılı kapsadığı kada, onun yaşadığı dönemi de kapsayan bu modern zamanlar mitiyle alakalı bir çelişki yaşıyordu. Bu çelişki, Anneleri sertlik, acımasızlık ve yıkım yerine sevgi, şefkat ve iyiliğin kaynağı olarak görmesine neden olan şairane ruhundan kaynaklanmaktadır. Bu dönüşümün fazla hayat kaybedilmeden ve acımasızlıklar yapılmadan gerçekleştirilebilmesinin umudu 'büyü' olabilir mi? Oyunun sonunda Gretchen'in kurtarıldığı sahne Faust'un başlangıçtaki acımasızlığını tasfiye eder niteliktedir ve en nihayetinde Faust'un ölümsüz kalıntılarının bir melek sürüsü tarafından cennete taşınarak kurtarılmasıyla tüm bunlar soruya olumlu bir yanıt verilmesini sağlar. Goethe bunu "ilerleme" için müspet bir cesaretlendirme olarak görmüş olabilir; fakat bu klasikleşmiş şiirin genel etkisi bu yöndedir. *Bu oyunu, salt ataerkil gücün önünde sonunda acıya sebep olacağının bir örneği olarak alıyoruz.*[178]

---

178 Bkz. On Altıncı Bölüm.

Faust gerçekten de Helen'le tanışır ve ondan bir çocuğu olur. Sonrasında sanki karakteri değişir, insani ihtiyaçlara karşı hassaslaşır. Bu durum, karakter değişiminin "biçimlerin biçimine" aşık olmasıyla bir ilişkisi olduğunu mu göstermektedir?

Mefisto'yu paylar:

İnsanların ihtiyaçları hakkında ne bilirsin?
İnsanın arzularına dair ne biliyor olabilirsin?

Faust sonra zengin biri olur, bir kalede yaşamaya başlar, General ve İmparator konumlarına kadar yükselir. Gücü gitgide artarken, bir yandan da insanların hayatlarını nasıl iyileştirebileceğine dair planlar yapar. Faust'un toprakları uçsuz bucaksızdır; artık şöyle diyebilir: "Bu sarayda tüm dünya elimin altında." Bu kültürel yaratıcılığa kendini tamamen kaptırmıştır:

Yine de bu dünya
Yol alıyor yüce eylemlere
Hissediyorum şaşırtıcı başarılar
İçimde pervasız uğraşlara dair bir güçle.

Oyunun bu bölümünde, küçük bir kulübede yaşayan yaşlı bir çiftle karşılaşırız. Goethe onlara, Yunan mitolojisinde kim olduklarını bilmeden tanrılara misafirperverlik gösteren ve bu iyilikleri karşılığında ödüllendirilen Baucis ve Philemon'un adlarını vermiştir.

Baucis, yaşlı kocası Philemon'a bakmaktadır ve Philemon'un uykusu bölünmesin diye onları ziyarete gelen yolcuya alçak sesle konuşmasını söyler. Yaşlı çifte Faust'un o bölgeyi boşaltma planlarından bahsedilir, fakat aynı zamanda onların kalmalarına izin verileceğine dair söz de verilmiştir. Fakat Faust çelişkili duygular içindedir.

Daha bunu söylerken, utanç içindeyim.
O yaşlı çift boyun eğmeli.
Ihlamur ağaçlarını tahtım yapacağım.
Çok geçmeden yükselir bir gözcü kulübesi
Dünyayı gözlemek için sınırsız bir yay çizerek
Ben de izleyeceğim ihtiyarlara ayırdığım
Bu güzel çiftliği
Selametlerinin farkına varıp
Geçirecekler orada hayatlarının mutlu akşamlarını.

Yeni bir eve çıkarılacaklarına dair mesajı iletmesi için Mefisto'yu gönderir. Fakat Mefisto geri döndüğünde bir yabancıyla kavga çıktığını anlatır:

Bizi duymadılar, hareket dahi etmediler...
Çekmedi acı bu yaşlı çift
Dokunur dokunmaz korkudan cansız düştüler.

Evleriyle ilgili:

-ve yanıyor alev alev şimdi,
Bir cenaze ateşi sanki.

Faust öfke içinde Mefisto'ya çıkışır:

Demek dinlemedin sen beni!
Hırsızlık değildi istediğim, yer değişimiydi.
Bu vahşi ve düşüncesiz olay,
Lanetim olacak size, benden düşen pay.

Fakat artık Faust kendini bu muazzam kültürel yaratıcılığın tam ortasında bulur:

Bana destek bulun
Her kaynaktan ve çağırın coşkuyla onları
İltifatlar ve insafsızlıkla kışkırtın bunları,
Kaçınmayın ne masraftan ne güçten!
Her gün bir çetele istiyorum,
Sayıların artışına dair.
Bu durgun hastalık havuzunu kurutarak
Milyonlara yaşam alanı açmak
Son başarım olur beni taçlandıran.

Bu, kesinlikle Sanayi Devrimi'nin en iyi veçhesi, övgüye değer ilerlemenin bir örneğidir! İnsanlar için su yolları ve çiftlikler inşa etmek alet edevatın en onurlu kullanım biçimidir. Kenneth Clark'ın çektiği ve çağlar boyunca değişim gösteren sanat anlayışlarını ortaya koyan fotoğraflarında on dokuzuncu yüzyıla ait olanların yalnızca trenler, tüneller, köprüler ve buna benzer mühendislik yapıları olması ilginçtir. Vasari'nin İtalyan Rönesansı esnasında yazılan *Sanatçıların Hayat Hikayeleri* eserine karşılık, Samuel Smiles on dokuzuncu yüzyıl İngiltere'sinde ataerkil gücün zaferi neredeyse tamamlanmak üzereyken *Mühendislerin Hayat Hikayeleri (Lives of the Engineers)* adlı kitabı yazmıştır.

Ama durum tam da böyle değildir. Faust hala kendisini sınamak için ortaya çıkan Care adlı tuhaf karakteri kabullenemez.[179] Care onu üzerek şöyle der:

> Kördür insanlar yaşamları boyunca:
> Şimdi, ey Faust, olacaksın sen de kör en sonunda.[180]

Faust artık Mefisto'ya verdiği sözden dönme noktasına gelmesine neden olan bir noktaya varmıştır:

> Evet, adadım bu fikre ben tamamıyla kendimi.
> Şudur son sözü bilgeliğin:
> Hak eder özgürlüğü ve yaşamı ancak,
> Her gün onları yeniden kazanmaya çalışan kişi.
> Ve geçer burada tehlike içinde,
> Çocukluk, olgunluk, yaşlılık yıllarının en değerli çağları.

---

179 'Care'in *Muhteşem Gatsby, Peer Gynt* vb. diğer mitlerde de karşımıza çıktığını gördük. *Aşk ve İrade* kitabımın 'Care Miti' adlı bölümünde bu konuya değindim.

180 Goethe, *Faust*.

İsterdim görmek bir kaynaşmayı böyle,
Özgür topraklarda özgür halkla birlikte!
Diyebilirdim o zaman an'a:
"Geçme dur, öyle güzelsin ki!"

Mefisto "diyebilirdim" dediğini duymaz. Fakat bu sözler her koşulda *şeytan için anlaşılmazdır*. Freud'un deyişiyle, Faust böyle bir tatmini *aklından geçirir* ve bu da Mefisto için bir teslim oluştur. Olumsuzlama, rüyalarda ya da bilincin başka evrelerinde anlam taşımaz; kişinin herhangi bir nesne ya da kişiyi düşünmesi yeterlidir. Faust burada en azından huzur ve mutluluğu düşünmektedir. Dolayısıyla büyük bahis kaybedilmiştir!

FAUST'UN KURTULUŞU

Faust geriye doğru yığılıp kalır ve şeytan onun bedenini şu sözlerle alır:

Yatıyor beden, istiyor uçmak ruh,
Göstereceğim ona kanla imzalanan anlaşmayı hemen.

"Sol tarafta cehennemin korkunç ağzı açılır" diye yazar sahne talimatlarında.

Fakat şeytanın planları genç meleklerden oluşan bir koro tarafından engellenir; ellerinde güllerle gelip, şarkı söylerken onları Mefisto'nun önüne atarlar:

Ey güller, göz kamaştıran sizler,
Şifa verenler!

Dalgalananlar, uçuşanlar,
Can verenler gizlice
Fışkırsın bahar
Erguvan ve yeşil renklerle!
Götürün cenneti
Orada yatanın yanına!

Mefisto etrafına fırlatılan bu güller karşısında şaşırmakla kalmayıp, aynı zamanda genç meleklere karşı cinsel bir arzu duyar. Bu gerçekten de komik ve etkileyici bir sahnedir; şeytan kendi kurduğu cinsel arzu tuzağına düşer! Goethe bu sahneyi yazarken epey gülmüş olmalı; zira şeytan melekleri uzaklaştırmaya çabalarken, kontrol edemediği cinsel arzularına karşı gelmeye çalışır: "Öyle güzelsiniz ki gerçekten de." Melekler şarkı söylemeye devam ederler:

Kutsal çiçekler,
Neşeli alevler,
Yayarlar sevgiyi,
Hazırlarlar sevinci.

Mefisto pes edip itiraf etmek zorunda kalır:

Yanıyor başım, yanıyor ciğerim!
Şeytandan da üstün bir unsur bu!
Daha da beter cehennem ateşinden!
Bu yüzdenmiş demek o korkunç inillileriniz,

Mutsuz aşık! Uğradığın halde hakarete,

Arıyorsun, döndürerek kıracakmış gibi boynunu, sevgilini.

Ben de!

Artık bu genç meleklerdeki cinsellik karşısında kendini kaybeden mutsuz bir aşık olarak Faust'u unutur. Şöyle haykırır:

Ne oluyor bana! Eyüp gibi her tarafı

Yara bere içinde, kendinden de iğrenen herif.

Hem erotik hem de güzel olan bu tuhaf karmaşa esnasında, Faust'un ölümsüz özü yalnızca meleklerin değil, aynı zamanda "Mutlu Oğlanlar Korosu"nun da bulunduğu bir sahnede cennete çıkartılır. Sanki tanrının kendisi, Faust'un cennete götürülmesinde bizzat rol oynuyor gibidir. Kendi ikileminde kaybolan Goethe, bir kez daha aktif insanın yüceltilmesine kapılmalıdır:

Canla başla çabalayanı,

Kurtarabiliriz biz onu.

Sonunda Goethe temel duygusal ve psikolojik mevzuya, yani şimdi bakire biçimini alan kadının önemine geri döner. "En yüksek, en saf hücreden" şu şarkı duyulur:

Görülüyor buradan serbestçe,

Yükselmiş ruh.

Geçiyor oradan kadınlar, süzülerek yükseklere.

Bu sahne, yani insan için elde edilebilecek en yüksek ruhani mükemmeliyet, oyunun en başında gördüğümüz Dr. Faustus'un kasvetli ve karanlık çalışma odasıyla tezat oluşturur. Goethe bu sonla birlikte Dante tarafından kurtarılır: Gretchen, *İlahi Komedya*'da Dante adına Beatrice tarafından gerçekleştirilen müdahalenin bir benzerini yapar. En nihayetinde bu iki büyük şair, Goethe'nin seksen yaşındayken yayımlayabildiği bu muhteşem sonla birleşmiş olur. Gretchen, Faust'u kutsanmışlığa kabul eden koroya kurtarılmışın göksel bakış açısından katılır. Goethe bu noktada kişinin hizmet etmesi gereken dört farklı kadını sıralar: Bakire Meryem, Anne, Kraliçe ve Tanrıça. Oyun bir kez daha hareketi yücelten bir dizeyle sona ererken, bu kez son sözler yine sonsuz dişiliğin kurtarıcılığını ortaya koyar:

Bir yansımadır ancak
Bütün fani olaylar,
Erişilmez olanlar
Kadınlığın sonsuzluğu
Çeker oraya bizi.

Bu sonla birlikte Marlowe'un Faust'unun cehenneme atılırken, Goethe'nin mitindeki Faust'un cennete sürüklenmesi karşısında şaşkınlığa kapılıyoruz! Aynı mitin birbiriyle çelişen bu iki farklı yorumunu nasıl açıklayabiliriz? Gerçekten de Goethe'nin yorumunda salt bir 'mutlu son'dan fazlası var. Bu, Gretchen'in Faust'a beslediği bağışlayıcı sevgiyi, Mefisto'nun 'hoş, tatlı şeyler'e duyduğu kontrol edilemez cinsel arzuyu sembolize eden, herkesin dans eden meleklerle çevrelendiği enfes bir sahne.

İnsanlık tarihindeki her mit, yansıttığı toplumun ihtiyaçlarına göre yorumlanır. Marlowe'un Rönesansı, seyircilerin kendi suçluluk duygularını temsil edecek bir cehenneme ihtiyaç duyuyordu; Marlowe'un cehennemi sahneye taşımasıyla birlikte ihtiyaç duydukları duygusal boşalmayı deneyimleyebileceklerdi. Fakat Goethe'nin aydınlanmasında daha farklı bir duygusal boşalmaya ihtiyaç vardı. O dönemde insanların tiyatrodan çıktıklarında tanrının inayetinin kendi yanlarında bulunduğunu, ait oldukları kültürün ileri doğru atılan büyük bir adımı temsil ettiğini, ilerlemenin kutsal bir şey olduğunu ve Goethe'nin aşağıda alıntılanan şekilde ifade ettiği en yüce çağrı olduğunu hissetmeleri gerekiyordu.

> Bu durgun, irin dolu havuzu boşaltmak
>
> En yüce ve nihai başarı olurdu.
>
> Milyonlar için kapıları açardım.

Bu da mantıklıydı, çünkü Aydınlanma ekonominin genişlediği ve Amerikan Bağımsızlık Bildirgesi ve İnsan Hakları Beyannamesi'nden anımsayacağımız üzere yüce fikirlerin rahatlıkla ifade edildiği bir dönemdi.

Faust'un bağışlayıcılığındaki ilahi etmenin, oyunun son iki satırında saklı olduğunu daha önce belirtmiştik:

> Kadınlığın sonsuzluğu
>
> Çeker oraya bizi.

Goethe'nin bu büyük oyunu yazmaktaki amaçlarından biri de hümanizmin mitlerini keşfetmek, insanların en büyük çağrılarını keşfederek onlara göre yaşamalarını sağlamanın yollarını bulmaktı. Rivayete göre, ölüm döşeğinde son sözü "İlerleme" olmuş. İlerleme onun için salt mekanik başarılar elde etme ya da maddi zenginlik elde etmek anlamına gelmiyordu. İnsanların kendi biricik becerilerinin farkına varmaları ve dolayısıyla "daha zengin bir hayat sürebilmelerini" sağlamak anlamına geliyordu. Dolayısıyla, Faust mitine Paskalya, yani İsa'nın dirilişini anlatarak başlar.

Goethe'nin metninde bir sonsuzluk öğesi ve mitlerin doğru kullanıldığına dair bir hissiyat vardır. Tanrısala doğru uzanırken her daim bir aşkın varlıkla ilişki içindeymiş gibidir. Bu da oyunun son cümlesinde belirgindir: "Kadınlığın sonsuzluğu/Çeker bizi oraya." Bağışlayıcı sevgi ilkesinin Gretchen'in kişiliğinde açığa çıktığını daha önce belirtmiştik. Bu durum "kadınlığın sonsuzluğu"nda, yani *deus ex machina*'nın bir tür ifadesi olan güçte vücut bulur. Böylelikle, Mefisto'nun Faust'la ilk karşılaşmasında sarf ettiği ifadeye geri döneriz: Kötü davranışları iyiye dönüşür. Şeytan kendi güçleri tarafından oyuna getirilir ve aldatılır. "Aldatılan Şeytan" ya da "oyuna getirilen şeytan" motifi, Origen'e varıncaya dek yüzyıllar boyunca Batı teolojisi ve felsefesinde varolmuştur. Burada da özellikle Goethe'nin *Faust*'unun son bölümünde bir kez daha ortaya çıkar. Dolayısıyla, Mefisto kendisinin "hep kötülük isteyen fakat hep iyiyi yaratan" olduğunu söylerken haklıdır.

ON DÖRDÜNCÜ BÖLÜM

YİRMİNCİ YÜZYILDA FAUST

> Almanya ...o dönemde sefih zaferlerinin zirvesindeydi... Bugünse şeytanlarla çevrili ve tek gözü kapalıyken diğeriyle dehşet dolu görüntülere bakıyor ve ümitsizlikten ümitsizliğe sürükleniyor. Ne zaman ulaşacak uçurumun dibine? Umut ışığı –inancın gücünün de ötesinde bir mucize– ne zaman yükselecek tüm bu umutsuzluğun arasından? Yalnız bir adam ellerini birleştirip şöyle der: "Tanrım zavallı ruhlarına, dostlarıma, vatanıma acı!"
>
> Thomas Mann, *Doktor Faustus*, 1948

Faust mitlerindeki yıkıcı güç ve ümitsizliği ortaya koyan yirminci yüzyılın ilk yarısının büyük romancılarından Thomas Mann oldu. Nobel ödüllü Mann, yaşadığı Almanya'daki burjuva kültürünü resmettiği *Buddenbrook Ailesi* romanında özel bir hassasiyetle modern Batı toplumunun yüzleştiği güçlükler ve ikilemleri ele almıştı. 1920'li yıllarda yazdığı *Büyülü Dağ*'da Avrupa'nın hastalığını resmetmişti. Ancak Hitler'in yükselişi ve İkinci Dünya Savaşı'yla birlikte kelimenin tam manasıyla bir hümanist olan Thomas Mann, ülkesinin ve Batı dünyasının yıkımını deneyimlerken derin bir sarsıntı yaşamıştı. Faust mitinin nihai biçimini, Batı dünyasının yaşadığı en büyük yıkım olan İkinci Dünya Savaşı'nda buldu.

Almanları etkileyen müphemlik ve acının derinliğinin farkına, kendisi de benzer hisler taşıyan ve tıpkı Mann gibi Hitler Almanya'sından kaçan bir mülteci olan Paul Tillich'le yakın ahbaplığım sayesinde vardım. 1940'lı yılların başında, İkinci Dünya Savaşı'nın en ateşli dönemleri yaşanırken, bir gece Hannah Tillich, Paul ve ben çoktandır unutulmuş eski bir filmi izlemek üzere sinemaya gitmiştik. Film başlamadan önce, Almanya'da yaratıcılığın merkezi olarak bilinen Dresden kentinin bombalanmasına dair fotoğrafların olduğu bir haber gösterilmişti. Çoğu sanat müzesi olan o muazzam yapılar, mutlak yıkımın sebep olduğu yangın ve dumanın arasında yerle bir olmuştu. Paul ve Hannah öyle yoğun bir acı içinde ağlamaya başladılar ki, gözyaşları hiç dinmeyecek sandım. Böylesi yoğun bir acıya daha önce hiç şahit olmamıştım.

Thomas Mann da benzer bir acı yaşadı. Mann'ın karısı Yahudi'ydi; onunla birlikte önce İsviçre'ye ve daha sonra Birleşik Devletler ve Princeton İleri Çalışmalar Enstitüsü'ne geçti. Princeton'ın sükunetinden bu büyük felaketi gözlemleyebiliyordu, ancak bu durum çelişkiyi iyiden iyiye derinleştiriyordu. Doğup büyüdüğü topraklarda neler oluyordu?

Bu Almanların Amerika'ya bağlılıklarına dair en ufak bir kuşku dahi yoktu. Tillich, Hitler rejimi altındaki ilk Hıristiyan sürgünlerden biri olmuştu ve Mann yirminci yüzyılın ilk yarısında Avrupa'nın önde giden roman yazarlarından biriydi. Ancak yine de akrabaları Almanya'dalardı ve beşeri bilimler, müzik ve sanat alanlarında mükemmel bir eğitim aldıkları yer de Almanya'ydı. Oysa şimdi, Dresden bombalamasıyla birlikte Almanya'nın büyük hümanizm sembolü yerle bir ediliyordu.

Tam anlamıyla bir hümanist olan Thomas Mann, çaresizlik içinde, çektiği acıdan bir kurtuluş sağlamasa da en azından ona anlam verebilecek ve insanın kendi kendini yıkıma uğratma tarihçesinde ortaklık hissi yaratabilecek bir mit arayışındaydı. Hitlerizm artık basit bir hastalık olmaktan çıkmış, Alman ruhunu ele geçiren bir kansere dönüşmüştü. Almanya Hitlerizm'le kültürün yıkımına izin verip, bunu kucaklayarak ruhunu şeytana satmamış mıydı? Dolayısıyla, Mann karşı konulmaz bir şekilde Faust mitine doğru çekiliyordu.

Doktor. Faustus'un rastgele bir sayfasını açıp birkaç cümle okuduktan sonra yazarın ruhundaki yoğun karmaşanın farkına varılmaması mümkün değildir. Faust mitini yeniden yazarken, Marlowe ve Goethe'yi ilgilendirmeyen bir olgunun, yani Batı dünyasının kültürel yıkımının altını çiziyordu. Hatta Mann ruhu ele geçiren bu kanseri kağıda dökmeye kendini o denli kaptırmıştı ki, bu süreç esnasında hastalanıp bir süre Chicago'da hastanede yatmak zorunda kaldı.

Mann'ın *Doktor Faustus* anlatısındaki hikaye ya da aktarılabilecek olan kısım, yetenekli bir besteci ve aynı zamanda on iki tonlu ölçünün[181] mucidi Adrian Leverkuhn'la ilgilidir. Mitin anlatıcısı ve kendisi de iyi bir Alman olan Serenus Zeitblom, Adrian'ın eski bir çocukluk arkadaşı,

---

181 Bu on iki tonlu ölçü önemlidir, zira 'yeni sanata' dair deneylerden biridir ve romanın ilerleyen bölümlerinde şeytan tarafından yerden yere vurulacaktır.

hatta belki de tek dostudur. Zeitblom klasik bir akademisyen, bir üniversitede profesördür ve mutlu bir evlilik yürütmektedir; karısından "Güzel Helen'im" diye bahseder. Oğulları Hitler'i desteklediğinde endişeye kapılır ve Nazi doktrinlerini öğretmesi gerektiği söylendiğinde istifa eder.

Anlatıcı Zeitblom, bize Adrian'ın cehenneminin sevdiği yegane insanı, yani kız kardeşinin beş yaşındaki tatlı ve masum oğlunu kaybetmesiyle birlikte başladığını anlatır. Beyin humması geçiren küçük çocuk ağrılı bir şekilde ölür. Bunun üzerine Adrian başka kimseyi sevemez. Bir münzevi hayatı sürmeye başlar.

Yirmili yaşlarının başlarında Adrian bir randevu evine götürülür ve utanç içinde oradaki piyanonun başına geçerek Weber'in *Freischutz* eserinden birkaç nota çalar. Bu, benzer şekilde Nietzsche'nin de yine bir randevu evine götürüldüğünde piyanoda çaldığı bölümle aynıdır. Adrian burada hayatının tek cinsel deneyimini Esmerald adında bir fahişeyle yaşar. Kadın onu cinsel yolla bulaşan bir hastalığı olduğu yönünde uyarır, ancak Adrian yine de ilişkiye girer ve frengiye yakalanır. Bu da yine anlatılan hikayeyle yirmili yaşlarının başında bir genelevde frengiye yakalanan Nietzsche'nin hayat hikayesi arasında paralellik kurar.

Profesör Richard Wiseman gibi Thomas Mann'ın bazı öğrencileri, *Doktor Faustus* kitabının baştan sona Nietzsche hakkında olduğu görüşündedir. Bu doğru olabilir, özellikle de Nietzsche'nin her şeyi reddeden ve *Tanrı'nın Ölümü* gibi yazılarında modern çağın sonunun geldiğini ortaya atan bir filozof olduğu düşünülürse…

Mann, eğer Avrupa kültürü Nietzsche'ye kulak vermiş olsa yıkımı engellenebilir ya da en azından yatıştırılabilir görüşündedir. Zira Nietzsche, bu karmakarışık yoluna devam ettiği takdirde Avrupa'nın başına neler geleceğini öngörebilmiş yazarlardan biridir.

ŞEYTANLA SOHBET

Kabil'in işareti –ya da bizim toplumumuzdaki eşdeğeri– Adrian'ın alnındadır ve oraya kitabın en çarpıcı bölümlerinden birinde, Adrian ve şeytan arasındaki sohbet esnasında şeytan tarafından konulmuştur.[182] Adrian'ın kanıyla imzaladığı anlaşma bu bölümün sonunda şeytan tarafından aktarılır ve sonrasında şeytan şöyle bir ekleme yapar:

> Öyle zamanlara gidiyoruz ki dostum, kimse psikolojiyle asabını bozmak niyetinde değil... Aşk seni ısıttığı sürece sana yasak. Hayatın soğuk kalmalı; onun için kimseyi sevmemelisin.

Mann'ın romanı okunması güç bir metin, ancak şeytan ortaya çıkıp ciddi bir migren kriziyle hasta yatan Adrian'la konuşmaya başladığında büyüleyici bir hal alıyor. Migrene çoğu kez beden dışı deneyimler ve psikolojik atılımların eşlik ettiğini biliyoruz. Odada soğuk rüzgarlar esiyor ve Adrian havanın ne kadar soğuduğunu söylüyor; tüm bunlar şeytanla yürütülecek bir sohbete yaraşır bir ortam hazırlıyor. Adrian bu konuşma esnasında şeytana, zaten kendi içinde olan şeyleri söylediğini ifade ediyor ki bilinçaltımız bize karşılık verdiğinde de aynısı olur. Dolayısıyla, atılımlar ve takıntılar *Adrian'ın kendi bilinç öncesi ve bilinçaltı fikirlerinin ortaya çıkmasıdır.*

---

182 Thomas Mann, *Doktor Faustus*. Kitabın tamamını okumak istemeyenler için romanın kalbini oluşturan bu bölümü okumalarını tavsiye ederim.

Şeytan muazzam bir konuşmacıdır, ancak konuşma tek yönlüdür; şeytanla karşı karşıya kaldığımızda hepimizin yapacağı gibi, Adrian da çaresizlik içinde rakibini susturmaya çalışır. Ancak şeytan ironi ve alayla ona tepeden bakar. Adrian onun kim olduğunu öğrenmek istediğinde şeytan soruyu geçiştirerek, "Alman, hatta yüzde yüz Alman" olduğunu söyler.

Şeytan psikoloji mesleğini hor görür; "hoş bir orta noktadır ve psikologlar hakikati en çok seven insanlar"dır.[183] Her ne kadar Luther'e sürekli Dr. Martinus dese de, Luther'in şeytana bir hokka fırlattığından bahseder. Uzun uzun Oswald Spengler'ı ve onun yayımlandığı dönemde pesimist kehanetleri nedeniyle burjuvazi tarafından lanetlenen kitabı *Batının Çöküşü*'nden bahseder.[184] Almanya'da olup bitenlere dair çektiği acılarda Mann, hem Spengler'ı hem de Nietzsche'nin kehanetvari sözlerini bulur.

Romanın tamamı yirminci yüzyılın hastalığıyla ilgilidir. Bizi, çökmekte olan bir medeniyette sağlığın ne anlama geldiğini ve tıp alanındaki muazzam ilerleyişimizi nasıl kullandığımızı düşünmeye zorlar. Ne de olsa Mann'ın (ve ondan önce *Bozkırkurdu* kitabıyla Hesse'nin) bahsettiği ruhsal bir hastalıktır. Şeytan bu konuyla ilgili bazı özlü sözler sarf eder:

---

183 Mann'ın şeytanı psikolojiye böyle saldırtması bize bir kez daha psikolojinin yayılmasıyla Batı kültürünün çöküşü arasında bir bağlantı olduğunu düşündürmektedir. Çöken ya da Mann'ın deyişiyle hasta bir kültürün belirtisi duygusal hastalıklar ve uyum sağlamak için özel bir desteğe gereksinim duymak mıdır? Psikolojiye yönelik bu saldırıların sebebi ne olursa olsun, Mann'ın Freud'a ve modern derinlikli psikolojiye karşı olumlu duygular beslediğini biliyoruz.

184 *Büyülü Dağ*'la aynı yıl yayımlanmıştır. O dönemde Mann, Spengler'ın pesimizmine karşı çıkıyordu, ancak Hitler henüz insanların ne denli acımasız olabildiklerini göstermemişti.

"Neyin hastalıklı, neyin sağlıklı olduğu konusunda son sözü böyle tamamiyle kentsoylu birine bırakmamalı. Yüksekokulda öğrendiklerini unuttun mu? Tanrı, kötülükten iyilik yaratabilir." Ve Yeni Ahit'tekine benzer bir dille ekler: "Sonuç olarak her zaman birileri hasta ve çılgın olmalıydı ki, diğerlerinin öyle olmasına gerek kalmasın. Deliliğin nerede hastalığa dönüşmeye başladığını kimse kolay kolay söyleyemez."[185] Modern insanın tutkuları ilaç dünyasını ve dolayısıyla sağlığı ele geçirmektir; Mann'ın sağlıktan ziyade kibrimiz olarak nitelendirdiği bir kavrama ulaşmak: "Sözde sağlıklı olma adı verilen önemsiz durumdan ötesi."

Şeytan, onu anlaşma yapmaya ikna ederek asıl yaratıcılığın bu sayede, yani şeytan aracılığıyla elde edilebildiğini söyler. Seçeneğin, düzeltmenin, olası bir iyileştirmenin mümkün olmadığı ani, kesin, sorgulanmayan, çarpıcı ve özgün bir ilham; baştan ayağa yaşanan bir titreme esnasında gözleri kör eden sevinç gözyaşları. Bu yalnızca şeytan, yani bu tür esrikliklerin efendisince sağlanabilir.

Fakat Adrian'ın şeytanla olan anlaşmasını onayladığı bu bölümde asıl önemli olan modern sanat ve müzik üzerine yürütülen tartışmadır. Mann da tıpkı Paul Tillich, Oswald Spengler ve çağımızın diğer büyük öğrencileri gibi *bir kültürün ruhunun sağlığı ya da hastalığına dair en iyi ölçünün o kültürün sanatı* olduğuna inanır. Mann'ın anlattığı çaresizlik ve çözülme çağı olarak yirminci yüzyılın baş-

185 Bu bize, yaratıcılığı için kendi şeytanına ihtiyaç duyan Rilke'yi ve tanrıyı resmederken onun ayaklarını toynaklı çizen William Blake'I ve yaratıcılıklarının devamı için şeytanın varlığına ihtiyaç duyduklarına gizliden gizliye inanan diğer tüm sanatçıları anımsatıyor. Mann, tüm hastalıkları tedavi ettiğimizde yaratıcılığımızı da ortadan kaldıracağımızı söylemiştir.

lıca belirtisi *sanatın önemsizleştirilmesidir*. Hatırlayacağımız üzere, Arthur Miller bizi "dramın önemsizleştirilmesi" konusunda uyarmıştı ki bu da günümüzle bir başka benzerliktir. Bu, şeytanın yaptıklarının bir kanıtıdır; modern kültürün ruhunu kemirmektedir.

"Günümüzde sanat nedir?" diye sorar şeytan tumturaklı bir ifadeyle. "Fasulyeden hacca gitmek. Dans için bir çift kırmızı pabuçtan başka şeye gerek var mı?"[186] "Stilcileri" de reddeder, çünkü onlar "kendilerini de, başkalarını da ilginç şeyler sıkıcı olmaya başladığı için, sıkıcı şeylerin ilginç olduğuna ikna etmeye çalışıyorlar"dır. Sanatçıların hepsi güçsüzleşmiştir, "ama hastalık çok yaygın; dürüst davrananlar bıraktığı tahribat bulgularını da gayet iyi teşhis ediyorlar... Beste yapmak esasen çok zorlaştı; umut kıracak kadar zor." Mann burada on iki ton ölçüsünün harmoniden yoksun olduğunu (bir yerde onun için harmoninin gereksiz olduğunu söyler) ve müzik sanatının bu yeni abesliğin bir parçası, geçmişte büyük önem taşıyan biçimlerden bir kaçış olduğunu ifade etmektedir. Beethoven'in *Neşeye Övgü*'sü bir engeldir; Adrian'ın yeni ölçüsü ve müziği Beethoven'in "neşesini" derdest eder. Fakat müzik "...kendine özgü beklentileri içinde konvansiyonel olanın egemenliğiyle sürekli uzlaşmak adına bu büyük sarhoşluğa diğerleriyle aynı şekilde, bütün gücüyle katıldı."

Şeytan hastalıkla yaratıcılık arasındaki ilişkiden bahsetmeye devam eder:

---

186 Yüz yıl önce yoksulluk içinde yaşamış Van Gogh gibi sanatçıların eserlerinin elli üç milyon dolara alıcı bulduğu bir çağda yaşıyoruz. Bu durum Van Gogh'a biçilen değerden ziyade, gelir vergisi ödemekten kaçınma durumunu işaret eder.

> Ve ben derim ki, yaratıcı deha bağışlayan bir hastalık şahlandırıp engelleri aşmanı sağlıyorsa, yürekli bir coşkuyla kendinden geçirip doruklardan doruklara uçuruyorsa, ayağa dolaşan bir sağlıktan bin kere daha evladır. Hastalıktan, sadece hastalıklı bir şeyler geleceği lafından daha aptalca bir şey işitmedim. [Yaratıcı insan] hastalığın sebep olduğu şeyleri ele geçirir, yutar, sindirir, kendine mal eder; bu da bir tür sağlıktır... Senin çılgınlığından sağlık kazanacaklar ve sen onlardan sağlıklı olacaksın.

Bir başka deyişle, bilinçli bir şekilde itiraf edilen hastalıktan büyük bir yaratıcılık ortaya çıkabilir, tarih boyunca hastalıkla yaratıcılık arasında bu denli yakın bir ilişki olmasının nedeni budur.

Mann bir kez daha yaratıcılığın hastalıktan beslendiğini ve hastalığın, yaratıcı kişinin biçim değiştirdiği; biçimsizlikten yeni bir biçim yarattığı bir süreç olduğunu iddia eder. Sorun şu ki, bizim kültürümüz bu sürecin tam ortasındadır ve henüz yeni Rönesans'ını bulamamıştır. Sağaltıcı sanat eserleriyle sağlık vermenin yöntemini henüz bulamadık.

Şeytan daha sonra sevginin Adrian'a yasak olduğunu ve soğuk bir hayat süreceğini yineler. "Yaratıcılıkla dolu bir insan hayatının sonsuzluğu boyunca bunun tadını çıkaracaksın." Kum saati boşalınca şeytan, "bu zarif yaratık üzerinde epeyce bir kudret sahibi olacak, kendi hal ve tavrına, kendi isteğine göre hareket edip onu yönetmeye ve ona hükmetmeye" başlayacak, "her şeye, beden olsun, ruh olsun, ten olsun, kan olsun ve mülk olsun, ebediyen her şeye."

DR. FAUSTUS'UN AĞIDI

Mann'ın bu mite dair yorumunun sonlarına doğru, *Dr. Faustus'un Ağıdı* adlı senfonik kantat eserini çalmak üzere Adrian tanışlarını ve hayranlarını münzevi bir hayat sürdüğü evine davet eder. Fakat davetliler toplandığında, Adrian bir itiraf konuşmasına başlar: "Yirmi ikinci yaşımdan bu yana şeytanla evliyim." Hayatını anlatmaya, tam da frenginin etkisini gösterdiğini ortaya koyacak bir yarı saçmalama şeklinde devam eder. Odaya rahatsız edici ve acı verici bir sessizlik çökmüştür. Adrian'ın aklını yitirdiğini gören izleyiciler giderek rahatsızlanmaya başlarlar. Oradaki doktorlardan biri yüksek bir sesle fısıldayarak, Adrian'ın zihinsel olarak rahatsız olduğunu söyler. Seyircilerin arasında bu durumdan utanan kimseler oradan ayrılmak üzere ayaklanırlar. Adrian, bir kriz geçirerek piyanonun dibinde yere yığılıncaya dek bu şekilde saçmalamaya devam eder.

Adrian'ın evini idare eden köylü kadın misafirlerin arasından geçerek onu kollarına alır ve tüm o saygın insanları, kalplerinde Adrian'a yardım edecek kadar iyilik taşımadıkları için azarlar. Adrian hastaneye kaldırılır. Tek sadık dostu Serenus daha sonra hastane ziyaretine gittiğinde onu tam anlamıyla demans halinde bulur.

Bu sahneyi, kitabın en önemli paragraflarından biri olan Almanya'nın yıkımıyla ilgili bir epilog takip eder. Mann, o yıllarda insanların hisleriyle ilgili düşüncelerini haykırarak, Hitler ve arkadaşlarının "korkunç bir ulusal sapkınlık..." olduğunu, "en parlak temsilcilerinin kendilerini doktorlara zehirlettiklerini, üzerlerine benzin dökülüp yakıldıklarını..." belirterek, "...Almanya'nın o zalimlerin iradesiyle temellerine kadar yıkıldığını" ifade eder. Mann bu iç burkan kitabı, tanrının halkına, dostlarına ve anayurduna merhamet etmesi için yakararak bitirir. "Bitti. Yazdığı dönemdeki dehşetin onu iki büklüm edip yıktığı ve yazdıklarına yük olduğu yaşlı bir adam."

Bu 'yakarış' okuru derinden sarsar. Ancak akla gelen ilk soru, Adrian'ın hangi kötülükle suçlandığı olur. Suçluluğa katlanan Faustvari karakter kimdi? Mann'ın yorumuna göre, bu koca bir ulus, Almanya. Marlowe'un Faustus'u ve Goethe'nin Faust'u açık bir şekilde günah işlemişlerdi; ilki tanrının yerini almaya çalışmış ve ikincisi tüm güç ve şehveti kendi için istemişti. Ancak Adrian'ın böyle aleni bir günahı yoktur, ne o küçük çocuğu öldürmüş ne de bir başkasına zarar vermiş ya da öldürmüştür. Ve kişi sevsin ya da sevmesin, on iki tonlu ölçüyü keşfetmek bir günah değildir.

Hepsinin ötesinde Mann, hepimizin toplumların günahının bir parçası olarak taşıdığımız suçluluk duygusuyla ilgilidir. Bu mitin temelinde yatan suçluluk duygusu ve kötülük, *Almanya'nın kendisinin Faust halini alması ve cezalandırılması gerekenin Almanya olduğudur*. Dolayısıyla "suçlu kişi" bir insan değil, bir ulustur ve *bu ulus Batı dünyasındaki diğer tüm ulusların içindeki Faustvari kötülüğü temsil etmektedir*. Bu ortaklaşa paylaşılan ve tüm insanlığın kolektif bir suçudur.

Suçlanan Almanya'nın sanat, felsefe, müzik ve bilim alanında çok büyük katkılarda bulunmuş olması önemlidir. Hitler ve Nazilerden yarım yüzyıl önce Hegel'in, evrimde elde edilen başarıya verilebilecek en güzel örneğin üstün kültürüyle Almanya olduğunu söylemesini sağlayan şey işte bu mükemmelliktir. Çok yükseklere çıkıp korkunç bir ölüm ve yıkımın, yani Nazizmin içine düşen de bu Almanya'dır.

Bu suçluluk duygusu Batı dünyasındaki her birimiz tarafından taşınmalıdır; Versay Barış Anlaşması'nda Almanya'yı altından kalkılması imkansız savaş borçlarına gömen bizler. Fakat Almanya'nın kendisi modern Faustus'tu ve bu kötü adamların, "doktorları tarafından zehirlenen" liderleri Hitler'in "iradesiyle Almanya'nın temellerine kadar yıkıldığı düşünülebilir." Dresden'deki önemli sanat eserlerinin yerle bir edilmesi, yirmi milyon Rus'un kıyımı, altı milyon Yahudi'nin işkence görüp öldürülmesi... Tüm bunlar öyle kötücül ki hayal gücümüzü zorluyor. Bize 'Doktor John Faustus'un Lanetlenmiş Hayatı ve Hak Edilmiş Ölümü'nden bu yana Faust mitinin en çarpıcı ve özgün halini göstermişlerdir.

Dolayısıyla *Dr. Faustus*, bize dolaylı kötülük ve katartik kurtuluşun anlatımını gösteren bir mittir. Mann, insan yaşamını o korkunç yıllarda gördüğü haliyle aktarmıştır. Bize, her ne kadar belirli bir kötülük yapmış olmasak da, hepimizin suçlu olduğumuzu gösterir. Kendimizden öte bir erdem sayesinde kurtuluruz ve belki bu erdemimiz bir başkasına da yardım eder. Hayat asla günahların alt alta toplanmasından ibaret değildir. Bir marabanın çocuğu ya da Afrika'da kıtlık çeken çocuklar herhangi bir kötülük yapmamışlardır; başkalarının –ya da belki de kaderin– hataları yüzünden acı çekerler. *Batıdaki hiper-bireyselliğimiz daha şimdiden bu kötülüğün bir parçası olmuştur.* Tanrı defter tutmaz: Masumlar da, suçlular da aynı kötülük ve kurtuluşun parçasıdırlar. Her üç Faust'un da –Marlowe'un, Goethe'nin ve Mann'ın– teoloji eğitimi aldıklarını görürüz, bu da iyiliğin asla kötülükten çok da uzak olmadığı anlamına gelir.

Mann sanatın değersizleştirilmesini medeniyetimizin temel hatalarından biri olarak görmektedir. Ancak on iki tonlu müzikten hoşlansak da, hoşlanmasak da bu durum herhangi bir kişi ya da grubun suçu değildir. Bu kitap yalnızca tüm Almanların, hatta tüm Batı dünyasının bu suça ortak olduğunu ifade etmektedir. Ruhlarımızı şeytana satmış, kurtuluşu ümit etmekteyizdir. İnsan olmak, Mefisto'nun paradoksuyla iyi meleklerin arasında varolmak demektir.

FAUSTVARİ PSİKOTERAPİ

Thomas Mann'ın *Dr. Faustus*'unda sıklıkla psikolojiye atıfta bulunduğunu gördük. Buna verilebilecek örneklerden biri şeytanın şu ifadesidir: "Psikoloji... Tanrı aşkına, buna hala inanıyor musun? Bu kötü, on dokuzuncu yüzyıl burjuvalığı." Bunun nedeni kesinlikle Mann'ın gerçek hayatta psikolojiye karşı bir duruş sergilemesi değildir; aksine, psikolojinin değerini bilir ve sekseninci yaş gönünde Freud'u kutlamak için ona bir mektup yazmıştır. Ancak yirminci yüzyıl Batı dünyasının Faustvari bir kültüre sahip olduğuna işaret eden çok sayıda kanıt mevcuttur. Bu durum psikolojiyle nasıl bağlantılıdır? Hızla yükselen borsamız, sayıları giderek artan milyonerlerimiz, nükleer silah savaşımız ve yıldız savaşları... Tüm bunlar içinde bulunduğumuz çağı, Marlowe'un ve kesinlikle Goethe'nin Faustluğundan çok daha yoğun bir şekilde bir oyun alanı haline getirmektedir.

Psikolojinin yayılması ve Batı kültürünün Faustvari miti arasında tuhaf bir ilişki vardır. Bunun nedeni duygusal bir hastalığın devamı, ayak uydurma anlamında ihtiyaç duyulan özel bir yardım ya da *Godot'yu bekleyen* bir kültür müdür yoksa Mann'ın ifade edebilceği şekilde tanrının değersizleştirilmesi midir? Viyana'ya özgü nüktedan "Psikoloji, terapisiyle kendini tedavi edecek bir hastalıktır" ifadesi, bu hastalıkla tedavisi arasındaki tuhaf ilişkiyi ortaya koymaktadır.

Gerçekten de şeytanın yöntemlerinde bir psikanaliz tadı vardır. "Hissetmediğin şeyi sanatla yakalayamazsın" der şeytan, "En içinden kopup gelmediği sürece." Ve yine şeytan şöyle der: "Biz sadece olan şeyin bağlarını çözüyoruz, onu serbest bırakıyoruz. Biz ataleti ve ürkekliği, çekingenliği, tereddütleri ve kararsızlıkları yok ediyoruz, 'Onların şeytan görsün yüzünü' diyoruz."

Daha önce, özellikle Goethe ve Marlowe'un anlatılarında, Faust'un kendi sorunlarını dile getirirken psikoterapi seansına gelmiş modern insanlar gibi konuştuğunu belirtmiştik. Goethe'nin Faust'u "Her sabah çaresizlik içinde uyanıyorum" ve "Varoluş tiksinti duyulacak bir yük gibi" diyerek şikayet ettiğinde, tam da hastalarımız gibi konuşmuş olur. Gerçekten de Faust miti kültürümüze o denli işlemiştir ki, yaşadığımız sorunların yanı sıra sağaltıcı çabalarımızın da –yani bu durumda psikoterapinin– bir parçası halini almıştır.

İnsanların terapiye gelme nedeni güçsüz olmalarıdır; başaramamaktan şikayet ederler. Ruhlarını şeytana mı –günümüzde eroin, kokain, alkol– satmalıdırlar? İçlerinden bazıları bu yollara da başvurmuş, kesin bir tedavi beklememelerine rağmen en azından acılarını bir nebze olsun bastırabilmeyi denemişlerdir.

Terapiye gelen insanlar aynı zamanda duygusal bir tatmin peşindedirler. Televizyon ekranlarında ve dergi sayfalarındaki reklamlar sürekli olarak zengin ve seksi değilseniz ve her gece şampanya içmiyorsanız hayatı ıskaladığınızı yüzlerinize vurur.[187] Hastalar, 'sihirli bilgi' peşindedirler ve terapist her ne kadar içgörünün büyü olmadığını anlatmaya gayret ederse etsin, yine de bir 'içgörü'ye kapılan insana öyle görünür.

Freudyen terapinin erken dönemlerinde, bastırmanın en büyük ve evrensel kötülük olduğuna inanıldığı ve herkesin her durumda kendini ifade etmesi gerektiğinin düşünüldüğü (her ne kadar bu Freud'un yanlış bir okuması olsa da) zamanlarda Faustvari bir hava sezinleyebiliriz. Bu erken dönem terapi yöntemlerinin çoğu, hastaların mümkün olan en yüksek güç ve duygusal tatmine erişebilmelerini sağlamak için tüm bu tıkanmış yerlerin açılması gerektiği varsayımı üzerinden hareket ediyordu. Avazınız çıktığı kadar bağırın, olabildiğince fazla cinsel deneyim yaşayın, önünüzde hiçbir şeyin durmasına izin vermeyin!

Psikanalizin bu şekilde kullanımı da aslında Faustçu ilkelere dayanıyordu. Erich Fromm, kitaplarından birinin başlığını *Tanrılar Gibi Olacaksınız (Ye Shall Be As Gods)* koymuştur. İnsanlar, Marlowe'un Faust'unun yaşadığı (ve böylelikle öldüğü) ruh durumları ve arzuların özgürce ifade edilmesi ilkesine göre yaşamalılardır. Sonu gelmeyen

---

187 Günümüzün kendi kendini ifade etme ortamında lanetlenme, Goethe'nin Faust'unun ruhunu Mefisto'ya satmayı düşündüğü bölümde ifade ettikleridir:

Ne vaat ediyor dünya, kazanımlarla?
Uzak dur! diye bağırıyor. Uzak duracaksın!
Böyle diyor o sonsuz şarkı
Bütün ölümlülerin duyduğu,
Her saat kulaklarımızı tırmalıyor,
Her sabah çaresizlik içinde uyanıyorum.

Burada "uzak dur" yerine "bastırma" kelimesini de kullanabilirdik. Faust'un bu süreci neden tatminkâr bulmadığını anlamak zor değil.

bu "hayattan hep daha fazlasını alma" çabası, kendisi de bir tür Faustçuluk sergileyen *Ben İyiyim, Sen İyisin* gibi popüler psikoloji kitaplarının yüksek satış rakamlarıyla ortaya konulmaktadır.

Psikoterapinin günümüzün sorunlarını çözmeye çabaladığı bir gerçek. İnsanlar milyonlar kazandıkları için suçluluk duyduklarında, bir terapiste gidip sadece becerilerini kullandıkları ve bu yüzden suçlu hissetmemeleri gerektiğini duyarak rahatlayabilirler. Kişi yoğun bir rekabetin ortasındayken, terapiste gidip başarılı olmanın kendi değerini kanıtlayan bir durum olduğu ve tersinin geçerli olmadığını dinleyebilir. Ya da –tıpkı reklamlardaki gibi– çarpıcı bir sarışınla evlendiğinde ve evliliği kötü gitmeye başladığında terapiste giderek yeniden denemek için güç kazanabilir. Sohbetler esnasında karşı taraftaki kişinin psikoterapiye gidip gitmediği çoğu zaman anlaşılabilir. İnsan arkadaşının acelesi olduğunu; 'kötü bir rüya' gördüğünü ve endişelerinden arınmak için terapistini görmeye gittiğini duyabilir. Ailemin yaz aylarını geçirdiği New Hampshire'daki yerel gazetelerden birinde, 'Destekçi, Dönüştürücü Danışmanlık' başlıklı bir reklam ve hemen altında da bu kişi ve sürecin sizin için neler yapabileceğine dair bir liste gördüm: 'Stres ve kriz yönetimi tedavileri, hedef belirleme, karar verme, hayat tarzı düzenleme, imaj oluşturma, evlilik öncesi stratejiler, sosyal ağ kurma, kişisel değerlendirme.'

Terapistler hizmetlerini tanıtmaya devam ettikçe, sarı sayfalardaki bu ve buna benzer reklamlar da artmakta. Tüm bunlar kilisede vaaz konularıydı: Karar verme süreçlerinde yol göstericilik, hedef belirleme konusunda destek, doğru hayat tarzları vs. Psikoterapi hizmeti veren mesleklerin sayısı giderek çoğalmakta. Bu durum özellikle "destek meslekleri" –psikiyatri, psikoloji, sosyal çalışma, eğitim ve dinsel danışmanlar – adı verilen ve artık dinin sonsuz sembolleri yerine psikoterapist olarak danışmanlık vermeye soyunan alanlar için geçerli.

Faust mitinin geç yirminci yüzyıl psikolojisiyle birlikte dört bir yanımızı sardığına hiç şüphe yok. Dört yüz yıl öncesine kadar –hatta belki daha da fazla– canlı. Tıpkı Faust'ta olduğu gibi, geçmişe dair bilgilerin yarattığı can sıkıntımızda, nükleer başlıklar aracılığıyla şeytanla kurduğumuz ittifaklarda, güç istencimizde (parayla ölçülen), her türlü ruhsal arzumuzu tatmin etme çılgınlığımızda, açgözlülüğümüzde, takıntılı davranışlarımızda ve sürekli bir ilerleme arayışında olmamızda görülebilir. Tüm bunların arasında durup, "Bu çılgın yarışın amacı ne?" diye sormuyoruz.

Mitler gözle görülmeyen kılavuzlar, sessiz liderler, neyin kabul edilip neyin edilemeyeceğine karar verme yöntemleridir ve tıpkı Marlowe'un *Faust*'unda saat gece yarısını vurduğu andaki şeytan gibi daha fazla sorgulanamaz. Marlowe'un Faust'unun o içgörü anında ifade ettiği üzere: "Hizmet ettiğin tanrı kendi açlığındır."

ON BEŞİNCİ BÖLÜM

ŞEYTAN VE YARATICILIK

> Tanrı kötülüğü dünyanın içine işleterek, insanın özgürlüğünü ve onun üstesinden gelebilmesini sağlayacak ahlaki gücünü kanıtlama iradesini artırmıştır.
>
> Gnostisizm
> Felsefesi

Modern insanın şeytan mitiyle olan ilişkisi gerçekten de çarpıcıdır. Birinci Bölüm'de şeytan ve tanrıya inanca dair 1970'li yıllarda yürütülen ve tanrıya olan inanç azalırken şeytana olan inancın yükseldiğini ortaya koyan bir çalışmaya atıfta bulunmuştum.

Bu durumun ortaya koyduğu uyarı, çok sayıda modern insanın hayata dair hayal kırıklıklarını, çevrelerindeki insanlara karşı duydukları şüpheleri ve gelecekleriyle ilgili giderek artan korku verici kaygılarını ifade etmeye başladığını belirtmesinin altında yatmaktadır. Bu çalışma, insanların inançtan kaderciliğe kaymaya başladıklarına işaret etmektedir.[188]

İçinde yaşadığımız yüzyılda Batı ülkelerindeki sofistike ve iyi eğitimli kimselerin çoğunluğu 'şeytan' ifadesini basit bir batıl inanç olarak dışlamışlardı. Fakat birkaç on yıl içinde dünyada tuhaf şeyler olmaya başladı. 1950'ye geldiğimizde, Hitlerizmin ortadan kaldırılması için yoğun bir şiddetle yüzleşmiş ve konsantrasyon kamplarının kabul gören bir yönetim sistemi olarak kullanılmasına şahit olmuştuk. Amerika Hiroşima'ya atom bombası, Nagazaki'ye ise nükleer bomba atarak iki saat içinde bu iki şehri yerle bir etmişti. Tüm bu olaylar anlaşılır bir şekilde çoğu düşünceli insanı 'şeytan' teriminin belirli bir kişiyi işaret etmek için değil de, güçlü ve halihazırda aktif olan bir mit olarak yeniden kullanıma alınması gerekliliğini sorgulamaya zorlamıştır.

Aynı zamanda, İkinci Bölüm'de bahsi geçen olayı, yani Charles'ın terapi seanslarının dönüm noktasının şeytanla kendini özdeşleştirmesi olduğunu da hatırlıyoruz. Zira şeytan, Charles'ın kimliğinin miti olarak varoluyordu. Şeytan onun ruhuna güç veriyordu. Tüm bunlar Charles için basit kelimelerden fazlasıydı; inancının Manişeizmin bir türü olmadığının altını çiziyordu, ne de olsa şeytan gerçekten tanrıya inanıyordu. Şeytan miti sayesinde bu adam kendi olumsuzluğunu kabullenebiliyordu; çünkü bu ifade bir anda olumlu bir hal alıvermişti. "Ben şeytanım" diye tekrar edip duruyordu. "Tanrı için şeytan bir isyankârdı."

---

188 Bu kayma, yirminci yüzyılın ikinci yarısında köktendinciliğin dünya çapında artmasıyla ilintilidir. *Life* dergisi 1989 yılının yaz aylarında bir sayısını günümüzdeki bu şeytan inancına ayırdı. Derginin belirttiği sonuçlar, ülkemizin yüzde yetmişinden fazlasının evrende şeytan adını verdikleri kötücül bir ruhun varlığına inandığını ve bir Tanrı'nın varlığına inananların oranının yüzde kırktan daha az olduğunu ortaya koymuştur.

En sonunda isyankârlığını üstün yetenekleriyle birleştirebilecek bir çıkış yolu bulabilmişti. Jungcu bir ifadeyle, gölgesi olan şeytanı kabullenerek gerçek değeri olan bir şey yaratma özgürlüğüne kavuşmuştu.

Günümüzde tanınmış akademisyenler tarafından şeytan üzerine yazılan kitapların sayısına baktığımızda bu verilerin çarpıcılığını görebiliriz. Bu kitaplardan bazılarının başlıkları şöyle: *İblis (Lucifer), Orta Çağ'da Şeytan (The Devil in the Middle Ages), Kötülük Müeyyidesi (Sanctions for Evil), Karanlığın Merkezindeki Aydınlık (Light at the Core of Darkness).*

Harvard'da görev yapan psikolog Henry Murray, 'Şeytanın Kişiliği ve Kariyeri' makalesiyle şeytan üzerine mükemmel bir çalışma yürütmüştür.[189] Murray öncelikle şeytanın tanımı için İncil'deki Yeşaya'ya atıfta bulunur:

> Ey parlak yıldız, seherin oğlu, göklerden nasıl da düştün! Ey ulusları ezip geçen, nasıl da yere yıkıldın! İçinden "Göklere çıkacağım" dedin: "Tahtımı tanrının yıldızlarından daha yükseğe koyacağım; ilahların toplandığı dağda, Safon'un doruğunda oturacağım. Bulutların üstüne çıkacak, Kendimi Yüceler Yücesi'yle eşit kılacağım."

Murray daha sonra Origen'den bahseder. Bu önde gelen Kilise Filozofu

> kendisi gibi teologları, bu ifadelerin herhangi bir dünyevi krala değil de yalnızca şeytana atıfta bulunuyor olabileceğine dair ikna etti ve böyle-

---

189 *Psikolojide Girişimler: Henry Murray'nin Personolojisinden Seçmeler (Endeavours in Psychology: Selections from the Personology of Henry A. Murray*, editör: Edwin S. Shneidman.

> likle şeytan, Kendini Yüceler Yücesi'yle eşit kılan vakur bir prens halini aldı. Bu da şeytanın Olympos'a tırmanıp, Zeus'un yerini almaya çalışan devlerin yanı sıra muhalif göğe yükselişçiler, öfkeli diktatörler, ilahlarını öldürme heveslileri, kral ve baba katilleriyle aynı kefeye konmasına neden oldu.

Buradaki görevimiz, ilgili kavramı somutlaştırmadan, yani şeytanı zaman ve uzayda görünür kılmadan şeytan mitinin gerçekliğini incelemektir. Luther papaz okulunda öğrenciyken, mürekkep hokkasını şeytana fırlattığında onu somutlaştırıyordu. Yirminci yüzyılda şeytandan sanki kanlı canlı biriymiş gibi bahsedildiğini duymak kendimizi tuhaf hissetmemize neden oluyor. Bir komşumuzun aşçısı olarak görev yapan yaşlıca siyahi kadın, genç arkadaşlarından birinin ona otobüs beklerken, "Şeytanın kendisiyle hemen oracıkta konuştuğunu" anlattığından bahsetmiş. Genç arkadaşı şeytandan kaçmak için koşmaya başlamış. Hikayenin geri kalanını anımsamıyorum, fakat bir psikanalist olarak aklıma, bu genç insanın kalabalığın içinde kendi cinsel hülyalarını ya da bastırılmış bazı diğer duygularını ortaya çıkaran birini görüp bunu en kolay şekilde şeytanın üzerine atabileceğini düşünmüş olabileceği geldi.

Şeytan ya da iblisin ele alınışında tuhaf bir çelişki daha var ki bu durum Faust'un her üç versiyonunda da mevcut bir paradoks. Şeytan ya da Mefisto, yani iblisin temsilcisi Faust'u ruhunu Lucifer'e satmaması için ikna etmeye çalışır. Ecinniler bunu zaten yapmıştır ve sonrasında bu kararlarından pişmanlık duymuşlardır. Marlowe'un anlatısında Faust'un sorusuna yanıt olarak Mefisto şöyle der:

Ey Faustus, titreyen ruhuma dehşet saçan

Şu uçarı istekleri bırak!

Ve "Tanrının yüzünü görüp cennetin sonsuz zevklerinin tadına varma"[190] şansını kaybettiği için ne denli pişman olduğunu ifade eder.

Bu da cehennemde dahi içsel bir çatışmanın sürmekte olduğunun ifadesidir. Lucifer'in liderlik ettiği grupta ünlü bazı isimler vardır. Bu mit sonsuz sayıda farklı biçim alabilir; her birimizin terapide ortaya koyduğumuz şeytan mitleri birbirinden farklıdır. Ancak bireysel mitler klasik mitlerin ana temalarının varyasyonlarından ibarettir, bu örnekte şeytan herkesin yaşadığı varoluşsal krize tekabül eder.

Şeytanın toprakları olan cehennem klasik kelime dağarcığımızın bir parçası olarak kalmıştır. Araf mitinde Dante'nin, Vergilius'un eşliğinde cehennemi keşfettiğini gördük. Cehennem aynı zamanda Odysseus'un ölü babasından eve dönüş yolunda İthaka'ya nasıl gidebileceğine dair bilgi aldığı yerdir. Bu klasik anlatılarda kişinin cehennemi, yani şeytanın yaşadığı yeri ziyaret ederek çok değerli bilgilere ulaşabildiği açıktır.

YARATICILIĞIN KAYNAKLARI

Şeytanın tuhaf bir biçimde yaratıcılık için gerekli olduğunu anlıyoruz. Dostoyevski'nin Karamazov Kardeşler romanında Ivan şeytanla tartışır. Şeytan şöyle der: "Hayır, sen başkası değilsin, sen bensin. Sen bensin ve daha fazlası değil."

---

190 Marlowe, *Doktor Faustus.*

Ivan şöyle yanıtlar: "Sen benim vücut bulmuş halimsin ama sadece bir yanımın ...düşünce ve hislerimin ama sadece en kötü ve en aptalcalarının. Sen bensin; farklı bir yüzle. Sadece benim düşündüklerimi söylüyorsun, yeni bir şey söylemekten acizsin!"

Bu da şeytanın özelliklerinden birini ortaya çıkarır; yaratıcılık onsuz düşünülemediği halde gerçek orijinallik ve yeni bir şey yaratma gücünden mahrum bırakılmış olma özelliği. Şeytanın gerçekliği, tanrının kanunlarına karşı gelmesinde yatar ve bu da tüm insanlık deneyimi için gerekli olan fitili ateşler. *Şeytan, tanrıya karşı geldiği için vardır. İnsanın yaratıcılığının enerjisi bu başkaldırıdan gelir.* Rilke, ilk ve son psikoterapi seansının ardından şunları söylerken haklıdır: "Şeytanım elimden alınırsa, korkarım meleklerim de kaçıp giderler." Melekler ve şeytanlar arasındaki bu gerilim yaratıcı süreç için gereklidir. Şeytan olmasa, yaratıcı üretim yerine durgunluk olurdu. William Blake'in Milton için *Kayıp Cennet* şiirinde "Şeytanın tarafındaydı ancak bunu bilmiyordu" demesinin nedeni budur.

Dünyamızda şeytana karşı verilen mücadeleye dair farkındalıktan kaçınmanın bir yolu da bunu hiç vakit kaybetmeden inkar etmektir. Tarikatların izledikleri yöntem budur. Hindistan ve Ön Asya'dan gelen dinlerle içli dışlı olarak güçlenen tarikat liderlerinin takipçileri neler olabileceğine dair korkularını tamamen ortadan kaldırdıktan sonra, yalnızca tarikat liderinin inançlarına odaklanıyorlar. Tarikat üyeleri kapılarını vuran kötülüğe karşı üç maymunu oynuyorlar. 1980 yılının yaz aylarında, aynı tarikata mensup Amerika'dan gelen dokuz yüz seksen kişinin sadece liderleri Jim Jones öyle emretti diye Guyana'da toplu olarak intihar etmelerini hafızamızdan atamayız. İyilik ve kötülüğün arasındaki çatışmayı inkar eden tarikat faaliyetlerinin mantıksal sonucu budur.

Kötülüğe tapınmak mümkündür ki bu da aynı hatanın tersten işlenmesi anlamına gelir. Her ne kadar böyle biliniyor olmasalar da, son yirmi yıl içinde çok sayıda 'şeytan tarikatı' ortaya çıktı, tıpkı Salem'de cadıların yakıldığı dönemde olduğu gibi.

Thomas Mann'ın Dr. Faustus'la şeytanın arasındaki uzun diyalogda şeytanı nasıl aktardığını anımsayalım; çoğunlukla sanattan bahsediyordu. Yaratıcı sanatı ortaya çıkaran, şeytan ile ressam, müzisyen ya da başka alanda çalışan yaratıcı bireyin içindeki ahengin ilhamı arasındaki gerilimdir. Beethoven'ın bir senfoni bestelemesinde ya da Cézanne'ın Mount Sainte-Victoire tablosunu çizmesinde özgünlüğe ulaşma mücadelesi –müziği kendi duydukları gibi çalmak ya da resmi kendi gördükleri gibi çizmek– çok yoğundur. Ve eğer sanatçı bunu başarırsa, yok etmeyle yaratma arasındaki mücadeleden kaynaklanan yaratıcı süreç sayesindedir. Yaratıcılık kazanmış, yok etmeyi yenmiştir.

Bu bölümün başlangıcındaki Gnostisizm alıntısında belirtildiği gibi: Özgürlük, ahlaki güç ve yaratıcılığa dair sorunlar kötülükle ilintilidir. Homeros, Odysseus'ta "Ah, yazık, insanlar tanrıları nasıl suçlar" diye haykırır: "Çünkü kötülüğün bizden geldiğini söylerler. Ama kendi işledikleri günahlar yüzünden kaderlerindekinden çok daha kötü acılarla yüzleşirler." Belki de en büyük günahımız kötülük ve şeytanın gözlerinin içine bakmayı reddetmemizdir.

POE'NUN 'KUZGUN'U

Şeytan ve tanrı arasındaki çatışma, insanlar iletişim kurmayı öğrendiğinden bu yana şairler tarafından deneyimlenmiştir ve bize tahminimizden daha yakındır. Amerikalı şair Edgar Allen Poe bu durumu meşhur şiirlerinden biri olan 'Kuzgun'da ortaya koyar. Şeytana dair bizim anlayabileceğimiz şekilde yazar:

"Aptal" dedim, "Dön hayata; tanrın sana acımış da
Meleklerini yollamış kurtul diye o anıdan...
"Peygamber!" dedim, "İlençli varlık! Kuş ya da
şeytan, yine peygamber!
Bir kışkırtıcı mıydı seni gönderen ya da fırtına mı bu
kıyıya getiren,
Yine de çok cesursun bu ıssız, büyülenmiş yerde,
Korkunun terk etmediği bu evde –yalvarırım bana
doğruyu söyle–
Var mı? Var mı umar Tur-i Sina'da? Söyle, yalvarırım
söyle!"
Kuzgun dedi, "Hiçbir zaman."
Kuzgun bir an olsun ayrılmadı, oturdukça oturdu
Oda kapımın hemen üstündeki Pallas büstünde;
Benziyordu gözleri hayal kuran bir şeytanın
görüntüsüne,
Vuruyordu kara gölgesini yere lambadan yansıyan ışık;
Kapalı kaldı ruhum bu kara gölgenin içinde,
Kurtulamayacak hiçbir zaman![191]

Böylelikle Poe, şeytan ve peygamber adını verdiği şeye karşı kendi içinde sürdürdüğü mücadeleyi betimledi. Poe'nun kalbi "korkunun pençesindedir," ruhu sonsuza dek

---

191 Kuzgun, Edgar Allen Poe.

bu şekilde kalmaya mahkumdur. Ancak *Poe acısını şiire dönüştürür* ve bu tüm yaratıcı süreci aydınlatır.

Yaratıcı süreç bir anlık coşkunun hemen ardından gelen acıyla şekillenir. Ancak kişi coşkuyu deneyimlemek isterse cehenneme yapılan yolculuğa, yani ilhamın yokluğunun belirgin olduğu saatlerin sıkıcılığıyla gelen acılara katlanması gerekir.

John Steinbeck meşhur romanı *Gazap Üzümleri*'ni yazarken nasıl "çaresizliğe kapıldığını" anlatır. Metni yazarken aynı zamanda kaygı içindeymiş. "Alelade bir kitap" diye yazar günlüğüne. "Ve asıl korkunç olansa, elimden gelenin en iyisinin bu olması... Bu acıları hep çektim... Asla alışamadım."[192]

Gazap Üzümleri her döneme hitap eden bir klasik oldu. Joad Ailesi'nin hikayesi, Steinbeck'in bu yoksul insanları anlatma çabasıyla evrensel bir hal aldı; günümüzde anlatılanlar evsizler ve sokak insanları olurdu. Özellikle bu çalışması için Nobel Ödülü'ne layık görüldü, fakat attığı her adımda kendi şeytanlarına karşı mücadele etmesi gerekti ki bunlar yorgunluk, cesaretinin kırılması ve hepsinden öte de bir yazar olarak kendi becerisine dair kapıldığı umutsuzluktu.

MOBY DICK VE KAPTAN AHAB MİTİ

Moby Dick, şeytan mitinin Ahab'ın kaptanlığını yaptığı bir balina avlama gemisinde geçen hikayesidir. Bahsi geçen *Pequod* adlı gemi, Büyük Beyaz Balina'yı bulmak üzere iki yıl önce uzak güney denizlerine doğru açılmıştır. Melville'in tam anlamıyla bir klasik olan bu anlatısı çoğu okur tarafından gelmiş geçmiş en iyi Amerikan

---

192 *New York Times Book Review*, 9 Nisan 1989.

romanı olarak nitelendirilir. Melville bize Kaptan Ahab ile birlikte şeytanın vücut bulmuş halini gösterir; Hıristiyanlıkta Düşman, Lucifer, Şeytan, İblis gibi farklı isimler de almıştır.

Bu, uzak okyanuslarda sürdürülen beyaz balina avına dair muhteşem bir hikayedir ve bizi öznesine yaraşır bir tutkuyla, Kaptan Ahab'ın kişiliğinde yansımasını bulan şeytanın çekim gücüyle kendine bağlar.[193] İncil'de geçen 'Ahab' ismi, Yahudi peygamberlere büyük sorun çıkaran eski bir İsrail kralından alınmıştır; kendisi özellikle İlyas'ın saldırısına uğramıştır.

Hikayeyi bize aktaran genç adam kendisini basitçe, "Bana İsmail deyin" şeklinde tanıtır. Bu da yine İncil'de geçen bir mite uygundur; İbrahim'in ilk karısı Sarah tarafından annesiyle birlikte acımasız çöle ve mutlak bir ölüme sürülen dört ya da beş yaşlarındaki bir çocuğun adıdır.

Moby Dick'in başlangıcında, New Bedford'da balina avcılarının gittiği kilisenin papazı tarafından bir pazar ayini yapılır. Papaz ip merdivenden, aslında bir balina avı gemisinin pruvası olan kürsüsüne tırmanarak, kendisini dinlemekte olan tanrı korkusuyla dolu kalabalığa, tanrının emirlerinden kaçmaya çalışırken bir balina tarafından yutulan Yunus'un hikayesini anlatır. İlahi emirler denizde kanun yerine geçer ve bu yüzden Yunus balinanın karnında geri getirilir.

Her ne kadar *Pequod* New Bedford'dan güney denizlerine doğru yapacağı yolculuğa Noel günü çıksa da, denizciler Kaptan Ahab'ı birkaç ay boyunca görmezler. Sadece

---

193 Bu bölümde, *Moby Dick* ile ilgili görüşleri nedeniyle minnettar olduğum Dr. Henry Murray'den sık sık alıntı yapacağım. Dr. Murray'nin *Moby Dick* ile ilgili makalesini okumak isteyenlere *Psikolojide Girişimler (Endeavors in Psychology)* adlı toplu eserlerini öneririm.

gece boyunca geminin güvertesinde bir ileri bir geri yürürken çıkardığı *tak tak tak* seslerini duyarlar. Bacaklarından birinin tahta olmasının nedeni, büyük beyaz balinayla daha önceki karşılaşmasıdır. Ancak Kaptan Ahab'ın içten içe alev alev yanarak her şeyi önüne katan kini, kaybettiği bacağından çok daha derinlere nüfuz etmiştir. Bu devasa yaratığa karşı şeytani bir nefret beslemektedir. Olympos Dağı'nda tanrıların giriştiği ve eski Yunanlıların soluklarını tutarak endişe içinde geçmesini beklemekten başka bir şey yapamadıkları savaşlara benzer bir savaşa girişmek üzeredir.

Paskalya'da Kaptan Ahab ortaya çıkar ve denizcilerine güvertede toplanma çağrısı yapar. Orada bir şeytana tapınma ayini düzenleyerek, Moby Dick'e karşı ölüm kalım mücadelesine girişecek mürettebatını ortak bir ruhta buluşturur. Bu da hep birlikte aynı boynuzdan bira içerek, ezeli düşmanı Moby Dick'e karşı nefretle başlattığı savaşında kaptanlarına katılmalarıyla birlikte iyiden iyiye perçinlenir. Denizciler var güçleriyle kendilerini bu muazzam mücadeleye adarlar; her şey bu Büyük Beyaz Balina'yı bulup öldürmek üzerine kurulmuştur. Henry Murray de neredeyse diğer tüm eleştirmenler gibi Beyaz Balina'nın bir tanrı miti olduğunu ifade eder.

Ahab öylesine yoğun bir nefretle doludur, kendini bu ölüm kalım avına öylesine kaptırmıştır ki, *Rachel* adlı bir başka geminin kaptanının uçsuz bucaksız denizde kaybolan oğlunu aramak üzere eşlik etmeyi reddeder. Bunun üzerine *Rachel*'ın kaptanının tek yapabildiği, "Tanrı seni affetsin!" diye arkasından seslenmek olur.

New England'lı bu sessiz sakin yazarın ruhuyla kalbinin derinliklerinden, bu nefret ve intikam yolculuğunda kötülüğün ruhunu temsil eden bir karakter çıkagelmiştir.

Şeytan, Mefisto ya da iblisin ruhu anti-tanrı Kaptan Ahab'da vücut bulur. "Narkissos, Orestes, Oedipus, İsmail, Apollo, Lucifer olmanın ne demek olduğunu Melville kendi kendine öğrenmişti. Bu hikayede şeytanın doğasını kendi yaratıcı hayal gücünden çıkarmıştır."[194]

Moby Dick'e karşı beslenen bu ortak nefrete ikna olmayan tek kişi, deniz kanunlarına göre Ahab'ı vurması gerektiğini düşünen ancak bunu yapacak cesareti bir türlü bulamayan dindar bir Quaker olan ikinci kaptan Starbuck'tır. En nihayetinde Starbuck kendini yıkıma adamış kaptanını yeniden sevmeye başlar. Bu çatışmada da tıpkı diğerlerinde olduğu gibi şeytanın tuhaf bir gücü vardır. Ahab'da şeytanın vücut bulmuş halini görürüz.

Bir buçuk yıl sonra Büyük Beyaz Balina'yı görürler. Mücadele üç gün sürer. Kaptanlarının ruh haline kendilerini kaptıran denizciler yaratığı defalarca kez zıpkınlarken cehennemin gücünü hissederler. Bu mücadele esnasında Ahab'ın tahta bacağı kırılır, yerine anında yeni bir tanesi yapılır ve Büyük Beyaz Balina'yla mücadele esnasında bu da kırılır.

İkinci günün ardından ikinci kaptan Starbuck, Ahab'ı savaşı durdurması yönünde ikna etmeye çalışır:

> "Hey ulu Tanrım" diye bağırdı Starbuck. "Bir an için olsa göster kendini! Hiçbir zaman ihtiyar, hiçbir zaman yakalayamayacaksın onu... İsa aşkına, dur artık... Şeytanın çılgınlığından bile beter bu! İki gündür kovalıyoruz Beyaz Balina'yı, iki kez darmadağın oldu sandallarımız. Senin bacağın bir kez koptu bedeninden. Lanetli gölgen yok olup gitti... Koruyan meleklerin üs-

---

194 Murray, *Psikolojide Girişimler (Endeavors in Psychology)*.

> tüne üşüşmüş, uyarıyorlar seni... Yetmiyor mu bu kadarı? Son gemicimiz boğuluncaya dek gidecek miyiz bu kana susamış balığın ardından? Hepimizi çekmesi mi gerek denizin dibine? İlle de peşine takıp götürsün mü bizi cehenneme? Ah, ah... Günahtır, kafirliktir artık onun ardına düşmek!.."[195]

Ancak Ahab şöyle yanıtlar:

> "Starbuck, son zamanlarda bana dokunan, beni çeken bir şey var sende. Birbirimizin gözlerine baktığımız günü anımsıyor musun, orada gördüklerimizi anımsıyor musun? Ahab, sonuna dek Ahab'dır. Önceden yazılıdır bu; değişmez. Şu okyanus yaratılmadan milyonlarca yıl önce senin de, benim de ne olacağımız kararlaştırıldı. Aptal! Alınyazımın buyruğundayım ben; başka kimsenin buyruğuna girmem."

Evet, kendisi de gerçekten Goethe'nin *Faust*'unda şeytanın kurallarına göre hareket eden Mefisto gibi emirlere uyar. Sonrasında Ahab şöyle haykırır:

> "Hey Tanrım, ne oldu bana birden? Niçin bir ölü gibi durgunum, bir şeyler beklediğim halde? Ürpertiler içinde donakalmış gibiyim. Gelecekte olacak şeyler hayal meyal dolaşıyor gözlerimin önünde, iskeletler gibi. Tüm geçmişim de alacakaranlık içinde."

---

195 *Moby Dick.*

Üçüncü gün (olay, İsa'nın çarmıha gerilişinin son üç gününe uygun bir şekilde gelişir), Büyük Beyaz Balina yine defalarca kez zıpkınlanırken:

Ahab şöyle bağırır:

> "Issız bir yaşamın sonunda ıssız bir ölüm! Şimdi anlıyorum ki, benim tüm büyüklüğüm acımın büyüklüğünde. Hey, hey! Uzak, en uzak ufuklardan kalkın gelin, geçmiş ömrümün yiğit dalgaları! Gelin de kabartın ölüm dalgamı! Sana doğru geliyorum balina! Her şeyi ele geçiremeyen balina! Sonuna dek cenkleşiyorum seninle. Cehennemin dibinden saldırıyorum sana! Son soluğumu olanca hıncımla tükürüyorum suratına! Batsın tüm tabutlar, tüm cenaze arabaları bir tek bataklıkta! Madem benim ne tabutum olacak ne de cenaze arabam, ben seni kovalarken sen de paramparça et beni cehennem balinası! Bağlayıp kendine, sürükle beni istersen! Al sana! Ye şu zıpkınımı!"

Ve Ahab son zıpkınını savurur. İntikam ateşi onu öylesine çılgına çevirmiştir ki, balinanın üzerine atlar ve kendi ipleri yüzünden onun sırtına takılıp kalır. Suların dibini boylar ve kendi nefretinin yarattığı o engin okyanusta boğulur.

Ama hepsi bu değil. Öfkelenen beyaz balina gemiye saldırır. Onu pruvasından havaya kaldırıp paramparça eder. "Yüce tanrım, gemimiz nerede!" diye haykırır adamlar.

Moby Dick bunun üzerine sandalları içindeki denizcilerle birlikte suyun altına çeker. Sonra geminin kıç tarafına saldırarak, onu ters yüz edip suya batırır.

Kuş, yeryüzünde bugüne dek duyulmamış çığlıklar atarak, görkemli gagasını gökyüzüne doğru kaldırarak, Ahab'ın bayrağıyla sarmaş dolaş, battı gemiyle birlikte. Pequod da, tıpkı şeytan gibi, göklerin canlı bir parçasını beraberinde sürüklemeden dalmak istememişti cehenneme.

Geminin battığı hala açık duran uçurumun üstünde, küçük kuşlar uçuşuyordu şimdi çığlık çığlığa. Bembeyaz köpüklü, dertli bir dalga bu uçurumun dik yamaçlarına çarptı. Sonra her şey yok oldu birden. Ve denizin alabildiğine geniş kefeni, başladı dalgalanmaya, beş bin yıl önce dalgalandığı gibi.

Epilog, bir kütüğün üzerinde sürüklenen İsmail'in Eyüp'ten bir alıntıyı mırıldanmasıyla başlar:

"Ve bir tek ben kurtulup geldim, sana haber vermeye."

Dram burada bitti. Öyleyse nasıl oluyor da bir adam geliyor şimdi sahneye? Çünkü bir adam canlı kaldı gemi battığı halde.

Fedallah yok olduktan sonra, kaderin buyruğu üzerine Ahab'ın sandalında birinci küreğe ben geçmiştim. Birinci kürekçi ise Fedallah'ın yerini almıştı. Son gün, sandaldan denize fırlayan üç kişiden biri de bendim; öteki iki gemici gibi sandala çıkamamış, denizde kalmıştım. Böylece, olup bitenlerin tümünü seyrettikten sonra, yavaş yavaş gemiyi tutan girdabın çekimine kapıldım ben de. Ama artık girdap hızını yitirmiş, suların üstü süt gibi olmuştu. Sonunda girdabın tam ortasına geldiğim sırada, bu kara köpük suyun yüzüne doğru yükselemeye başladı ve cankurtaran tabut, dikine havaya fırlayıp yanıma düştü. İşte bu tabuta tutunarak, bütün bir gün, bütün bir gece, bir ağıt gibi uğuldayan, ağır ağır kabaran okyanusta yüzdüm. Bana bir kötülük etmeyen, ağızlarına sanki kilit vurulan köpekbalıkları kayıp geçiyorlardı yanımdan. Yabanıl deniz şahinleri, gagaları sanki kılıflıymış gibi dolanıyorlardı başımın üstünde. İkinci gün bir yelken göründü. Gemi yaklaştı, gittikçe yaklaştı; sonunda kurtardı beni sulardan. Rachel adlı gemiydi bu, dolana dolana denizlerde gezen Rachel… Geri dönüp yitirdiği çocuklarını ararken, başka bir yetim bulmuştu bula bula."

KÖTÜLÜKLE MÜCADELE KATARSİS

Edebiyattaki diğer tüm önemli mitler gibi, *Moby Dick* de okuyucuya –ve hatta gelecek nesillere– yoğun endişe ve suçluluk duygusuna karşı bir katarsis sağlama görevini üstlenir.

Henry Murray, *Moby Dick*'i okumanın tıpkı Beethoven'ın *Eroica*'sını dinlemeye benzediğini yazmıştır. Bu mitsel hikayeyi okuyup, şeytanın vücut bulmuş hali olan Ahab'ın yok oluşuna tanık olurken, sanki yüce bir dini deneyimden geçmiş gibi arındığımızı hissederiz. Dünya ve hayat, kişinin ruhunda Shakespeare'in *Macbeth*'indeki "yarın ve yarın ve yarın"a kıyasla daha derinlere ulaşan bir özelliğe sahiptir. Derinlerdeki bu duygularda sevgi, neşe ve ölüm birbirleriyle yüzleşir.

Melville, *Moby Dick*'i bitirdikten sonra Hawthorne'a

yazdığı mektupta, "Kötücül bir kitap yazdım" der. Daha sonra Hawthorne'un kitabı anlayıp beğendiğini öğrendiğinde, bu kez "Yeni doğmuş bir bebek gibi hissediyorum!" diye yazar. Güzel bir şey yaratmanın getirisi olan katarsisi (arınma duygusunu) tatmıştır. Bu, sadece şeytana karşı kazanılan bir "galibiyet" ya da kötülüğün ortadan kaldırılmasıyla ilintili değildir; bunlar tek başlarına ancak duygusallığa yol açardı. Bu durum daha ziyade kişinin şeytanın yanı sıra, kalbinde ve zihninde taşıdığı dünyayı ifade edebilmek için inatçı kelimelere karşı da sürdürdüğü mücadeleden arınmanın getirisi olan bir katarsistir. Şeytanla aradaki şiddetli anlaşmazlığın ortadan kalkmasıdır.

Bu durum, şeytan bir daha geri dönmeyecek anlamına gelmez. Yazar şeytani olana karşı sürdürdüğü mücadelede daha ziyade kötülükle yüzleşip bundan neşeli, güzel ve sağaltıcı bir şeyler ortaya çıkarabileceğini öğrenmiş olur. Kişinin mücadelesi asla tamamen sona ermez. Goethe, *Faust* adlı eserinin ikinci yarısına yaratıcı bir son bulabilmek için kırk yıl mücadele verdi.

Melville'in *Moby Dick*'i, New England'daki dini anlayışta ve kiliselerde o yıllarda hala rastlanan Püritanizm'in dar, boğucu, karanlık ve acımasız baskılarına karşı bir saldırı olarak kaleme alınmıştı. Bu anlayış, daha önce Salem'de 'cadıların' yakılmasına neden olan anlayıştan farksızdı. Balina avı gemisinin adı olan *Pequod,* aynı zamanda New England'a yerleşenlerin yok ettiği savaşçı bir Kızılderili kabilesinin de adıydı ve işte Melville'in saldırdığı da New England'da halen devam etmekte olan bu yıkıcı anlayışa doğru yaşanan kaymaydı.

Melville'in babasının buz gibi, sıkıcı soğukluğu ve tam olarak tanımadığı annesinin sessiz sevecenliği; bunlar Melville'in süperegosuyla birlikte bu mitsel derinliklere olan düşkünlüğünün kaynaklarından bazılarıydı. Freud'a göre, daimi saldırganlık bir eros eksikliğine işaret eder; işte bu eksiklik, Melville'in saldırdığı Püritanizm'i tanımlamaktadır.

İşte her yaratıcı sanatçı böyle bir mitsel katarsise ortak olur. Sanatçıların bunu kendi zihinleriyle kalplerinde hissetmeleri şaşırtıcı değildir; kaderleri bunu başkalarına aktarmalarını, Melville'in yazdığı duygusal mücadele ve patlamaları başkalarıyla paylaşmalarını gerektirir. *Moby Dick* ile Melville, on dokuzuncu yüzyılın orta ve son yarısındaki büyük yazarların arasında yerini bulur; Kierkegaard, Schopenhauer, Nietzsche ve birkaç on yıl sonra Freud ve Spengler ile birlikte. *Hepsi de bir şeytanı olmamasını Aydınlanma'daki hata olarak görmüştür.*

Moby Dick'in sonunda tanrı galip gelir; tıpkı eski Olympos'ta öngörüldüğü üzere, şeytanın güçleri alt edilmiştir. Zafer zor da olsa kazanılmıştır ve bu ölüm kalım mücadelesinin bedeli *Moby Dick*'te şu cümleyle ödenir: "Ve bir tek ben kurtulup geldim, sana haber vermeye." Buradaki mitsel şeytan alev ve kükürt saçan depremlerle volkanlara dayanmayı temsil eder, fakat iyi ve kötü sonsuza dek varolur.

"Özünde son derece iyi, sevecen, onurlu, idealist ve saygılı biri olan Melville'in nasıl olup da kötücül bir kitap yazma dürtüsüne kapıldığını merak edenler olabilir" diye yazar Murray.[196] Neden Byron, Shelley veya kendinden önce gelen diğer şeytani yazarlar veya Nietzsche ya da günümüzdeki halefleri kadar büyük bir öfkeyle Batı tutuculuğuna karşı bir mücadeleye girişti? Bunlar sürekli olarak sorduğumuz ancak asla yanıtlayamadığımız sorular. *Ancak arınma sorma yoluyla mümkün.*

---

196 Murray, *Psikolojide Girişimler (Endeavors in Psycholgy).*

Ben bu romanı Oedipus kendi gözlerini çıkarmadan ya da Prometheus ilkel insanı kendi bilgelik düzeyine yükseltmek için acı çekmeden, Athena *Oresteia*'da şeytani olanla karşılaşmadan, Sokrates baldıran otunu içmeden önce; şeytan karakterinin tanrıların arasındaki savaşın provası olduğu iyilik ve kötülük arasındaki savaşa dair mitlerin bir ifadesi olarak görüyorum. İşte şeytan, işte ruha dair gerekli mücadeleler. Sonsuz mücadele devam ediyor. George Bernard Shaw'un *Aziz Jeanne* adlı eserinde kazıkta yanan Jeanne D'Arc asıl soruyu haykırır: "Daha ne kadar, ey tanrım, daha ne kadar?" Bu çığlık, insanlar tanrı ve şeytana dair farkındalığa sahip olduğu müddetçe duyulacak; ne de olsa bizi insan kılan özellikler bu mücadeleden çıkmaktadır. İyi edebiyat bu derinliklerden gelir. Bunun silinip gittiğini asla görmeyeceğiz. Bu mitte ortaya konulan mücadele insan olduğumuz sürece devam ediyor ve bize hala en derin ve mutluluk verici deneyimlerden birini sunuyor.

DÖRDÜNCÜ KISIM

HAYATTA KALMAK İÇİN MİTLER

ON ALTINCI BÖLÜM

BÜYÜK SEVGİ ÇEMBERİ

Kişinin bu tür bir iş [bilim] yapmasını sağlayan ruh hali, ibadet eden kişinin ya da bir aşığınkine benzerdir.

Albert Einstein

KADINLARIN ÖZGÜRLEŞMESİ

Onlar – Anneler.

Faust (şaşırarak) ...Anneler!

Mefisto: Şaşırdın mı?

Faust: Anneler! Tabii ya.

Goethe, *Faust*

Önceki bölümlerde Peer Gynt'in şoven karakterinin kendini bulmaya çalışırken dünyanın dört bir yanında gününü gün ettiğini gördük. Ama ölümle yüzleşinceye kadar gitgide daha çaresiz bir hal aldı. En sonunda asıl benliğini yalnızca Solveig'in ve onun dişil sevgisinin varlığında buldu.

Aynı zamanda Uyuyan Güzel mitinde de kalın otları kesip, salt eril bir güç gösterisinde bulunan talihsiz prenslerin prensesi kurtaramadıklarını gördük. Kurtuluş, içeri girmek için güç kullanmayan ve ancak prensesle gerçek anlamda birbirleri için varolabilecekleri bir durumda otlar ve dikenler kendiliğinden yol verinceye kadar geçen süreyi yaratıcı bekleme sürecinde geçiren prensin varlığıyla mümkün olabilmiştir.

Goethe'nin Faust'u gibi diğer mitlerde erkek ve kadın eşitliğine dair mit çözülmediği takdirde asıl mitin mücadelesi devam eder.

Bu dramlarda hem kadının hem de erkeğin özgürlüğe kavuşması ancak her birinin, yeni ve önemli bir psikolojik ilişkiye yol açabilecek karşı cinse dair yeni bir mit edinmesiyle mümkündür. Bu durumda her ikisi de önceki boş ve yalnız varoluşlarından kurtulur. *Kadın ve erkek asıl benliklerini ancak tam manasıyla birbirleri için varolduklarında bulur.* Birbirlerine sadece fiziksel değil, psikolojik ve ruhsal anlamda da ihtiyaç duyduklarını anlarlar.

Reform hareketi esnasında Batı dünyamızın büyük bir bölümü Protestan oldu ve New England'daki mimari anlamda güzel fakat yavan kiliselerde ortaya konulduğu üzere, İsa'nın Annesi'ne arkalarda bir yer gösterildi. Sıcak, dişil sanatıyla Katolik Meryemolojisi nerelerdeydi? On beş ve on altıncı yüzyıllarda Avrupa ve Amerika'da yürütülen cadı davalarının bu ülkelerdeki kadınlara karşı başlatılan aleni saldırılar olduğunu görmek için alim olmaya gerek yok. Burada göz önünde bulundurulması gereken en temel olgu, *modern çağın temellerini oluşturan akılcılık ve bireysellik ilkelerinin aslında eril, sol beyin faaliyetleri olduğudur.*

On beş ve on altıncı yüzyıllardaki keşif çağı da eril alışkanlıklara uyarlanmıştı. Erkekler evrene yelken açıyordu; kadınlarsa evdeki ocakla ilgileniyordu. Sanayi Devrimi de yine erkeklere hitap eden ağır ve güçlü makinelerden ibaretti. O günlerde bir kadının Bath ile Liverpool arasında Goethe'nin lokomotifini kullandığını bir hayal edin! Kapitalizmin fabrikaları ve yakın zamana kadar sadece erkekler tarafından kullanılabilen devasa makineleriyle geliştiği bir çağda yaşıyoruz. Bu koşullar, modern çağdaki çoğu kadının üvey evlat muamelesi görmelerine neden olmuştur. Gerçekten de on dokuzuncu yüzyılın sonlarına doğru Ibsen'in çıkıp, *Bir Bebek Evi (Nora)'yı* yazarak içinden geçtiğimiz bu dönemin ırkımızın dişil yarısına neler yapabildiğini göstermesine ihtiyacımız vardı.

Alfred Adler'in, bu yüzyılın ilk on yılı süresince her çarşamba akşamı Freud'un evinde toplanan gruptan ayrılmasının temel nedenlerinden biri de, Freud'un kadınlara dair bakışından farklı bir görüşe sahip olmasıydı. Freud kadınlara karşı küçümseyici bir tavır takınmıştı, Viktorya dönemindeki iltifat etme yöntemini kullanarak, onlara "güzel cins" ya da "narinler" olarak hitap ediyor ve bu bağlamda, kadınlar ne ister sorusuna asla bir yanıt bulamıyordu. Adler ise aksine, çoğu kez farklı biçimlerde şu görüşünü dile getirmiştir: "Medeniyet, mensubu olan insanların yarısı küçük görüldüğü müddetçe asla tam anlamıyla bütünlüklü bir hal alamayacaktır."

Otto Rank de Adler'in izinden giderek Freud'un bu grubundan ayrıldı, oysa usta Rank'ten ve yürüttüğü çalışmalardan memnundu ve Rank'in aslında Freud'dan sonra onun tahtını devralacak kişi olacağına dair söylentiler vardı. Kadınların sorunlarına son derece küçük düşürücü bir tabir olan "penis kıskançlığı" ifadesiyle göndermelerde bulunan Freud ile ters düşen Rank, bir kadını motive eden şeyin "kendisine ihtiyacı olmayan eril bir dünyada gerçek kadın benliğini ortaya koymaya dair duyduğu duygusal ve ruhsal açlık"[197] olduğuna inanıyordu. Rank, psikanalizin nihai sonucunun hastanın, ister erkek ister *kadın* olsun, kendini gerçekleştirmesi olduğuna inanıyordu. Rank, "kendini gerçekleştirme" terimini Amerika'da bizlerce kullanılmadan çok önce kullanmıştı. Aynı zamanda, "kimlik karmaşasına" dikkatleri de Erik Erikson bu terimi kullanmadan yirmi yıl önce çekti ve kadınlara karşı önyargıyı ifade eden seksistliği "kültürel bir hastalık" olarak niteledi.

Rank, kültürümüzün kadınları sürüklediği zorlu durumu çok iyi anlıyordu. 1939 yılında yazdığı bir yazıda:

> ...kadınlar bu erkek yapımı dünyada ...Harikalar Diyarı'ndaki Alice'ten farksız hissetmiyor olmalılar, şaşkın ve aklı karışık, çünkü bu, yaratılmasında rol oynamadığı bir dünyadır... Cinsiyetler iki ayrı dil konuştukları gibi, henüz keşfedilmemiş denizlerce birbirinden ayrılan iki bağımsız varlık arasında gereksinim duyulan ortaklığa yetecek kadar bir bağ ile kolonilerine bağlanan anakaralardan farksız bir şekilde bambaşka iki dünyada yaşarlar.[198]

Modern kültürümüzde eksik olan şey, kadınların hayatlarına ister baba, ister erkek kardeş ya da koca olsun, her-

---

197 Otto Rank, *Psikolojinin Ötesi (Beyond Psychology).*

198 Rank'in uyguladığı asıl terapi seanslarıyla ilgili daha fazla bilgi edinmek isteyenler için, Rank tarafından Paris'te analize tabi tutulan Anais Nin'in günlükleri ilgi çekici olabilir.

hangi bir erkekle olan ilişkilerinden bağımsız bir şekilde önem atfedecek mitler ve ayinlerdir. Bruce Lincoln, Navajo yerlilerinin arasında gerçekleştirilen kadın inisiyasyonlarıyla ilgili "Ayinler, sonu gelmeyen sıkıntıları zengin, tatmin edici ve anlam dolu bir şeye dönüştürebilir" der. Daha önce de söylediğimiz üzere, ayinler eyleme dökülmüş mitlerdir. Bu duruma Kızılderili kabilelerinde de rastlanır; ayin, miti bedenin hareketleriyle ortaya koyar. Mit ayinleri doğurur ve ayinler de mitleri. Navajo yerlilerinin inisiyasyon ayinlerinde kadınların üstlendiği görev çocuk taşımaktır; ekinleri yetiştirip, yaşamın sürdürülmesi için besin sağlarlar ve her bir eyleme önemli bir mit atfedilmiştir. "Ne zaman bir kadın inisiye olsa dünya kaostan kurtulur, çünkü onun varlığında yaratıcılığın temel gücü yenilenir."[199] Navajo ayinleri ve mitleri kadınların görevlerine anlam vererek sıkıntı, akılsızlık ve çaresizliği aşmalarını sağlar. Navajo kabilesi içinde bu durum eril hegemonyayı sürdürmek için yürütülen fırsatçı bir taktik değildir, diye devam eder Bruce Lincoln. Onların mitleri bir adak ve ilahlaştırma ayini oluşturur; kadınların hayatları boyunca yapmaya devam edeceği rutin görevlerin anlamlarının ortaya konulması gibi. Bu tür ayinler, *Navajo kabilesi için mitin kadınların dünyayı kaostan kurtarması* olduğunu ortaya koyar.

Kadınlar için de, erkekler için de özgürleşmek her birimizin asıl olmamız gereken kişi olabilme konusunda özgür olduğumuz anlamına gelir. Kendi sosyal grubunuzdaki benliğinize göre yaşayıp davranmanız demektir. Yapay ya da kültürel güçlüklerden kurtulmak, bedeniniz ve zihniniz ve ruhunuzun istediği yönde gelişme özgürlü-

---

199 Bruce Lincoln, *Kozadan Çıkış (Emerging from the Chrysalis).*

ğüdür. Özgürlük şuur dışı güçleri, yani telepati ve önsezi gibi genellikle dişil addedilen özellikleri kullanabilmeyi de kapsar.[200]

Erkekler, kendilerini köle kılma pahasına kadınların özgürlüklerini alıkoyarlar. Bir kölenizin olması, sizin de kölelik anlayışının bir parçası olmanız anlamına gelir; efendi, kölelerini esir eder ama aynı zamanda kendi kölesinin esiri olur. Hiçbir erkek kendi özgürlüğünü kaybetmeden kadınların özgürlüklerini onlardan alıkoyamaz ve aynı şey kadınlar için de geçerlidir. Dolayısıyla, kadınların özgürleşmesi aynı zamanda kendi özgürlükleriyle orantılı bir sorumluluk üstlenmeleri demektir.

Modern çalışma kültürümüzde, bazı kurumsal yönetim kurumlarının sorunları çözmek için empati ve duyarlı bir anlayış gibi kadınlara özgü yaklaşımları benimsemeye başladıklarını görmek oldukça yüreklendirici. Margaret Thatcher ve Jeanne Kirkpatrick gibi iş dünyası ve politika alanlarında çalışan bazı kadınlar, tıpkı erkekler gibi sert olarak kadınların da başarılı olabileceklerini göstermişlerdir. Fakat kadınlar erkeklerin en az beğenilen özelliklerini alarak, eril bir zihniyetin hüküm sürdüğü kültürümüzün sorunlarıyla başa çıkabilirler mi? Aradığımız yanıt kesinlikle bu değil.

Terapi esnasındaki rüyasını On Birinci Bölüm'de aktardığımız Uyuyan Güzel'deki genç kadını hatırlayacaksınız; hastam bana yardımcı olarak, kadınlara özgü telepatinin "rüyada kadınların kabul edilenden çok daha zeki ve etkili olduklarını" gösterdiğini ifade etmişti.

John Steinbeck, *Gazap Üzümleri*'nde göçmen ailesini bir arada tutan tipik bir "toprak ana" arketipi Ma Joad'u

---

200 A.g.e.

bize muazzam bir saygıyla göstermişti. Steinbeck'in dünyasında, kadınların döngüsel ölümsüzlüğe dair içsel bir anlayışları vardır ve annelikle birlikte kadınlar özel bir varlık olarak kendi döngülerine girerler. Dolayısıyla, sürekli yakınan genç kız Rose Sharon da *Gazap Üzümleri*'nin etkili son sayfalarında bu ulu Anneler'in saflarına katılır. Mevsimsel yağmurlar ve süregiden işsizlik nedeniyle sefil düşen Joad Ailesi, sığındıkları eski bir ahırda bir oğlan çocuğu ve açlıktan ölmek üzere olan bir başka işçiyle karşılaşır. Rose Sharon yakın zamanda bir bebek kaybetmiştir ve göğüsleri süt doludur. O ve Ma sezgisel bir boyutta sessizce anlaşırlar:

> Birdenbire çocuk bağırdı: "Ölüyor! Ben size söylemedim mi? Ölüyor işte! Açlıktan ölüyor! Ben size demedim mi?"
>
> ...
>
> Sonra Ana, Rose of Sharon'a döndü. Göz göze geldiler. Ana, yine John Amca'yla babaya baktı. Sonra başını kızma çevirdi. İki kadın uzun uzadıya bakıştılar. Kızın soluğu sıklaştı. Zorla soluk almaya başladı.
>
> "Peki" dedi.
>
> Ana gülümsedi: "Biliyordum zaten, sen yaparsın. Biliyorum." Kucağında sımsıkı kenetlediği ellerine baktı.
>
> Rose of Sharon fısıldadı: "Sizler., hepiniz., dışarı çıkar mısınız?" Yağmur damda hafif hafif tıpırdıyordu.

Ana eğildi, kızının alnındaki dağınık saçını eliyle arkaya itti ve onu alnından öptü. Ana hemen ayağa kalktı: "Haydi, hepiniz dışarı! Hepiniz dışarıda, sundurmada bekleyin!"

Ruthie bir şeyler söylemek için ağzını açtı. Ana, "Sus. Sus bakalım, haydi dışarı!" dedi. Hepsini önüne katarak kapıdan çıkardı. Çocuğu kolundan tutarak çekti ve gıcırdayan kapıyı kapattı.

Rose of Sharon, bir an çıtırdayan samanlıkta kıpırdamadan oturdu. Yorgun vücudunu kaldırdı, yorganı vücuduna sardı. Yavaş yavaş köşeye doğru gitti ve solgun yüze, evinden uğramış ve korkmuş gözlere eğilip baktı. Sonra yavaşça yanına uzandı. Adam başını yavaş yavaş sağa sola çevirdi. Rose of Sharon, yorganın bir kenarını gevşetti ve göğsünü açtı: "Al. Hadi, al." Biraz daha yaklaştı, adamın başını göğsüne çekti: "İşte. İşte, alsana!"

Elini adamın başının altına götürdü ve düşmemesi için tuttu. Parmaklarıyla tatlı tatlı adamın saçını okşuyordu. Rose of Sharon başını kaldırdı, samanlığın karanlığına doğru baktı. Dudakları kenetlendi ve esrarlı bir şekilde gülümsedi.[201]

ÖLÜMLÜLÜĞÜN BÜYÜSÜ

Yeniden doğma, Platon sonrası ölümsüzlük kavramları, Hindu mitleri, Sufizm, gelecekteki hayatlarımızda bürü-

201 John Steinbeck, *Gazap Üzümleri.*

nebileceğimiz yeni biçimler gibi çok sayıda mit ölümden sonra yaşama atıfta bulunur. Burada ölümsüzlük mitlerinden bahsetmeyeceğiz. Bunun yerine bakışımızı ölümlülüğün büyüsüne çevireceğiz.

Yunan mitlerinde pek çok kez kahramanlara ölümsüzlük teklif edildiğini, fakat onların aksine ölümlü olmayı seçtiklerini görürüz ki bu durum hem çarpıcı hem de şaşırtıcıdır. Ölümlülüğün cazibeli görüldüğü mitlerden biri de Amphitryon'dur. Bu mit pek çok kez farklı biçimlerde yeniden üretilmiştir, ancak modern zamanlarda *Amphitryon 38* adlı bir oyunla tekrar gündeme gelmiştir.[202]

Hikaye şöyle: Zeus, Yunan ordusunda genç bir Yunanlı kumandan olan Amphitryon'un karısına aşık olur. Zeus kendini penceresinden aşağı, kadının dünya üzerindeki gölgesine bakmaktan alıkoyamaz. Öfkeye kapılmasına neden olan bir tutkuyla Olympos'un zirvesinde dalgın dalgın dolaşıp durur. Merkür onun bu haline acıyarak, Zeus'a zararsız bir savaş hamlesinde bulunarak Amphitryon'un evinden uzaklaşmasını sağlamasını ve onun yokluğunda Amphitryon kılığına girerek, onun karısıyla sevişme isteğini gerçekleştirmesini önerir. Zeus bu planı uygulamaya koyulur. Her şey yolunda gider.

Fakat Zeus bu ilişkinin ardından Amphitryon'un karısıyla sohbet eder ve tanrıların tanrısı bu sohbetten epey rahatsızlık duyar. Olympos Dağı'na döndükten sonra Merkür'e bir insanla sevişmenin nasıl bir şey olduğunu anlatır. Zeus gerçekten rahatsız olmuştur.

---

202 Burada bahsi geçen oyuna günümüzdeki hali 1938 yılında Jean Giraudoux tarafından verilmiştir, oyun hem New York'ta hem de Paris'te sahnelenmiştir.

"Şöyle diyor Merkür, 'Ben gençken ya da ben yaşlıyken ya da öldüğümde.' Bu bana acı veriyor Merkür. Bir şeyleri ıskalıyoruz Merkür.

> Geçici olanın dokunaklılığını kaçırıyoruz; asla tutamayacağımızı bildiğimiz bir şeye uzanmanın verdiği o tatlı üzüntüyü."

Ölümlülüğün büyüsüne dair bu sözler donup kalmamıza neden olur. Diğer insanlara karşı merhamet duymamızın nedeni, bizim de boşlukta dönüp duran bu kürenin üzerinde yetmiş seksen yıl yaşadıktan sonra, dünyaya veda edecek olduğumuza dair farkındalığımızdır. Erich Fromm, ölüm korkusunun kişinin halihazırda sürdürdüğü hayatın hakkını verememe korkusu olduğunu söylerdi ki bu da yukarıda bahsi geçen düşünceye benzer. Ölümlüğün de olumlu yanları vardır; kendi yalnızlığımızı deneyimleyebilmemiz ve tıpkı Zeus'un söylediği gibi "geçici olanın dokunaklılığı, asla tutamayacağımızı bildiğimiz bir şeye uzanmanın verdiği o tatlı üzüntü."

Ölümlülüğümüzün tuhaf bir çekiciliği vardır. Bir keresinde, Abraham Maslow geçirdiği ciddi bir kalp krizinin ardından bana şöyle yazmıştı: "Nehrim [arka bahçesinin yanından akıp giden Charles Nehri] hiçbir zaman kalp krizinden sonraki kadar güzel olmamıştı. Acaba insanlar olarak asla ölmeyeceğimizi bilsek –tutkuyla– sevebilir miydik?" Bu da ölümlülüğün bir başka olumlu yanıdır: Birbirimizi sevmeyi öğreniriz. *Tutkuyla sevebiliriz çünkü ölümlüyüzdür.*

Büyük dinbilimci ve filozof Paul Tillich yetmiş yaşlarındayken ve önünde çok fazla zamanın kalmadığı bir dönemde birlikte yürüyüşe çıktığımızı anımsıyorum.

"Paulus" diye sordum, "Ölmekten korkuyor musun?"

Yanıt verirken yüzündeki ifade hiç değişmedi. "Evet. Herkes korkar. Geri dönüp de orada neler olup bittiğini bize anlatabilen olmamıştır."

Devam ettim: "Ölüm hakkında seni korkutan nedir?"

Şöyle yanıt verdi: "Yalnızlık. Arkadaşlarımla ailemi bir daha asla göremeyeceğimi biliyorum."

Öldükten sonra her ne oluyorsa olsun –zira Tillich'in ifade ettiği gibi, oradan geri dönüp de neler olup bittiğini bize anlatabilen olmamıştır– bu dünya üzerinde kısıtlı bir zamanımızın olduğunu bilmek bize bir itki sağlar. Ölümlü olduğumuza dair farkındalık, bize önümüzdeki bu kısıtlı yılları hem kendi kalplerimizin hem de sevdiklerimizin kalplerinin en derinlerine ulaşabilmemizi sağlayacak şekilde kullanmak gibi bir meydan okuma anlamına gelir. Giraudoux'nun söylediklerine göre, ölümlülüğün dokunaklı bir yanı, bir tür canlılık ve hatta dirilik vardır.

Ölümlülüğün seçilmesine dair en ünlü örnek, Odysseus'un Truva'dan evine dönmek üzere çıktığı uzun yolculuk esnasında gemisi batıp da yedi yıl boyunca güzel peri kızı Kalipso'nun yanında geçirdiği yedi yıl esnasında yaşanmıştır. Kalipso ona sonsuza dek yanında kalması koşuluyla ölümsüzlük vaat eder. Fakat Odysseus sürekli olarak eve, Penelope'nin yanına dönme arzusundan bahsederek yakınır.

Odysseus'un ailesini koruyup kollayan tanrıça Athena, Kalipso'nun Odysseus'u bırakmasının iletilmesi için Zeus'tan Hermes'in görevlendirilmesini ister. Hermes adaya ulaşıp talimatlarını ilettiğinde Kalipso öfkelenir:

"Amma da kıskançsınız tanrılar, yazık size!
Çok görürsünüz bir erkekle yatmasını bir tanrıçanın
Sevdiği erkeği koca diye almasını...
Çok görürsünüz şimdi de siz tanrılar,
Şimdi de benim ölümlü bir erkekle yatmamı.
Oysa bir gün ben kurtarmıştım onu,
Bir gemi omurgasında tek başınaydı,
Yıldırımla Zeus yarmıştı onun da hızlı gemisini,
Sürmüştü şarap rengi denizlere.
Yok olmuş gitmişti soylu arkadaşları tekmil,
Yeller, dalgalar atmıştı onu buraya.
Onu sevdim, aldım yanıma, besledim,
Derdim, bir ölümsüz kılsam onu, hiç yaşlanmasa..."
Argos'u öldüren güçlü tanrı böyle dedi, gitti.
Yüce Nymphe de gitti ulu yürekli Odysseus'u
  bulmaya,
Götürecekti ona Zeus'un yolladığı haberi.
Kıyıda oturur buldu onu,
Boyuna gözyaşı akıyordu gözlerinden,
Tüketiyordu tatlı ömrünü, dönüşünü özleye özleye,
Nymphe'den hoşlanmıyordu artık o,
İsteksiz uzanıyordu geceleri mağarada onun yanına.
Gündüzleri kayalarda, kumsallarda yer bitirirdi
  kendini
Gözyaşları, hıçkırıklar, iniltilerle,

Bakardı boyuna hasat vermez engine,
Bakardı iki gözü iki çeşme.
Yüce tanrıça yanında durdu, seslendi ona:
"Talihsiz adam, ağlayıp durma artık karşımda,
Ömrünü boşuna tüketme, seni göndereceğim ben kendim."[203]

Fakat Kalipso yine de Odysseus'un neden ölümsüzlükten vazgeçip Penelope'nin yanına dönmek istediğini anlayamaz:

"Çok kurnaz Odysseus, Zeus'tan doğma Laertes oğlu,
Tez elden dönmek istersin demek evine, baba toprağına,
Haydi öyleyse güle güle git.
Ama daha neler gelecek başına, bir bilse yüreğin,
Baba toprağına varmadan önce,
Bilsen bundan sonra neler çekeceğini,
Karın Penelope'yi ne kadar özlersen özle,
Kalırdın benimle, bekçi olurdun bu eve,
Üstelik ölümsüz yapardım seni.
Övünürüm ondan aşağı olmamakla boyda boşta,
Ölümlü kadınların tanrıçalarla, görülmüş değil
Beden güzelliğinde boy ölçüştükleri."

---

203 Homeros, *Odysseia.*

Bunun üzerine Odysseus politik bir yanıt verir:

"Yüce tanrıça, bağışla beni,
Ben bütün bunları bilmez değilim,
Hem boyda boşta, hem güzellikten yana
Uslu Penelope hiç kalır senin karşında.
Ne de olsa bir ölümlüdür o,
Senin içinse ne yaşlanmak var ne ölüm.
Neyleyim ki gece gündüz onda aklım,
Tek istediğim şey görmek sıla gününü.
Yine de acı çektirecekse ölümsüzlerden biri
Şarap rengi denizin üstünde bana,
Ne yapayım, o acıya da katlanacağım,
Göğsümdeki yürek öylesine dayanıklı.
Neler çekmiş, nelere göğüs germişim,
Denizlerde, savaşlarda bundan önce.
Hazırım bundan sonra gelecek acılara da."
Odysseus böyle konuşurken güneş battı,
Birdenbire karanlık kapladı ortalığı.
Yürüdüler oyuk mağaranın içine doğru,
Sokuldular birbirlerine, oldular sarmaş dolaş.
Erken doğan gül parmaklı şafak görününce,
Çabucak giydi Odysseus gömleğini, kaftanını,
Nymphe de gümüş renkli harmanisini atmıştı sırtına,

Çok güzel ince bir harmaniydi bu,

Altından güzel bir kemerle sardı belini.

Ve böylelikle Odysseus, daha yıllarca fırtınalarla mücadele etmesi gerektiğini ve salının harap olmasının yanı sıra, İthaka'ya döndüğünde Penelope'yle evlenmek isteyen rakipleri olacağını bile bile ölümlülüğü seçer.

Sonsuzluğun zamanın içine dağıldığı anlarda mitlerin ortaya çıktığını daha önce söylemiştik. Mitler her iki boyuttan da bir şeyler içerir; gündelik hayatımızda dünyaya dairdir ve sıradan deneyimlerimizin çok ötesindedir. Ruhumuzda yaşamamıza olanak sağlar. Kim Atina'daki Zeus Tapınağı'nın Korint sütunlarının görkeminden etkilenmemiştir? Benzer şekilde, yine bir Mozart sonatı duyduğumuzda söylediklerimizi tekrarlarız: "Bin yaşına da gelsem, bu anı asla unutmayacağım!" Bu tür anlar zamanın dışındadır.

Aslında dünyada yolculuğa çıkmaya da gerek yoktur. Şafak sökerken, tam da güneş doğmadan önce her otlaktaki trilyonlarca çimenin ucunda yere düşmeyi bekleyen bir çiy tanesi vardır, her çiy tanesi gümüşi renginin ardında bir gökkuşağı barındırır. Her otlakta trilyonlarca gökkuşağı!

Bu gibi olaylar, ne kadar sürdüklerinden ya da kaç yıl yaşadığımızdan bağımsız bir şekilde o an için sonsuzluğun mitini barındırır. Havaalanında sıkkın bir şekilde uçağınızın kalkış saatini beklerken bile o güne kadar gördüğünüz, duyduğunuz ya da deneyimlediğiniz güzel ve etkileyici şeyleri zihninizde yeniden canlandırmak bile mutluluk vericidir. Her birimiz zannettiğimizden daha zenginiz!

GEZEGENCİLİK VE İNSANLIK

> Hayat bir daha asla aynı olmayacak. Dünyayı olduğu gibi göreceğiz, asılı durduğu sessizliğin ortasında parlak, masmavi ve çok güzel... Sonsuz soğuğun içindeki o parlak güzelliğin üzerinde yaşayan insanlar tam anlamıyla kardeş olduklarını hissedecekler.
>
> Archibald MacLeish

MacLeish'in ifadesinde bizi en çok etkileyen kısım en sondaki, "tam anlamıyla kardeş" olduğumuzun belirtildiği kısımdır.[204] Evet, terörizmin azalmadığını okuyoruz, insanların Afrika'da, Yakın Doğu'da, Uzak Doğu'da ve Amerika kıtasında halen birbirini öldürmeye devam ettiğini biliyoruz. Güçlü bir orduya sahip olmayan üçüncü dünya ülkelerinden bazıları için insanları rehin almak artık alışılageldik bir silah halini almış durumda. Bu büyük kardeşlik fikrinin büyük insan topluluklarınca henüz tam olarak algılanamadığını biliyoruz.

Ama gökyüzünün keşfi, yeni bir uluslararası ahlak ve anlayış yakalayabileceğimiz mitsel bir alan, insanlık için yeni bir varlık sebebi. Her ne kadar bu deneyim bizi henüz dönüştürmemiş olsa da, yeni bir uluslararası ahlaka kavuşmamızı sağlayacak bir mit olduğunu düşünebiliriz.

Apollo 7'nin uzay yolculuğuna dahil olan astronotlardan Russell Schweickart, bu muazzam olaylara dair hisle-

---

204 Archibald MacLeish, *Apollo 7*'nin fırlatılmasından bir gün sonra *New York Times* dergisinde uzaya yapılan bu yolculuklara dair yorumlarını yayımladı. *New York Times Magazine*, 25 Aralık 1968.

rini aktarmış ve böylelikle bize hem çarpıcı bir anlatı hem de yeni ve özgün bir mit kazandırmıştır.[205] Öncelikle, yaşadığı deneyimi daha önceki uçuşlardan birinin ardından bahsettiği Yaradılış mitiyle bağdaştırır:

> 1968 yılının Aralık ayında Frank Borman, Jim Lovell ve Bill Anders Noel arifesinde ayın etrafında bir tur attılar ve yaşadıkları deneyimi *kutsallaştırıp* yaşadıkları deneyimi bir şekilde Dünya'daki insanlarla paylaşmak için bu esnada İncil'deki Yaradılış ve diğer bazı bölümlerden parçalar okudular.

Rusty astronotların kahraman olmadıklarının altını özellikle çizerek (her ne kadar yeni bir mitin kahramanlarına dönüşebilecek olsalar da), onların hepimizin komşusu olduklarını belirtmiştir. Rusty böylelikle kendi mitini yaşadığımız toplumun bir parçası haline getirir; topluluğun geri kalanı ister onun gibi yeni şeyler deneyimleyip bir kapsülle uçuyor ya da evlerinde oturuyor olsunlar. O kesinlikle gezegenin kutsallaştırılmasının bir parçasıdır.

Mitlerden alışageldiğimiz üzere, o da sanki hepimiz onlarla birlikte ay modülündeymişiz gibi 'sen' diyerek konuşur ve aslında mitsel bir açıdan gerçekten de oradayızdır.

> Portatif yaşam destek sistemini kontrol ediyorsun ve her şey yolunda görünüyor ve onu sırtına takıyor ve ardından tüm boruları ve bağlantıları ve telleri ve kabloları ve antenleri ve daha ne varsa hepsini bedenine takıyorsun... Ve dışarıda, ay modülünün ön kısmından güneşin Pasi-

205 Tüm alıntılar Russell Schweickart'la yapılan kişisel görüşmelerdendir.

> fik'in üzerinde doğduğunu görüyorsun ve bu inanılmaz bir görüntü, çok ama çok güzel!

Astronotlar birbirlerine çok çeşitli nedenlerle bağımlılar, zira az sonra ayrılacak olan ikilinin bir daha bir araya gelebilmeleri, ay modülünün yeniden komuta gemisine bağlanabilmesi her birinin görevini layığıyla yerine getirmelerine bağlı. Uzayın sonsuzluğu bu bağımlılık halini ölüm kalım meselesine dönüştürüyor. "Dave Scott kapı komşunuz ama asla şimdi olduğu kadar komşuluk yapması gerekmemiştir" diyor Rusty, astronotların arasında gelişen güçlü bağdan bahsederken.

Bu inanılmaz deneyimlerin ardından, Rusty şu ahlaki soruyu yöneltiyor: "Tüm bunlar ne anlama geliyor?" Ve bu soruyu gözle görülen şeylerin altında yatan mitsel bir yerden yanıtlıyor: "Sanırım insan ve hayatın doğası kavramlarının dönüştürülmesinde önemli bir rol oynadık."

Bu nihai soru ve yanıtı mite muazzam bir ahlaki derinlik kazandırıyor. Bu soru üzerine düşünen Rusty bir yandan da stratosferdeki astronotların bakış açısından son derece kırılgan görünen dünyamızı izliyor. Dünya o kadar küçük ki, uzay mekiği bir buçuk saatte onun etrafında tam bir tur atabiliyor ve;

> ...tüm kimliğinizin orası olduğunu anlamaya başlıyorsunuz. Aşağı baktığınızda görünmeyen kaç tane sınırı defalarca geçip durduğunuzu fark ediyorsunuz. İşte şurası... Farkında bile olmadığınız hayali bir çizgi uğruna Orta Doğu'da birbirini öldüren yüzlerce insan... Ve sizin bulunduğunuz yerden dünya bir *bütün* ve de çok güzel.

Rusty, tüm mitlerde bulunan gizem üstüne düşünüyor. Neden sizin ya da benim değil de onun burada olduğuna dair kafa yorup, şu soruya yanıt arıyor: "Tanrı tarafından dokunulmak, diğerlerinin sahip olamayacağı bir deneyim yaşamak için mi ayrıldım?" Bu soruya yanıtı kesin bir hayır oluyor. Doğru bir eğitim sürecinden geçen herkesin tamamlayabileceği bir yolculuğa çıktığını hissediyor. Bu yüzden, "Sen kelimesini kullandım" diyor, "Çünkü ay modülündekiler ben ya da başkaları değil. *Aslında bu deneyimi yaşayan hayat.*" Nasıl ki Kolomb ve Macellan kendi yaşadıkları dönemde Rönesans mitine katkıda bulunmuşlarsa, tüm bu ifadeler de yeni çağın mitini yaratıyor.

Tarihin kendisinden yola çıkan mitler sonrasında bize neredeyse canlanan imgeler sunarlar. Hem miti hem de gerçek mitin ahlaklılığını deneyimleyen topluluk oradadır. İnsanlar artık dünyanın etrafında uçabildiğinden, savaş sebebi olan sınırlar ölümcül ve lanetli birer hata olmanın yanı sıra aynı zamanda küçük, kırılgan fakat güzel dünyamızın da çılgın ve acımasız bir şekilde yok edilmesine neden oluyorlar.

İçinde yaşadığımız yüzyılın tam ortasında, Sör Fred Hoyle şöyle demiştir: "Dünyayı dışarıdan gösteren bir fotoğraf çekilebildiğinde ...şimdiye dek yazılmış tarihten çok daha güçlü, yeni bir düşünce ortaya atılmış olacak."[206] Artık bu yeni fotoğrafa sahibiz. Astronotlar tarafından çekildi ve sayısız gazeteyle dergide tam sayfa yayımlandı. Atlantik ve Pasifik okyanuslarını, Çin Denizi'ni ve Hint Okyanusu'nu, Afrika ve Güney Amerika kıtalarını ve dünya üzerinde dönüp duran Doğu ülkelerinin tama-

206 Sör Fred Hoyle'a ait bu sözler, P. Hussell'ın *Küresel Beyin (The Global Brain)* kitabından alıntılanmıştır.

mını gösteriyordu. Bu fotoğraf gerçekten de milyonlarca kişinin zihinlerinde silinmesi güç bir iz bıraktı; yörüngesinde sakin bir şekilde dönen, gerçek anlamda kardeş olan insanlarla dolu, koyu mavi ve altın sarısı renklerle bezeli dünyamız.

Rusty Schweickart, Avrupa ve Orta Amerika ülkeleri arasında bulunan ve bu yükseklikteyken herhangi bir anlam ifade etmeyen sınırları göremedi. Ve Rusty de tıpkı hepimiz gibi düşünerek aslında olmayan sınırlar uğruna horozlanarak birbirlerini öldüren ülkelerin çabalarını hem gülünç hem de trajik buldu. Uzay mekiğinde geçirilen bu muazzam gün ve gecelerin asıl anlamı, sayısız ülkenin aslında tarihsel birer yanılgı halini alan sınırlarını koruma çabasında olmalarıydı. Her ne kadar politikacılar bunu en son kabul edecek kişiler olsalar da, bu resmin görüldüğü an, en nihayetinde Moskova'da olup bitenlerin aynı zamanda Washington'da olup bittiğinin, Londra'da olanların aslında Bombay'da da olduğunun farkına varılmasının habercisi olacaktır. Ülkelerin birbirlerine karşı kılıç kuşanmayacağı ve artık savaş provaları yapmayacakları tarihi an gelmiştir.

Nükleer bombalar gibi, halihazırda yüzleştiğimiz tehlikeler yüzünden büyük bir aileye mensup kardeşler gibi davranıp, hep birlikte yaşamayı öğrenmemiz gerekiyor. 1982 yılının ortalarında, Toronto'daki Marshall McLuhan Enstitüsü'nde tuhaf bir açıklama yapılmıştı. Başkanın şöyle dediği söyleniyordu: "Atom bombasına müteşekkirim." Fakat böylesine insanlık dışı bir ifade karşısında tepkimizi ortaya koyamadan bir sonraki cümleyi okuduk, "Hepimizi bir araya getirecek bir şeye ihtiyacımız var." Ve gökyüzünü keşfederken bile dünyanın atmosferine zarar verdiğimizde ya da okyanuslarımızı kirlettiğimizde yüzleştiğimiz tehlike bu. Ne de olsa bu tehlike, ten rengimiz veya milliyetimizden bağımsız bir şekilde hepimizi etkiliyor ve bize de tüm bu tehlikelere karşı birlik olmak yakışıyor.

Artık ortak bir düşmanımız var. Bu miti anlamamız sayesinde ortaya çıkıyor. Düşmanlarımızı yok etmemize yarayan teknoloji aynı zamanda bizi de yarattığımız yıkıcı güce tutsak ediyor. Zamanı geri döndüremeyiz (bunu istemeyiz de), fakat nükleer enerjinin kontrol altına alınması hepimizi bir araya getirecek bir gereklilik. Yakın zamanda yaşanan Üç Mil Adası kazası ve Çernobil trajedisi tek bir dünya olduğumuza dair inkar edilemez gerçeği bir kez daha ortaya koydu. Çernobil kazasının ardından İtalya'da binlerce ton marul ve yeşil sebzenin yakılması ve radyasyon yayılımı nedeniyle binlerce geyiğin –neredeyse Kuzey İsveç'teki Laponyalıların ekonomisinin tamamı– katledilmesi gerektiğinde içten içe bundan böyle bir daha asla ayrı yaşamayacağımızı anlamıştık.

Kazanın ardından, *New York Times* 'Rusya Batılı Bilim İnsanlarından Yardım İstiyor' manşetiyle yayımlandığında tuhaf bir kanıya kapılmıştık: *Bu olay, ulusların artık sınırlarla bölünmeyeceği bir dünyanın başlangıcını imliyor.* Böylelikle yıldızların ve gezegenlere yapılan yolculukların mitleri etkilerini göstermiş olacaktı!

Radyasyon hayali sınırları umursamaz. Bu sınırları saf tutma çabası trajik olduğu kadar tuhaf bir şaka gibi; yalnızca zihnimizde yer alan sınırları korumaya çalışmak! Yirmi birinci yüzyılda tüm bunlar son derece yıkıcı birer çağdışılık olarak görülecek. Bu yalnızca Avrupa'daki radyasyon için değil, dünya yüzeyindeki tüm insanlar için de geçerli.

Rusty Schweickart'ın ortaya koyduğu üzere, mitlerin gücü hala bizimle. "Ve dışarıda, ay modülünün ön kısmından güneşin Pasifik'in üzerinde doğduğunu görüyorsun ve bu inanılmaz bir görüntü, çok ama çok güzel!"

"Tüm bunlar ne anlama geliyor?" Rusty burada kendinden emin bir şekilde bir mit oluşturarak düşüncelerini en önemli noktaya odaklıyor: "Çok daha önemli bazı faydalar sağladığımızı düşünüyorum." Rusty'nin söylediği gibi: "Sanırım insan ve hayatın doğası kavramlarının dönüştürülmesinde önemli bir rol oynadık."

Yüzyıllar süren bir uykudan uyandığımızda, kendimizi yeni ve inkar edilemez bir şekilde insanlık mitinin içinde buluyoruz. Yeni bir dünya toplumunun içinde; bütünü yok etmeden parçaları yok edemeyiz. Bu müthiş parlaklığın içinde aynı aileye mensup kardeşler olduğumuzu artık biliyoruz.